東海林秀樹・照葉桜子〈監修〉

運勢転換秘法

折り紙祈願法

神仏の不思議な感応

石嶋辰朗
掛野美嶺〈共著〉

東洋書院

序

皆様お元気にお過ごしのことと拝察申し上げます。本書は、今までに無かった稀なる奇書の部類に入るかも知れません。多分に呪術的要素が強いでしょう。私たち監修という大役を頂きいささか恐縮している所存でございます。

各神仏についての解説とその拝み方、および祀り方、神仏との感応の方法などについては、神道学の大家である三橋健先生に師事された石嶋辰朗先生に執筆していただき、折り紙の実技については類い稀な手先の器用さを発揮する掛野美嶺先生に担当していただきました。文中の写真はライカカメラを駆使して撮影した照葉桜子が担当しました。

掛野美嶺先生は「折り紙」について各先生に確認され、「折り紙」は個人の領域を超え、万人の幸福のために日本の歴史の中で伝承されてきたと話しておられました。本書を機縁にして神仏と触れ合い、日常の心の糧としていただければ幸いです。

平成28年　7月　吉日

東海林 秀樹
照葉 桜子

はじめに

これからご紹介する「折り紙」は、誰もが知る子供の遊具としての「遊戯折り紙」としてではなく、古来より神道や民間の信仰において呪術として用いられて来たものを対象とする。
呪術とはいえ、丑の刻参りのように「呪い」として使うわけではない。
日常卑近なお願い事を、一枚の和紙によって叶えようとするものである。

立身出世、金運向上、良縁成就、就職祈願、夫婦和合、商売繁盛、除災招福……。
人には、様々な願望がある。それを極力面倒な手順を省き、簡易な方法をもって、自ら和紙や折り紙を折ることにより、願いを現実化しようというのだ。

当然、「そんなことで思い通りになるものか」と訝しく思うかたもいるに違いない。
しかしながら、本書で公開する「折り紙」については、実際、効験のあるものだけを拾い上げてある。中には笑ってしまうものもあるが、意外に侮れない折り紙を載せてみた。原理・原則さえ踏み外さなければ、面白い結果が期待できるであろう。
決して費用のかさむ行為ではない。明るく楽しく、恬淡とした気持ちで実践していただければ、神々様が一肌脱いでくださるかもしれない。素朴で素直に、少年少女のような心で、本術を実践していただけると幸いである。

石嶋　辰朗

折り紙祈願法◆目次

第一章　秘術としての折り紙

折り紙の歴史

折り紙は、日本固有のものであるが、古神道の世界では、術として師から弟子へと水面下で脈々と伝えられてきたとされる。師資相承的に口伝され、折り紙の作法を通して、形而上的なるもの一切を悟ることを旨とする。つまり、神人合一の境地に到達するための修行の一環として行っていた。が、それのみならず現世利益につなげるためのメソッドも片や持ち合わせているのである。

このメソッドが、14世紀南北朝動乱の際に、民間に漏れ伝わり、幾つかの系統に分かれ現在に至っている。日本では、昭和15年に松浦彦操が伊勢斎宮の秘事として『神典形象《みふみかたどり》』（大東出版社）を発表した。この秘伝は、「折形象」（おりかたどり）と「結形象」（むすびかたどり）とに大別され、前者は16部類に分かれ、数十種の折形様式の包みが含まれる。後者は10部類に分かれ、こちらも幾種類かの結び物が含まれているとする。こういった一連の包み・折り・結びには、深い神意があるとされる。

包みは、「実をつつむ」のことで、一切の実相を包む行為を意味し、神の世界を表す〈真・善・美〉をも内包している、とする。
折りは、「天《あ》降《お》り」のことで、天意の降下、天意の律動を意味するという。
結びは、「産霊」のことで、高御産霊神と神御産霊神の二柱の神々様の働きを指す。つまり、陰陽和合することで新たなものを生み出していく、ということだ。
これらの象徴を体得実践していくことで、神との一体化を目指すものである。が、折り紙は護符としての役割を併せ持つものであるが故に、家内安全や夫婦和合、商売繁盛などの現世利益にもつながるのである。

一方、民間では1764年（宝暦14年）、江戸幕府の礼法指南役だった伊勢貞丈が『包結圖説』を発表し、武士の礼法である折形（おりかた）が広く一般庶民に知られるきっかけとなった。折形とは、贈答や室礼などの際に用いられた、紙を折って物を包む日本の礼儀作法の一つである。冠婚葬祭で用いる、熨斗（のし）や水引（みずひき）と言えば分かりやすいかもしれないが、これを「儀礼折り紙（ぎれいおりがみ）」と称する。
また、1797年（寛政9年）には、京都の秋里籬島が『秘傳千羽鶴折形』を発表している。

一枚の紙に切り込みを入れて、複数の鶴を連ねる芸術的なもので、49種の折形図がこの著書に紹介されている。これは、冒頭に述べた「遊戯折り紙」にあたるが、今日、折り鶴は幼稚園や保育園ならびに家庭内で、広く伝わっている。病気見舞いに「千羽鶴」を折って差し上げる行為は、遊戯としての側面だけでなく、民間信仰の呪具としての機能を果たしていたとも言える。

19世紀には、ヨーロッパにおいてドイツ人のフリードリヒ・フレーベルが幼児教育に折り紙を導入したが、これはヨーロッパ独自のものであった。これが、後に日本の古典折り紙と融合し、片面のみカラーで施された正方形の折り紙用紙が、現代の日本ばかりでなく、世界にも普及するようになる。しかし、残念ながら、現在日本の教育現場では、折り紙に対する評価はあまり高いものではないように感じる。

20世紀に入ると、日本で栃木県上三川町出身の故・吉澤章（１９１１―２００５）が、近代的な創作折り紙を芸術の域まで昇華させ、国の内外を問わず非常に高い評価を受けた。古典的な折り紙とは一線を画し、折りの手順が複雑精巧であるため、「コンプレックス折り紙」と称される。世界の共通言語「ＯＲＩＧＡＭＩ」は、吉澤の偉大なる足跡によるものである。

近年では、数学、幾何学、航空工学、宇宙開発の分野で研究が進み、東京大学名誉教授・三浦公亮氏の「ミウラ折り」に代表されるように、科学の分野で目覚しい発展を遂げている。一瞬で開き一瞬で畳み折ることのできる地図をご存知だろうか。登山には必携の地図を展開・収納する方法として重用されているが、これも三浦氏の考案である。２００７年公開されたアメリカ映画『トランスフォーマー』（マイケル・ベイ監督、スティーブン・スピルバーグ製作総指揮）も、折り紙理論をヒントにした作品である。

少し大袈裟な表現になるが、科学、宗教を問わず、「折り紙」なるものが、天意の計らいによって成り立っていることは間違いがない。神道の神々様の大御稜威（おおみいつ）を享受しているわれわれは、もっと敬慕の念をもって接しなければならないのかもしれない。

折り紙の定義

それでは、そもそもここで言う「折り紙」とは何かと問われたら、「神に対する正式な嘆願書」と捉えていただければ分かりやすいかもしれない。これを神の御前《みまえ》に持参し、自分の願いを希《こいねが》う。すると、よほど道に外れた内容でなければ、金運向上、良縁成就などの現世利益が表れるという運びだ。もちろん、意思ある御存在に願を掛けるわけだから、失礼があってはならない。折り紙・和紙を折る前は、斎戒《さいかい》が必要となる。とはいえ、大上段に構えることはない。普通に、お風呂へ入り、口を漱ぎ、身を清めた上で臨めばよいだけのことである。

これからご紹介する一連の作法に則り、折り紙を折っていけば相応の結果を期待することができるであろう。

折り紙謹製法

先ず、使用する和紙について、少し触れる。基本的には、ほどほどに硬さのある書道用半紙で構わない。しかし、折りが複雑な工程である場合、手漉きの和紙でないと仕上がりが芳しくないことがある。手漉きの和紙の中でも伝統的な製法で作られる「細川紙」というものがある。埼玉県比企郡小川町と秩父郡東秩父村で作られる、楮（こうぞ）だけを用いた和紙のことで、国の重要無形文化財とユネスコ無形文化遺産に指定されている。これが使えれば最も理想的ではあるが、決して無理はされないでほしい。

①清浄な空間を確保

どこでも構わないが、できるだけ静かで清浄な空間を確保する。周囲には、人がいないようにすること。部屋の雰囲気が気になる方は、「お香」を焚くとよい。

②祓詞（はらへことば）を奏上する

「二拝二拍手一拝」後、33ページ（同封の持ち運び用祓詞もご利用下さい）にある祓詞に抑揚をつけて一回唱える。抑揚が付けられれば理想ではあるが、あまりこだわらず、自分のペースで読み上げればよい。

③大祓詞（おおはらへのことば）を奏上する

祓詞に引き続き、34ページ（同封の持ち運び用大祓詞もご利用下さい）にある大祓詞をゆっくり読み上げること。三回唱えられると理想である。こちらも、自分のペースで構わない。読み違いをしたり、詰まったりしても気にする必要はない。神様に誠が通じてさえいれば、全く問題はない。

事実、ひどく訛りのある神社の神主であっても、ひとたび祝詞を奏上すると、瞬時に場の空気は一変してしまう。日本の神々様はたいへん鷹揚で、些細なミスを咎めたてたりはしないのだ。

この大祓詞には、人が犯した諸々の罪、また、これから犯すであろう諸々の罪が列挙されており、いかに祓われていくかのプロセスが縷々述べられている。このときに、お出ましになる神々様が、「瀬織津《せおりつ》比売《ひめ》・速開都比売《はやあきつひめ》・気吹戸主《いぶきどぬし》・速佐須良比売《はやさすらひめ》」の祓戸四神だ。

この神々様の御神徳により、人の罪・穢れが祓われることになる。

④Bサイズの半紙とカッターナイフを準備

「横：縦」の比率が、「1：$\sqrt{2}$」。つまり「1：1.41」。書道用半紙は、必ずしもこの比率ではないので、業務用で使う「B5」のコピー用紙をあてがって、カッターナイフで裁断するとよい。

あとは半分ずつに折っていけば、「B6」→「B7」→「B8」と同比率の半紙を確保できる。
手先が慣れてきたら、小さめの作品を仕上げ、大きめの「清め包み符」で包み込むようにすること。
カッターナイフに関しては、祭具として使用するため、作業前に火打ち石などで清めるとよい。

⑤折り作業に入る

折り紙の謹製にあたり、次の事項を基本としつつ、各願目にしたがって折っていく。

一　下から上へ折る
二　左から右へ折る
三　時計回りに位置をずらす
四　下から上へ裏返す（あるいは、左から右へ裏返す）
五　折るたびに息を止める（面倒であればマスクを装着する）

折り目はしっかり付けること。折り目が甘いと、工程を重ねるたびに不恰好になってしまうからだ。出来上がりは、綺麗なシンメトリーでなくても構わない。上手く折れないと挫折感を味わう方がいるのだが、諦めないでほしい。そもそも、この世に完璧な物は、存在しないのであるから。

折り紙・清め包みのサイズについて

ここでご紹介している神々様や十二支の折り紙・宝船・除災符・清め包みについては、基本的に市販の折り紙用紙か、固めの和紙（半紙）を使っていただければ結構である。次に、サイズを列挙するのでお目当ての物をお選びいただきたい。

□七福神↓正方形の折り紙（縦15㎝×横15㎝）あるいは同サイズの和紙（半紙）
□稲荷神↓正方形の折り紙（縦15㎝×横15㎝）あるいは同サイズの和紙（半紙）
□十二支↓正方形の折り紙（縦15㎝×横15㎝）あるいは同サイズの和紙（半紙）
＊ただし、「申」のみ正方形の半分の折り紙（縦15㎝×横7.5㎝）、あるいは同サイズの和紙（半紙）
□宝船〈大〉↓正方形の折り紙（縦30㎝×横30㎝）あるいは同サイズの和紙（半紙）
□宝船〈小〉↓正方形の折り紙（縦15㎝×横15㎝）あるいは同サイズの和紙（半紙）
□除災符↓B6サイズの和紙（半紙）（B5サイズの半分）
□清め包み↓B5サイズの和紙（半紙）

折り紙謹製の時期

基本的には、いつ折っていただいても構わないのだが、効験が表れやすい時期があるので簡単にご紹介したい。

一部を除き、どの折り紙も「二十四節気」の中節日前後の午前中に謹製する。中節とは、次の通り、毎月20日前後を指す。

1月20日頃　大寒（だいかん）
2月19日頃　雨水（うすい）
3月21日頃　春分（しゅんぶん）
4月20日頃　穀雨（こくう）
5月21日頃　小満（しょうまん）
6月21日頃　夏至（げし）
7月23日頃　大暑（たいしょ）
8月23日頃　処暑（しょしょ）

9月23日頃　秋分（しゅうぶん）
10月23日頃　霜降（そうこう）
11月22日頃　小雪（しょうせつ）
12月22日頃　冬至（とうじ）

なお、次の神々様の折り紙を謹製する際は、縁日の日を上手く取り入れるとよい。

大黒天：60日に一回巡ってくる「甲子」の日か、12日に一回巡ってくる「子」の日。
弁財天：60日に一回巡ってくる「己巳」の日か、12日に一回巡ってくる「巳」の日。
毘沙門天：12日に一回巡ってくる「寅」の日。
稲荷神：12日に一回巡ってくる「午」の日。

謹製した折り紙の取り扱い

自ら作成した折り紙は、「清め包み符」に忍ばせて、決して人の目に触れさせてはならない。
また、人に話してもならない。人の妬み・やっかみの念は、自他を問わず、思った以上に開運を阻害するものである。君子、危うきに近寄らず。不用意に本術について披瀝することは厳に慎みたい。たとえ気心知れている仲間であっても、口外せぬよう、細心の注意を払ってほしい。

謹製した折り紙は、基本的に身体に携帯するか、バッグや財布にしまっておくこと。自宅に戻ったら、神棚に配置しておくとよい。また、外出時、地域の氏神神社や自分の産土神社にて、折り紙を手にして祈願をすることも可能だ。どちらも、折り紙に神々様のパワーを充填していただける。

願い事が叶った後、または謹製した折り紙が破損してしまったら、神社でお焚き上げをしてもらえばよい。納札所があるので、そこへお納めすること。その際、必ず中身を開いて、どの箇所でも構わないので、折り目を一回入れれば結構である。

第二章　神道観と神々の祭祀

神道について

古来、日本の人々は日常生活にまつわる一切の恩恵を大自然より授かってきた。一方で、台風や津波、地震など大自然の持つ厳しい側面と対峙してきたのも事実である。そのような中、人間は大自然を畏怖し、時には敬い、その働きに神の存在を感じていた。日本の八百萬の神々様をお祭りする神社が、山々や樹木の豊かな地に建てられているのは、大自然と人間との調和を重んじる日本人の心の表れと言うことができるであろう。

記紀神話においては、天地が二つに分かれた後、神々が生誕し、やがて伊弉諾命（いざなぎのみこと）・伊弉冉命（いざなみのみこと）という男女の神が結婚し日本の国土を形成していった。山川草木や数多の島々が出来上がった後、やがて神代から人代へとバトンタッチされる。とはいうものの、現代でも人間は、神々様とともに暮らしていることは間違いない。

この現実界は人間が主役ではあるのだが、大自然の恩恵は、やはり神々様からの賜物である。「自然崇拝」の一環として、春には豊作を願う祭りが、秋には収穫を感謝する祭りが行われる。また、神道のもう一つ重要な考え方に「先祖崇拝」がある。人間はこの世を去ると神になり、神になった祖霊は、その家を守護し繁栄に導くというものである。現在行われているお彼岸やお盆は仏教行事ではあるが、もともとは、神道の祖霊祭りに端を発している。

神道と世界の宗教との違い

新年に入ると、日本では多くの方が、初詣に出かける。日本人は、これといった宗教を信じていなくとも、生活習慣の一部として神社参拝を行っている。

日本において、自然発生的に生まれた宗教であるこの神道。キリスト教やイスラム教とは異なり、まず多神教であるのが特徴だ。「天津神・国津神」、「八百萬の神々」という言葉がそれを端的に表している。天照大神もいらっしゃれば、産土神様も存在する。山の神、海の神など大自然の神もおられるかと思いきや、菅原道真公のように実在した人間も神として祀られている。

次に、神道には教祖や経典が存在しない。つまり、キリスト教におけるイエス・キリストと聖書、イスラム教におけるムハンマド（マホメット）とクルアーン（コーラン）に相当するものがないのだ。神道には経典がないため、当然、戒律も存在しない。戒律・律法に従うものではないために、個人の良心に照らし合わせ、事の是非善悪を判断する。

とはいうものの、われわれ人間が過りなく日々を送ることは不可能である。そこで登場する考え方が「禊ぎ・祓い」となる。失敗、過ちをなしてしまったら、心身を洗い清め、反省した上で、明るく再スタートを切るのだ。記紀神話の中でも、神様が穢れるシーンがあるが、やはり禊ぎを行ってから、仕切り直しをされている。神様でさえ穢れることがあるのだから、われわれ人間ならなおのこと禊ぎ祓いは必須なのである。ここが、世界の代表的な宗教とは決定的に異なる点になる。神道は、極めて鷹揚で発展的なのである。

神社について

古代の人たちは、大自然を神と見なしていたため、神様が一カ所の建物に常駐する、という認識はもともとなかった。但し、神様が寄り付きたる依代（よりしろ）という考えはあり、木である場合は、「神籬」（ひもろぎ）・「御神木」（ごしんぼく）、山であれば「神奈備」（かんなび）、岩であれば、「磐座」（いわくら）・「磐境」（いわさか）と称した。そういった木々や山、岩に祭壇を設け、祭祀のたびごとに「神迎への儀」が行われ、祭りが終わると「神送りの儀」がなされた。やがて、神が来臨する場としての依代を「屋代」（やしろ）と称し、それが「社」となり、神様が鎮座まします神聖な場所として、次第に「神社」と呼ばれるようになった。

現在でも、大阪府交野市にある磐船神社のように、本殿を巨岩としている所や、奈良県桜井市にある大神神社の三輪山のような神奈備も残されている。

氏神神社と産土神社

そもそも、氏神様とは何か。「氏」の意味は、共同の祖神を持つ同族のことを指す。その一族の守護神として祭られるのが「氏神」となる。例えば、藤原氏は奈良の春日大社を氏神神社とし、ご祭神を天児屋根命とする。清和源氏では、八幡宮を氏神神社として八幡大神を氏神様として奉る。また、日本で最も大きな一族である鈴木氏。熊野にルーツを持ち、その本宗は物部氏である。その始祖であり氏神として祭られるのが、饒速日命だ。

しかし、時代が下ると、血縁関係にある者だけでなく、同じ地域で暮らす一般の庶民も含め、「氏子」（うじこ）と称するようになり、その地域の皆が氏神様に手を合わせるようになった。

一方、産土神（うぶすなのかみ）とは生来の土地神様のことを意味する。この世に生まれ出でて、一生涯その者を見守り続ける存在が、産土神である。地域によっては、初宮参りを産土参りとも言ったので、産土神はお産と関係する神様との認識があったのであろう。この産土神が、出生、受験、就職、転職、独立起業、結婚、出産、病気平癒、死後の導き、など人生の節目で大いなる御神徳を発揮される。親神様である「産土神」に対して、われわれ人間を「産子」（うぶこ）と称する。

氏神神社か、あるいは産土神社にて、自ら謹製した折り紙を、ご神前でご報告申し上げることは、願望成就を促進させるのに大いに役立つ。ぜひ、足繁く通われてほしいところである。

願いが通りやすくなる神社参拝法

文化庁の統計によると、全国には八万社以上の神社があるとされる。スケールの大小はあるものの、どの神社も、一年を通して参拝客の足が絶えることはない。しかし、正式な作法に則って祈願している方が意外に少ないように思われる。そこで、ここでは参拝の手順を紹介してみたい。

最初に出合うのが鳥居だ。鳥居を前にしたら一礼してくぐる。帽子やコートなどは外しておくとよい。神社によって複数鳥居があるが、一の鳥居→二の鳥居→三の鳥居と順に進んでいただければ結構である。

鳥居をくぐると参道がある。真ん中の「正中」は外し、端を歩くのが基本だ。正中は、神様の通り道と考えられているからである。

参道を少し進むと手水舎現れる。一礼した後、右手で柄杓を取り水盤に湛えられた水を汲む。それを左手にかけて洗い清める。次に、柄杓を左手に持ち替えて、右手を清める。

再度、柄杓を右手に持ち、すぼめた左の手のひらに水を受け、その手を口元に持っていき口を漱ぐ。それから左手を清め柄杓を垂直に立てる。このとき、流れる水で柄杓を清めることになる。最後は、柄杓を元の場所に戻すこと。柄杓に直接口を付けてしまう方が散見されるが、厳に謹んでいただきたい。最近では、柄杓を用いてペットに飲ます方もおられる。自らの良心に照らし合わせ、事の是非をご判断くださると幸いである。

心身を清めたら、その足で拝殿へ向かう。お賽銭箱の前に立ったら、まず御鈴（みすず）を鳴らす。鈴の音には、邪気・邪霊を祓い、神様をご招来する働きがある。それから、お賽銭箱にお賽銭をそっと落としてほしい。投げつける行為は、ご法度である。

さて、いよいよ二拝二拍手一拝だ。直立の姿勢から二回お辞儀をしたら、二回拍手を打ち、最後に一回お辞儀をする所作である。伊勢神宮では八拝八拍手一拝、出雲大社では二拝四拍手一拝、という所作もあるが、一般の方々は二拝二拍手一拝で構わない。

それから、33ページにある祓詞を奏上する。引き続き、神様へ参拝させていただける事に感謝の念を示してほしい。

次いで、個人的な願い事があれば具体的に口頭で申し上げるとよい。お祈りのコツは、自分だけでなく周囲の人間全てが繁栄の道を突き進んでいく、とイメージすることだ。我見・我執で祈るのは論外だが、自分のことはさておき、自分以外の人間のために自己犠牲を強いるような祈り方も厳禁だ。日本の神々様は、共生の考えを持たぬ者を基本的には受け容れない。作法も重要だが、心の姿も問われていることを銘記していただきたい。

参拝の頻度としては、月に二回が目安ではあるが、神道では強制・強要がないため、全ての行為は自身が決め、神様と静かに対話をすることである。

ここで、本殿以外の敷地内にある小社について触れておく。これらは、摂社・末社と称し、現代ではこれらを明確に分ける規定はない。が、明治時代より前には、摂社は本殿に祭られる神様の妻神・姫神や御子神、あるいは本殿の神様の分魂（わけみたま）や地主神が祭られた。それ以外の、ゆかりの薄い神様を祭る小祠は、末社と定義付けていた。どちらも、極めて重要な尊格を持った神々様が祭られているので、お社の外見だけを見て軽んじることのないように手を合わせてほしい。

お礼参りについて

祈願参拝後のお礼参りについても簡単に述べておく。神社へ詣でると何かしらの祈願を奏上されると思われるが、もしその願目が成就したら、報告を兼ねてお礼参りをしていただきたい。掛けた願は、必ず解かなければならないからだ。時折、受験の合格祈願をお祈りされて、志望校に見事受かったにもかかわらず、そのままにしておられる方がいる。日本の神々様は鷹揚であるので、報告を怠っても、それほど問題は生じない。しかしながら、天部の神々様に祈願された場合、お礼参りがないと、かなり厳しいお咎めを受ける可能性がある。人間界同様、何かをしてもらったら、謝意を表するのは至極当然であり、子供でも判断がつくものだ。人間界の礼節は、そのまま神々様にも当てはまるので、この点は落とさないでいただきたい。

なお、観光旅行で滅多に行くことのないであろう神社・仏閣においては、ご挨拶程度にとどめ、一願成就祈願は避けた方がよろしいであろう。

神棚の祀り方

神棚の起源は、江戸時代の中期にさかのぼり、神社ほどの歴史は持っていない。この頃、伊勢神宮に対する信仰が全国的に広まり、その後押しをしたのが御師（おんし）と呼ばれる者たちだった。御師は、「御祈祷師」（おんいのりし）の略語で、全国各地の伊勢神宮信仰者と接点を持ち、そこで祈祷を行いながら伊勢のお神札《ふだ》（神宮大麻）を配り歩き、信仰の普及に努めた。

そして、このお神札を祀るために「大神宮棚」という棚が作られ、家庭に設置されるようになった。これが今の神棚の原形になっている。

神棚は、毎日神様に対して祈りを捧げる所である。清潔を第一とし、目線より高い所に配置しなければならない。一般には、「西を背にして東向き」にするか、「北を背にして南向き」にする。あるいは、「東南を背にして、北西向き」にしても構わない。

ただし、「東北を背にして南西向き」、「南西を背にして東北向き」は凶となる。

ならびに、トイレの近くは不浄なる場所になるので、避けるようにする。

神棚には、「一社造り」、「三社造り」とあるが、購入については、神具店やホームセンターにて、お住まいの広さに応じた物を選んでいただきたい。決して高額なものを買い求める必要はない。

神棚に飾り付ける物、お供え物は、基本的に次の通り。神棚の大きさにより、適宜、必要な物を足して備え付けるようにすればよい。基本的に、毎月一日・十五日にお供え物をして、その後は「お下がり」として頂戴して構わない。水だけは、毎日取り替える。取り替え終えた古い水は玄関や庭先に撒き、台所の流しに捨ててはならない。

◇神具

・注連縄（しめなわ）
・紙垂（しで）
・神鏡（しんきょう）
・神灯（しんとう）
・榊（さかき）
・榊立て（さかきたて）
・瓶子（へいし）
・平瓮（ひらか）
・水器（すいき）

◇神饌（お供え）

・酒

・米
・塩
・水

◇お神札《ふだ》
お神札の納め方は、宮形によって異なるので、次のように配置すること。

①一社造りの場合
一番手前を「天照皇大神宮」のお神札、次に「氏神神社（産土神社）」のお神札、一番奥に「崇敬する神社」のお神札を重ね合わせる。

②三社造りの場合
中央に「天照皇大神宮」のお神札、向かって右側を「氏神神社（産土神社）」のお神札、向かって左側を「崇敬する神社」のお神札を配置する。

一社のお社

一社のお社のお札

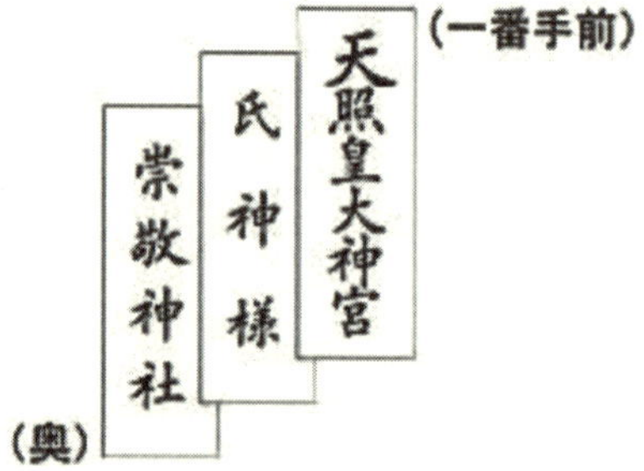

三社のお社

三社のお社のお札

神棚を吊れない場合のお札の祀り方

①タンスやサイドボードの上に、お神札を立て掛け、その前に半紙を敷き、次のお供え物を並べる。

②お酒も供えることができるのであれば、次のようにお供え物を並べる。

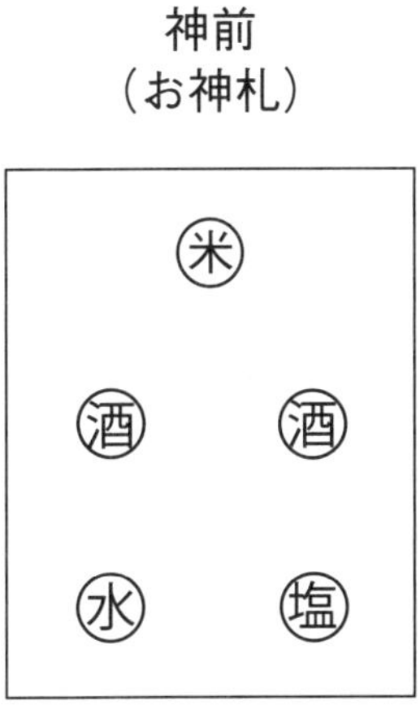

③お神札の裏面に半紙を糊付けしたあと、直接、壁や柱に貼り付ける。この場合、お供え物は不要となるが、できるだけ不遜にならぬよう篤く敬って祀ること。

『祓詞』（はらへことば）

掛《か》けまくも畏《かしこ》き　伊耶那岐大神《いざなぎのおおかみ》
筑紫《つくし》の日向《ひむか》の橘《たちばな》の　小戸《おど》の阿波岐原《あわぎがはら》に
御禊祓《みそぎはら》へ給《たま》ひし時《とき》に生《な》り坐《ま》せる祓戸《はらへど》の大神等《おおかみたち》
諸諸《もろもろ》の禍事《まがごと》　罪《つみ》　穢《けが》れ有《あ》らむをば　祓《はら》へ給《たま》ひ
清《きよ》め給《たま》へと白《まお》す事《こと》を　聞《き》こし食《め》せと
恐《かしこ》み恐《かしこ》み白《まお》す

『大祓詞』（おおはらへのことば）

高天原《たかあまはら》に神留《かむづま》り坐《ま》す　皇親神漏岐神漏美《すめらがむつかむろぎかむろみ》の命《みこと》以《も》ちて
八百萬神等《やほよろずのかみたち》を　神集《かむつど》へに集《つど》へ賜《たま》ひ　神議《かむはか》りに議《はか》り賜《たま》ひて
我《あ》が皇御孫命《すめみまのみこと》は豊葦原瑞穂国《とよあしはらのみづほのくに》を　安国《やすくに》と平《たいら》けく知《し》ろし食《め》せと　事依《ことよ》さし奉《まつ》りき
此《か》く依《よ》さし奉《まつ》りし国中《くぬち》に荒振《あらぶ》る神等《かみたち》をば　神問《かむと》はしに問《と》はし賜《たま》ひ　神掃《かむはら》ひに掃《はら》ひ賜《たま》ひて
語問《ことと》ひし　磐根樹根立《いわねきねた》ち草《くさ》の片葉《かきは》をも　語止《ことや》めて
天《あめ》の磐坐放《いわくらはな》ち　天《あめ》の八重雲《やえぐも》を伊頭《いづ》の千別《ちわき》きに千別《ちわ》きて　天降《あまくだ》し依《よ》さしき奉《まつ》りき
此《か》く依《よ》さし奉《まつ》りし　四方《よも》の国中《くになか》と　大倭日高見《おほやまとひだかみ》の国《くに》を安国《やすくに》と定《さだ》め奉《まつ》りて
下津磐根《したついわね》に宮柱太敷《みやはしらふとし》き立《た》て　高天原《たかあまはら》に千木高知《ちぎたかし》りて　皇御孫命《すめみまのみこと》の瑞《みづ》の御殿仕《みあらかつか》へ奉《まつ》りて
天《あめ》の御蔭《みかげ》　日《ひ》の御蔭《みかげ》と隠《かく》り坐《ま》して安国《やすくに》と平《たいら》けく知《し》ろし食《め》さむ
国中《くぬち》に成《な》り出《い》でむ　天《あめ》の益人等《ますひとら》が過《あやま》ち犯《おか》しけむ種々《くさぐさ》の罪事《つみごと》は　天津罪国津罪《あまつつみくにつつみ》　許許太久《ここだく》の罪出《つみい》でむ
此《か》く出《い》でば　天津宮事《あまつみやごと》以《も》ちて　天津金木《あまつかなぎ》を本打《もとう》ち切《き》り　末打《すえう》ち断《た》ちて　千座《ちくら》の置座《おきくら》に置《お》き足《た》らはして
天津菅麻《あまつすがそ》を本刈《もとか》り断《た》ち　末刈《すえか》り切《き》りて　八針《やはり》に取《と》り辟《さ》きて　天津祝詞《あまつのりと》の太祝詞事《ふとのりとごと》を宣《の》れ

此《か》く宣《の》らば　天津神《あまつかみ》はの磐門《いわと》を押《お》し抜《ひら》きて　天《あめ》の八重雲《やへぐも》を伊頭《いづ》の千別《ちわ》きに千別《ちわ》きて　聞《き》こし食《め》さむ
国津神《くにつかみ》は高山《たかやま》の末《すえ》　短山《ひきやま》の末《すえ》に上《のぼ》り坐《ま》して　高山《たかやま》の伊褒理《いほり》短山《ひきやま》の伊褒理《いほり》を掻《か》き別《わ》けて　聞《き》こし食《め》さむ
此《か》く聞《き》こし食《め》しては　罪《つみ》と言《い》ふ罪《つみ》は在《あ》らじと　科戸《しなど》の風《かぜ》の天《あめ》の八重雲《やえぐも》を吹《ふ》き放《はな》つ事《こと》の如《ごと》く
朝《あした》の御霧《みきり》　夕《ゆふべ》の御霧《みきり》を朝風夕風《あさかぜゆうかぜ》の吹《ふ》き払《はら》ふ事《こと》の如《ごと》く
大津邊《おおつべ》に居《お》る大船《おおふね》を　舳解《へと》き放《はな》ち艫解《ともと》き放《はな》ちて　大海原《おおうなばら》に押《お》し放《はな》つ事《こと》の如《ごと》く
彼方《おちかた》の繁木《しげき》が本《もと》を　焼鎌《やきがま》の敏鎌以《とがまもち》て　打《う》ち掃《はら》ふ事《こと》の如《ごと》く
遺《のこ》る罪《つみ》は在《あ》らじと　祓《はら》へ給《たま》ひ清《きよ》め給《たま》ふ事《こと》を高山《たかやま》の末《すえ》　短山《ひきやま》の末《すえ》より　佐久那太理《さくなだり》に落《お》ち多岐《たぎ》つ
速川《はやかわ》の瀬《せ》に坐《ま》す　瀬織津比賣《せおりつひめ》と言《い》ふ神《かみ》　大海原《おほうなばら》に持《も》ち出《い》でなむ
此《か》く持《も》ち出《い》で往《い》なば　荒潮《あらしほ》の潮《しほ》の八百道《やほじ》の八潮道《やしほじ》の潮《しほ》の八百会《やほあひ》に坐《ま》す　速開都比賣《はやあきつひめ》と言《い》ふ神《かみ》
持《も》ち加加呑《かかの》みてむ
此《か》く加加呑《かかの》みては　気吹戸《いぶきど》に坐《ま》す気吹戸主《いぶきどぬし》と言《い》ふ神《かみ》　根国底国《ねのくにそこのくに》に気吹放《いぶきはな》ちてむ
此《か》く気吹放《いぶきはな》ちては　根国底国《ねのくにそこのくに》に坐《ま》す速佐須良比賣《はやさすらひめ》と言《い》ふ神《かみ》　持《も》ち佐須良《さすら》ひ失《うしな》ひてむ
此《か》く佐須良《さすら》ひ失《うしな》ひては　罪《つみ》と言《い》ふ罪《つみ》は在《あ》らじと　祓《はら》へ給《たま》ひ清《きよ》め給《たま》へと白《まを》す事《こと》を
天津神国津神《あまつかみくにつかみ》　八百萬《やほよろづ》の神達共《かみたちとも》に　聞《き》こし食《め》せと白《まを》す

第三章　神々様のキャラクター

七福神について

日本では最もポピュラーな七福神信仰。はたして、これらの尊格を祭るようになったのはいつごろからであろうか。

時代は室町期。幕府の政治が混乱する中、京都を中心に商人たちが、従来の氏神様だけでは心もとなく感じ、個性的な神々様、それも財をメインに運んでくる福の神を祭るようになる。とはいえ、決して氏神様が問題なのではない。それまでの日本では、農耕社会で皆が協力し合って豊穣を祈念し、氏神様の後ろ盾を期待していた。しかしながら、商工業の世界に進出する者たちが増え、生活スタイルに変化が生じてくると、様々な御神徳を持った外来の神様にも手を合わせるようになったのだ。これからご紹介する七福神の神々は、現世利益のほとんどをカバーする。もちろん、全てを信仰するのは不可能である。今の自分に合った尊格をお選びいただき折り紙の謹製をすれば、相応の効験を期待できると思われる。各神々様のエピソードを以下ご紹介しているので、これを機に神様との縁が出来れば幸いである。

まずは気になる神様の素性を知ることが、開運につながる第一歩となる。

恵比寿について

七福神信仰の中で、唯一、日本の神様として祭られるのが、恵比寿様だ。御神名の表記には、「恵比須」、「恵比寿」、「夷」、「戎」などと複数ある。狩衣姿で右手に釣り竿、左手に鯛を抱えるのがお決まりの姿。もともと、漁業の神として祭られるこの恵比須様は、実は二種類ある。

一つは、伊弉諾命・伊弉冉命との間に産まれた蛭子神だ。日本書紀では、身体が不自由で、三歳になるまで立つことができなかったため、葦舟に乗せ海に流されたとある。それが、中世にいたると蛭子神は龍宮に流れ着き、龍王に育てられ尊き神となり、最後は摂津武庫浦に流れ着き西宮神社の御祭神になったといわれる。

そして、もう一つが、出雲の大国主大神の息子である事代主大神だ。記紀神話の『国譲り』の段で、天津神の使者が国土を譲り渡すよう要請してきた。その際、事代主大神が釣りをしていたのだが、このイメージが海の神・蛭子と結びつき、江戸時代には両者を混合するようになっていく。ちなみに、事代主大神として祭っている神社は、大阪の今宮戎神社と島根の美保神社である。

どちらにせよ、航海安全・漁猟守護の神であったのだが、時代が下ると、稲荷神同様、商売繁盛の神としても祭られるようになる。西宮は酒造業で有名だが、江戸時代、樽廻船により、清酒をはじめ多くの物資が運ばれてきた。また、西国街道の宿場町でもあり、経済活動が活況を呈していたため、西宮恵比須は、商売繁盛の神として定着していった。

一方、大阪今宮浜では浜の市が開かれるようになったため、やはり多くの品々が行き交う地域となり、やがて今宮戎も商売繁盛の神となり、全国各地の商人たちの崇敬を集めるようになる。時代の趨勢上、至極当然のことかもしれない。

大黒天について

「大黒さん」と親しまれている、この神様の素性をご存知の方は意外に少ない。

大黒天は、ヒンズー教で登場するシヴァ神の化身で、大自在天の夜の姿・マハーカーラを指す。マハーは「偉大なる」、カーラは「暗黒」を意味する。インドの神話において、シヴァ神は青黒い身体に憤怒の相で、破壊や殺戮を行う一方、様々な恩恵をもたらす神として祭られている。数多の夜叉・羅刹を従え墓場を住居とし、血肉を食らう神なのだが、この神に祈願すると戦に勝てると言われる。やがて、大黒天は二つの方向へ展開する。チベットでは、大黒天を「ゴンポ」と称し「大黒堂」で祭られる。別名「地獄堂」とも呼ばれるこの場所で、死をつかさどるとされる。地獄堂の壁面には、地獄の責め苦に苛まれる死者の魂が描かれている。つまり、原型に近いそのままの信仰形態を守っていると言える。

一方、日本では、戦闘・地獄というより財宝神としての性格を強くしていく。明確な根拠があるわけではないが、ヒンズー教に登場する財宝神・クベーラと混同され、その姿も肥満体という点で酷似している。でっぷりした姿は、富の象徴でもあったので、大黒天とクベーラが両者混同されたと思われる節がある。また、日本人の性質に醜悪な神の姿は好まれなかったと言うことができる。

さて、日本に大黒天を輸入したのは、天台宗の開祖・最澄だと言われている。「三面大黒天」と呼ばれ、中央が大黒天、左右に毘沙門天と弁財天という異形の組み合わせである。どの神々も富にまつわる神なので一緒にしてしまう、という極めて日本的な発想だ。とはいえ、最も庶民に定着した姿は、一面二臂のノーマルなタイプである。それに加え、中世に入ると烏帽子に狩衣、左肩に大きな袋を担いでいる姿と、大黒天の「大黒」と日本の大国主命の「大国」の音が同じであるところから、なんと別々の尊格が一緒にされるのだ。神仏習合の歴史を有する日本おいては、当然の結果とも言える。

今では稲荷神同様、大黒様も、台所の神であり、田の神であり、商工業の神として全国区のスーパースターとして君臨している。有楽町の宝くじ売り場でも、でっぷり姿に笑顔でみんなを迎え入れている。日本の国においては、神々様の素性など最早どうでもいいのかもしれない。

弁財天について

七福神の紅一点である弁財天。「弁才天」、「妙音天」、「妙音楽天」、「美音天」とも称する。もともと、インドのヒンズー教の女神・サラスヴァティを指す。サラスヴァティとは、インドの聖典『リグ・ヴェーダ』

によると河の名前を指し、その河を神格化したのが弁財天であるという。諸々の穢れを浄化するばかりでなく、大地の豊穣、弁舌、音楽、技芸の御神徳を持つ女神として、篤く祭られている。やがて、中国大陸を経由して日本へ輸入される過程で、様々な変容を遂げてきている。神仏習合の歴史を持つ日本おいては、奈良時代に始まり、『金光明最勝王経』では、この経の守護神とされ、仏敵を退ける護法・戦闘神としての役割を持っていた。弁財天が、琵琶を抱える姿以外に、武器を持つ像として祭られるのは、ここから来ているのであろう。

中世に入ると、弁財天は神道の市杵嶋姫命と同体とされる。市杵嶋姫命とは、須佐之男尊の娘であり、福岡県宗像大社で祭られる宗像三神の一神である。この女神も、水を支配する神であり、美しい神であったため、弁財天と結びついたものと思われる。

なお、宗像大社は、全国の弁天社・弁財天社の総本宮とされ、安芸の宮島で有名な厳島神社や神奈川県江島神社でも、宗像三女神が祭られている。

また、弁財天は、宇賀神という異形の神と習合するようになり、庶民の間では、穀物神・福神としての性格を帯びて祭られるようになる。この宇賀神の素性は不明であり、弁財天を日本の神道に取り込む際に造られた神という説もある。とぐろを巻いた蛇の上に老人の顔が生えているお姿で、弁財天の頭上に乗っかっているのだ。これを通常の弁財天とは一線を画し、「宇賀弁財天」、「宇賀神将」などと呼ばれ、従来の功徳ばかりでなく財宝神としての要素を強く期待されるようになっていった。

何はともあれ、どの神々様も日本では神仏習合をベースに、時代に合わせた形でヴァージョン・アップしていくことだけは間違いがない。国境を越え、時代を越えて、四の五の言わぬところが、日本の信仰の良さでもあるのだ。当然、この考え方を受け入れられぬ者もあろうが、真心で向かっていった分だけ、神々様は必ず応えてくださる。ことさら嫌悪感を表明するよりかは、親しくお近づきになった方が得だと思えるのである。

毘沙門天について

毘沙門天は、古代のインドで信仰されていた財宝神・クベーラという神が元になっている。仏教に取り入れられると、その音を「毘沙門」と訳される。また「ヴァイシュラヴァナ」という別名を持ち「多聞天」とも訳された。

仏教神話では、世界の中心にそびえる須弥山の中腹に四天王がいて、東を持国天、南を増長天、西を広目天、そして北を多聞天が夜叉や羅刹を従えて守護するとしている。

ユニットを組んでいるときは多聞天と称するが、ソロ活動する際は毘沙門天となる。

甲冑を身にまとい、右手には宝棒を握り締め、左手には宝塔を乗せる姿がお馴染みだ。

チベット密教では、毘沙門天がマングースを持つ姿で描かれる。マングースが口から宝石を吐き出し、財徳をもたらす霊獣と見なされている。クベーラ神の御神徳を端的に表しているのであろう。

日本では、6世紀用命天皇の頃、排仏の物部氏を討伐するため、聖徳太子が河内稲村城へ向かう途中、生駒山地の南端にて、毘沙門天に戦勝祈願し本懐を果たしている。その後、太子自ら毘沙門天を勧請し「信ずべし、貴ぶべき山」と仰せになり、この山を「信貴山」と称されるようになった。この地の寺院を朝護孫子寺と呼ぶが、この名称はずっと時代が下り902年になってから使われるようになる。なお、同時期に建立された伽藍が、大阪にある四天王寺だ。

戦国期には、上杉謙信が毘沙門天信仰を貫き、自ら、この神の生まれ変わり、と信じていた。毎回戦で用いる軍旗には、頭文字を取って「毘」の字を掲げていたことは有名な話である。

また、南北朝時代には、楠木正成が毘沙門天を篤く祭っていたことが『太平記』などに記録されている。やがて、戦乱の時代が終わると、財宝神としての御神徳が注目され、一般庶民の信仰を集めるようになる。室町時代後半期になると、京都では毘沙門天を福の神と見なし、爆発的に信仰が広まる。当時の『蔭涼軒日録』には、庚寅日の毘沙門天の縁日に貴賤男女二万人が鞍馬寺を参拝したこと、などが記録されている。なお、関東での毘沙門天信仰では、神楽坂にある善國寺が有名である。商人をはじめ、一般の方たちの厚い信仰を受けている。

福禄寿について

福禄寿は、中国の宗教・道教で祭られる神である。長頭で背の低い老人の姿で描かれることが多い。杖を握り、鶴亀を従えているのも特徴的だ。杖は、金や水源の鉱脈を探し当て、鶴亀は長寿を意味する。つまり、この世の願望を叶えてくれる神の功徳を端的に象徴している。中国人の幸せを示す指標に「福・禄・寿」という考えがある。

まず、「福」とは、一族が後継者に恵まれ子々孫々繁栄していくというもの。「禄」は、字のごとくお金を指す。官職に恵まれ出世を果たし、その結果、富や財が集まること。「寿」は、長寿を獲得し健康に暮らすことだ。これら現世利益に直結した考えが、この尊格の御神名になっている。ただし、これらの願いを成就させるためには、智恵を張り巡らさなければならないことだけは申し添えておく。

陰陽道でも登場する「泰山府君」と呼ばれる神が、中国山東省の泰山で祭られている。人の寿命をつかさどり、仏教においては閻魔大王の書記官としての役割を担っている、そこから、福禄寿と同一神ではないかという説がある。この泰山府君信仰が日本へ輸入されると、地蔵菩薩を本地とする赤山大明神とされた。京都の赤山禅院は、赤山大明神を福禄寿と同体と見なし、毎月五日の縁日には、延命・富貴の祈願を行う。多くの参拝客を集め、とりわけ商人の信仰が厚い。「五十払い（ごとばらい）」、「五十日（ごとおび）」という商習慣を表す言葉は、赤山禅院から始まったと言われている。

寿老人について

寿老人もまた、福禄寿同様、道教の神である。身の丈三尺（90センチメートル）で頭が長く白髪。団扇と巻物を付けた杖を持ち、鹿を連れている姿で描かれる。この巻物は、「司命の巻」と呼ばれ、人間の寿命を記録しているという。鹿は「玄鹿（げんろく）」と呼ばれ、長寿・福禄の徳を有している。

この尊格も、寿命に関する御神徳を持ち、別名「寿星」とも「南極老人星」とも称される。ここで言う南極とは、南天の極みの意。すなわち、南の空の低い位置に輝く竜骨座の一等星・カノープスを指す。この星は、シリウスに次ぐ明るさを持つものの、その姿はめったに目にすることができない。さらに、その色が赤みを帯びており老人を彷彿とさせることから、寿老人と重ね合わせられたのだろう。日本では「布良星（めらぼし）」とも呼ばれる。千葉県南部の漁業集落・布良で語り継がれるこの星の伝説に、その名の由来がある。

なお、日本では、寿老人が福禄寿と同一神と見なされていたため、七福神から外されていた時代があった。そのときは、能の演目でも有名な「猩猩」を寿老人の代わりに配していた。

室町期に、日本の禅僧が、福禄寿・寿老人信仰を取り入れたものの、日本では禅寺以外に広がらなかったため、寺院の本尊とは別に祭られることが多い。七福神巡りをしていると少し寂しい気もするが、立派な尊格であるので、しっかり手を合わせて欲しいところである。

布袋和尚について

七福神の中で、唯一実在したとされるのが、布袋和尚だ。満面の笑顔に、大きな袋を背負い、太鼓腹の僧侶の姿で描かれる。そこから、ニックネームが「布袋」と付けられた。

本名は、「契此（かいし）」。唐時代の明州（現在の中国浙江省寧波市）の岳林寺に籍を置く禅僧で、寺を住居とすることはなかったが、916年この寺で没している。

禅僧とはいえ実際は乞食坊主で、各地を遊行し、貰う物は何でも袋に放り込んでいたと言われる。庶民の中に入っていっても、決して小難しい説法をすることはなく、皆が喜ぶ話をしていたそうだ。貧しい生活を送りながらも、お釈迦様の慈悲の教えを終始変わらず体現し、多くの方たちを救済し慕われていたことだけは間違いないようである。

この布袋には、神仙のようなエピソードが幾つかある。

野宿の際、雪の降る日でも布袋の身体の上には、全く雪が積もらなかった、と言われる。また、臨終の際には、埋葬されたにもかかわらず、他の州でその姿を目撃される、といったものまである。神仙は、生きながらにして身体と魂をそのまま霊界に飛ばし、また霊界から、そのままの姿で帰還する。寿命が尽きると、その肉体を尸解（消滅）させ、この世に痕跡を残さない、といったことも行う。もしかしたら、布袋は地上に降り立った神仙だったのかもしれない。

南宋の頃、日本の禅寺に布袋信仰が輸入されてきたのであるが、同時に布袋を弥勒菩薩の化身とする考え方も入ってきた。京都府宇治市に萬福寺がある。ここの天王殿には、布袋が弥勒菩薩として祭られている。明朝期、日本に黄檗宗を伝えた隠元隆琦が作らせたものだとされる。

また、兵庫県宝塚市にある清荒神清澄寺では、布袋を三宝荒神の眷属として祭っている。手に持つ袋を、「堪忍袋」と見なしているようだが、なるほどと思わせる。人間のダークな部分を見聞きしても、決して感情的にならず、その身に収めることができなければ福を寄せることは難しい、と言いたいのであろう。

稲荷神について

一万基近く並ぶ朱塗りの鳥居と、狐の石像で独特な景観を演出する京都の伏見稲荷大社。全国津々浦々に三万社近くある稲荷神社の総本宮にあたる。近年では、伏見稲荷は外国人にも人気の観光スポットとして国内では第一位に輝き、講員になる方やキリスト教から改宗する諸外国の方たちも一部にはいると聞く。

この稲荷神は、そもそも山城国（京都南部）の渡来系豪族であった秦氏の氏神である。

『山城国風土記』の逸文には、こんな紹介がある。ある日、秦氏の棟梁であった秦伊呂具が、お餅を捏ねて矢を射るための的をつくっていた。ところが、矢を放とうとしたその瞬間、お餅が白鳥に姿を変え、彼方にある山の峰につぃと飛び去って行ったと言う。その白鳥が舞い降りた峰には、多くの稲が実っており、伊呂具は「これは神様の成せる業《わざ》だ」と思い、稲が実るその地にお社を建てたのが、稲荷大社の始まりとされる。和銅4年（711年）のことである。
元来、稲荷神は「穀霊神」であり、稲を育て、われわれ人間に食物を供する農業の神であった。農民たちは、この稲荷神に五穀豊穣を願って稲荷神社へ参詣した。ところが、中世に入り、商工業が広がってくると、商売繁盛の神としても祭られていく。下町の路地裏や庭先の小祠でもお稲荷さんが祭られるようになり、稲荷信仰が庶民の暮らしの中に深く根を下ろしていった。さらに時代が下ると、海の神様としての御神徳も合わせ持って祭られる稲荷神社が登場してきた。東京築地にある波除稲荷だ。明暦の大火後、将軍家綱が取り組んだ事業に、築地海面の埋め立て工事があった。しかし、何度堤防を築いても、激しい波にさらわれてしまう。そんな折、夜の海面を光り漂うものがあり、船を出し拾い上げてみると、それは稲荷神の御神体であった。人々は畏敬の念をもって、この地に社殿をつくり御神体をお祭りするようになる。すると、波風がぴたりと止まり、工事も順調に進んだという。このようにして、稲荷神は万能のスーパースターとして、日本では不動の地位を確立する。

稲荷信仰を行うにあたり、気をつけていただきたいことがある。
よく、私が「稲荷神社のご祭神はどなたかご存知ですか」と身近な方にお尋ねすると、必ず、条件反射的に「お狐さん」と答えが返ってくる。実は、「宇迦之御魂大神」（うかのみたまのおおかみ）という立派な尊格が主祭神であり、狐はその御眷属（神使）にあたる。分かりやすく言えば、ボスの命令に従って御用をなす部下達が、お狐さんなのだ。よって、何かを御祈願する際は、お狐さんではなく、宇迦之御魂大神に言上申し上げるのが筋なのである。それから、お狐さんたちの労に感謝の念を捧げれば、稲荷信仰は何も問題はない。ところが、時折、誤った信仰に入る者がある。このお狐さんだけを奉り、自分の欲得を満たさんがために油揚げをお供えし、奴隷のように働かせるのだ。基本的に、こういった輩のためには稲荷神と御眷属は動かないのだが、主祭神より除隊を余儀なくされた「野狐」という存在がある。これらが、人間の欲望に感応して勝手に動き出すことがあるのだ。よくあるトラブルは、この手のものがほとんどである。この点は、特に注意を払ってほしいところである。

以上は、主に神道系の稲荷神を指しているが、片や仏教系の稲荷神も存在すると言ったら、驚く方も少なからずおられる。

その御神名は、「荼枳尼天」と称する。サンスクリットの「ダーキニー」と言う発音を漢字で写し、インドの神を表す「天」を末尾に付けている。ダーキニーの特徴は、空中飛行の術を使いこなし、チベット密教では「空行母」と訳される。つまり、空を飛べる女神、という意味だ。インドの伝承では、ダーキニーはシヴァ神に仕える、容姿端麗で妖艶な女神なのだが、一度怒りだすと誰彼構わず襲って食いちぎるほど凶暴・猛悪な存在なのである。

しかも、「ダーキニー・ジャーラ（荼枳尼網）」といって、集団で行動し自在に空中飛行をこなすため、狙われたら最後。逃げることは不可能なのだ。

このダーキニーが、ヒンズー教から密教に取り込まれ、中国大陸を経由して、日本に輸入されてきている。どうも、中国では集団行動をする「野干」という想像上の動物と結びついたようだ。そして、この野干が、日本に生息していた狐と外見が非常に酷似していたため、荼枳尼天が狐と結びつくようになった。日本では、平安時代初期に真言宗の開祖・空海が密教をもたらしたことにより、荼枳尼天の存在が知られるようになる。白狐に乗る天女の姿で描かれ、次第に稲荷神と習合するようになった。この尊格を祭っている代表的な寺院は、愛知県の豊川閣妙厳寺と千葉県の成田山新勝寺、東京都の深川不動堂である。

本書では、稲荷神の御眷属の折り紙を紹介している。御祭神を第一に据え、御眷属に個人的なお願い事をお伝えすべく折り紙を折ってみてはいかがだろうか。

十二支の折り紙について

よく神社・仏閣で十二支のお守りが置かれてあり、購入の際に自分の生まれ十二支を勧められる。決して誤りではないのだが、生まれ年と対冲する十二支を取り入れると、自らの開運につなげることができる。つまり、正反対の気を取り込むことで、運の流れを良くしていこうとするのが、本術の目的である。十二支の折り紙も、普段は神棚に配置していただければ結構である。朝な夕なに祈願を続ければ、相応の結果が期待できるであろう。一年間使用したら、お近くの神社でお焚き上げをして、また翌年に備え新しい折り紙を自ら謹製すること。

以下、ご参考までに生まれ年の反対（対極）の十二支を列挙する。

子年生まれ→午（うま）
丑年生まれ→未（ひつじ）
寅年生まれ→申（さる）
卯年生まれ→酉（とり）
辰年生まれ→戌（いぬ）
巳年生まれ→亥（い）
午年生まれ→子（ね）
未年生まれ→丑（うし）
申年生まれ→寅（とら）
酉年生まれ→卯（う）
戌年生まれ→辰（たつ）
亥年生まれ→巳（み）

生まれ年本命表

平成 28 年(2016)	丙申年	二黒土星	平成 45 年(2033)	癸丑年	三碧木星
平成 29 年(2017)	丁酉年	一白水星	平成 46 年(2034)	甲寅年	二黒土星
平成 30 年(2018)	戊戌年	九紫火星	平成 47 年(2035)	乙卯年	一白水星
平成 31 年(2019)	己亥年	八白土星	平成 48 年(2036)	丙辰年	九紫火星
平成 32 年(2020)	庚子年	七赤金星	平成 49 年(2037)	丁巳年	八白土星
平成 33 年(2021)	辛丑年	六白金星	平成 50 年(2038)	戊午年	七赤金星
平成 34 年(2022)	壬寅年	五黄土星	平成 51 年(2039)	己未年	六白金星
平成 35 年(2023)	癸卯年	四緑木星	平成 52 年(2040)	庚申年	五黄土星
平成 36 年(2024)	甲辰年	三碧木星	平成 53 年(2041)	辛酉年	四緑木星
平成 37 年(2025)	乙巳年	二黒土星	平成 54 年(2042)	壬戌年	三碧木星
平成 38 年(2026)	丙午年	一白水星	平成 55 年(2043)	癸亥年	二黒土星
平成 39 年(2027)	丁未年	九紫火星	平成 56 年(2044)	甲子年	一白水星
平成 40 年(2028)	戊申年	八白土星	平成 57 年(2045)	乙丑年	九紫火星
平成 41 年(2029)	己酉年	七赤金星	平成 58 年(2046)	丙寅年	八白土星
平成 42 年(2030)	庚戌年	六白金星	平成 59 年(2047)	丁卯年	七赤金星
平成 43 年(2031)	辛亥年	五黄土星	平成 60 年(2048)	戊辰年	六白金星
平成 44 年(2032)	壬子年	四緑木星			

宝船について

宝船は２３０ページ～２３７ページにあるとおり二種類ご紹介しているが、基本的には、金色、黄色あるいはオレンジの折り紙で折っていただきたい。大きいタイプは、七福神を乗せるための器になる。小さいタイプは、金運向上のために使うもので、中央に一万円札を折り曲げ乗せておく。この紙幣が種銭となって金運を招来するのである。意外に効果があるので、実践してみてはいかがだろうか。ただし、ご家族や近所の方たちに盗られないようご注意願いたい。こちらは、祈願文を書き連ねる必要はない。完成したら、やはり神棚か自分の目よりも高い位置に飾るようにするとよい。

除災符について

運気が低迷し何をやっても冴えない時がある。自分が正しいと思って取った行動が裏目に出たり、人から誤解を受けてみたりと。とはいえ、神社・仏閣で厄除け祈祷をしてもらうのもはばかられる、ということがある。そんな時、この除災符を自ら謹製し常に携帯していれば、徐々に霧が晴れてくることと思われる。少なくとも、今以上の災禍厄難は回避することができるので、ぜひ、和紙を手に取ってみてはいかがだろうか。開運の第一歩は、禊ぎ・祓いから始まる。

清め包みについて

「清め包み」とは、神様や十二支の折り紙および除災符を包んで清浄に保管するためのものである。神道における祭式は不浄を嫌うが、自ら謹製する折り紙についても同様である。「清め包み」で納められた折り紙は、決して邪気や魔が入ることはない。身体に携帯するとき、カバンの中に忍ばせるときなどは、必ず「清め包み」を忘れぬよう心掛けていただきたい。

第四章「折り紙謹製法」

折り方の基本

はじめに汎用性の高い形を基本形とし、その折り方を紹介します。
この基本形から様々な形に変化していくので、まずは基本形に馴れるのが上達への近道となります。
第一章でも触れていますが、上手に折るコツとして挙げられるのは、
・カドをキッチリ揃える
・折り目をしっかりつける
・慌てず手順通りに折る
なにより繰り返し折ることが肝心です。
はじめは折れなかった形も2回、3回と折っていくうちに折れるようになるものです。

【折り紙の表裏は色がついた面を表とし白面を裏とする】

折り紙の基本形

山折り

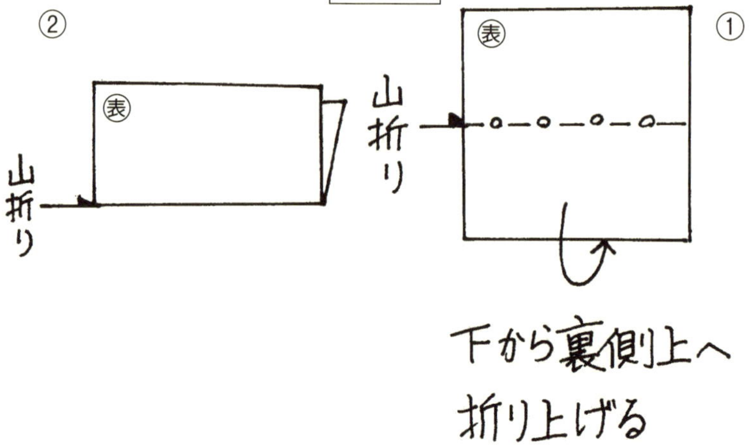

谷折り

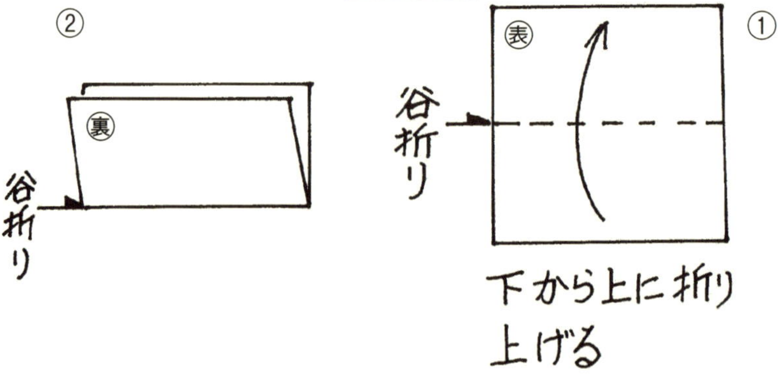

折り目をつける

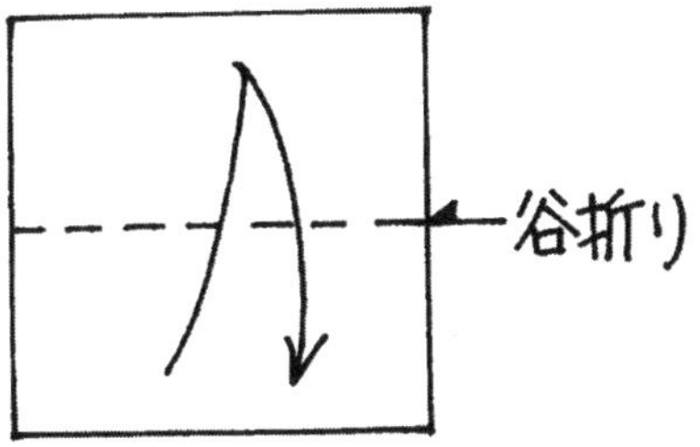

下から上に折り上げて
折り目をつけたらもどす

段折り

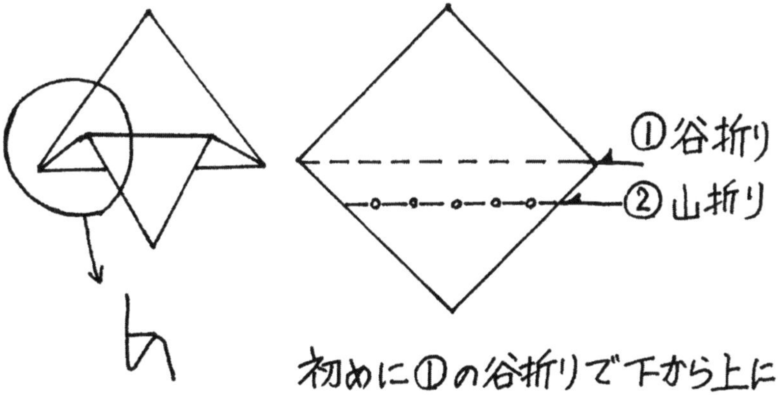

初めに①の谷折りで下から上に
折り上げる。次に②の山折り
で上から下に折り下げる

中割り折り

①

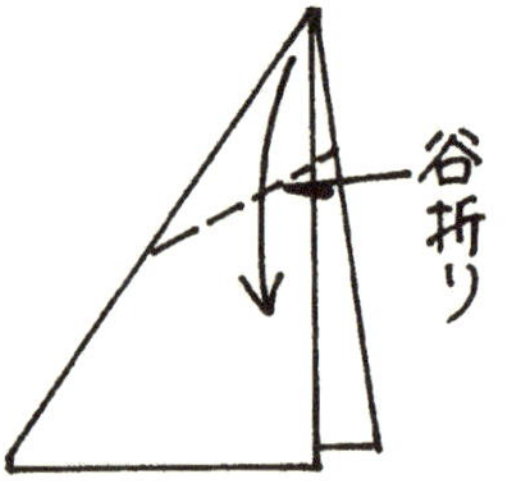

点線の所で
手前に折りたおす

②

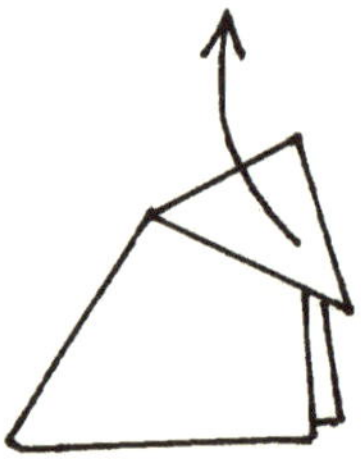

折り目をつけたら
もとにもどす

③

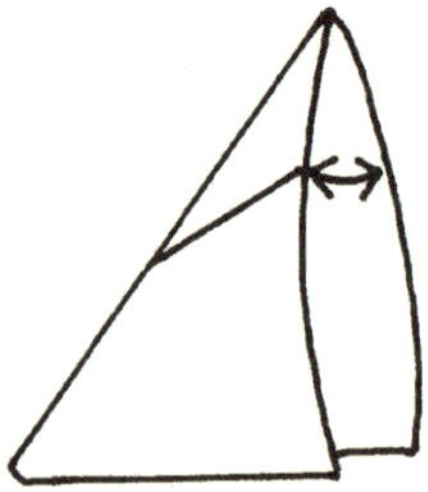

三角の部分を
開く

④

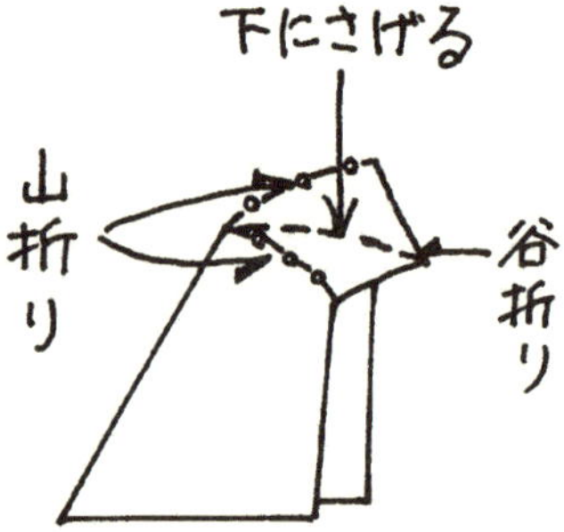

頂点を下に
折り下げながら
左右の折り目で
山折りにする

⑤

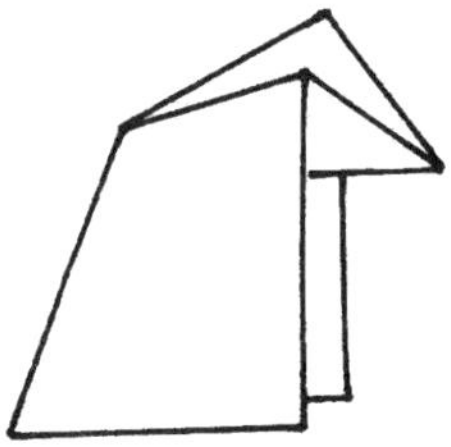

完成図

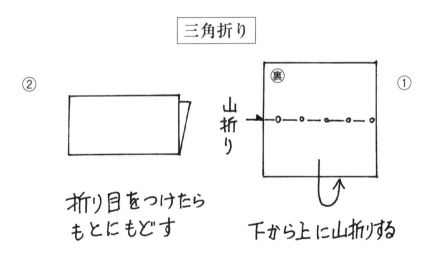

三角折り

①

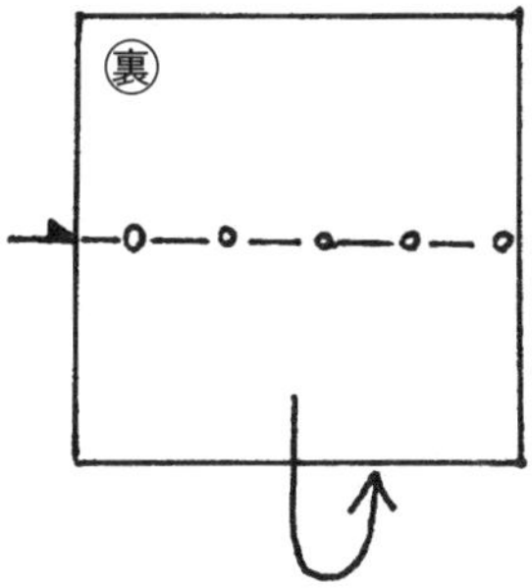

下から上に山折りする

②

折り目をつけたら
もとにもどす

③

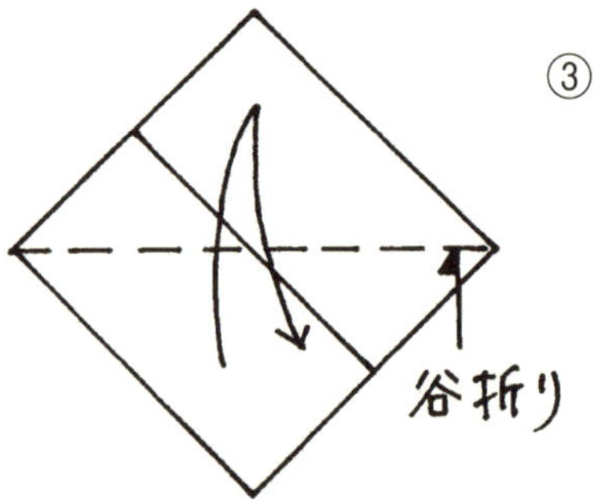

もとにもどしたら（①の
状態）時計回りに45度
回転させる
次に点線で下から上に
折り上げて折り目をつけ
てもどす

④

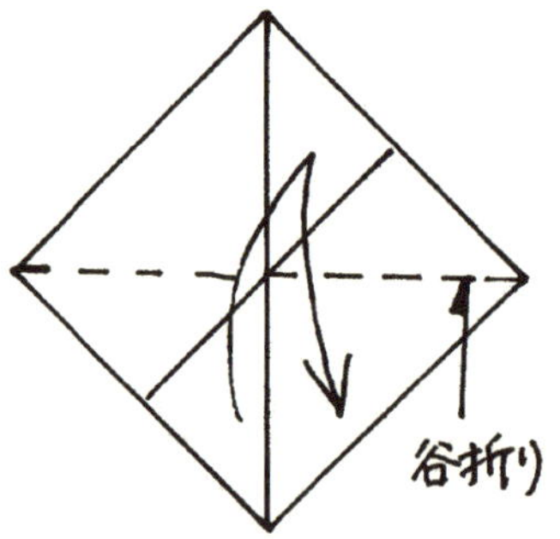

③を時計回りに90度
回転させる
次に点線で下から上に
折り上げて折り目をつけ
てもどす

⑤

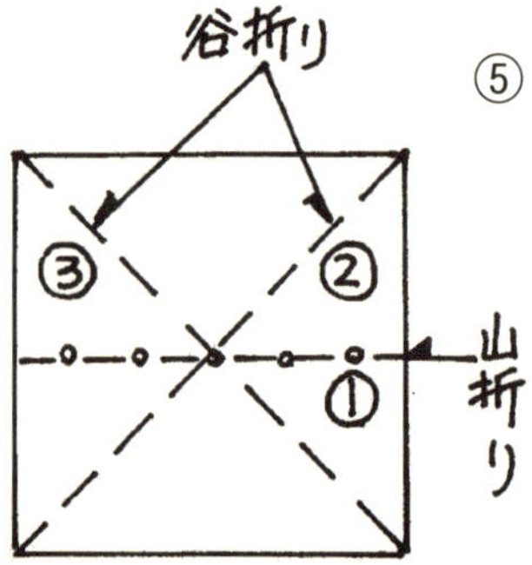

④を時計回りに45度
回転させる
次に①山折り②谷折り
③谷折りを折り目に合
わせて折る

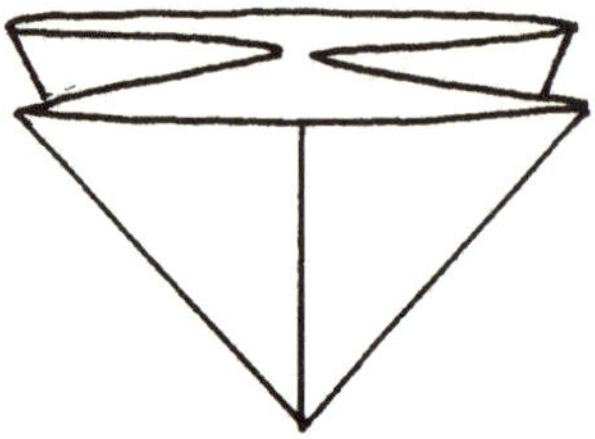

完成図

四角折り

①

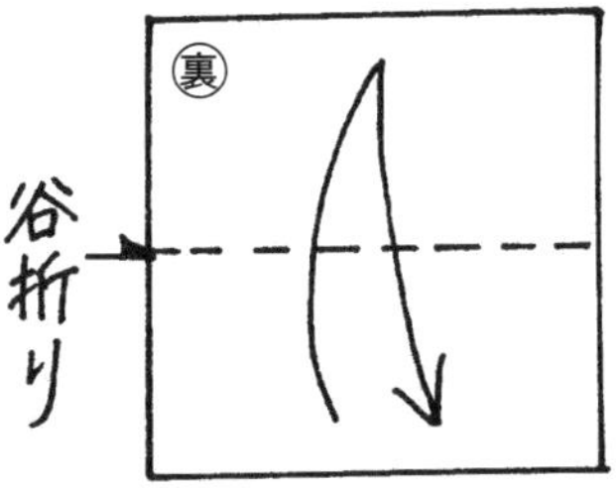

下から上に折り上げ折り
目をつけたらもどす

②

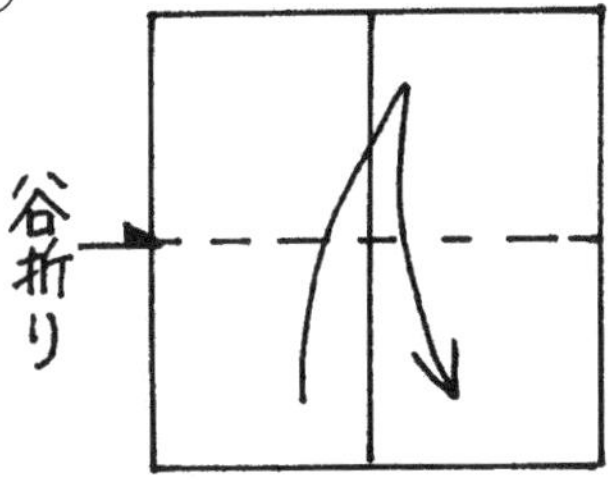

①を時計回りに90度
回転させる
次に下から上に折り
上げて折り目をつけ
てもどす

③

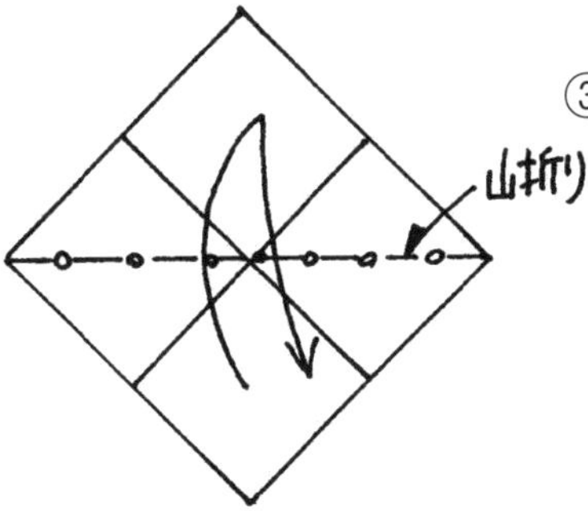

②を時計回りに45度
回転させる
次に下から上に折り上げ
折り目をつけてもどす

④

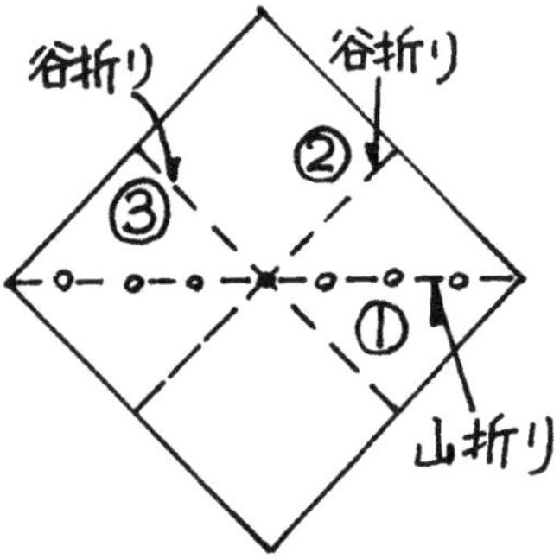

①山折り②谷折り
③谷折りの順に
折り目に合わせて折
りたたむ

⑤

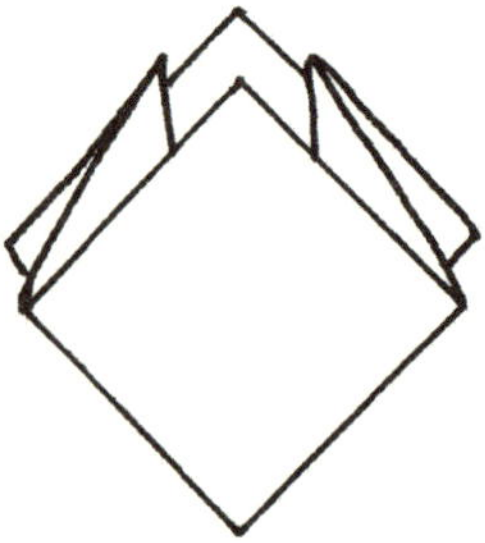

この図の形に
折る

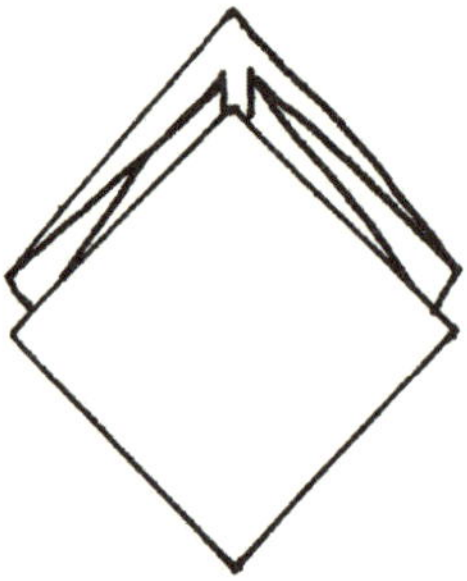

完成図

ダイヤ折り

①

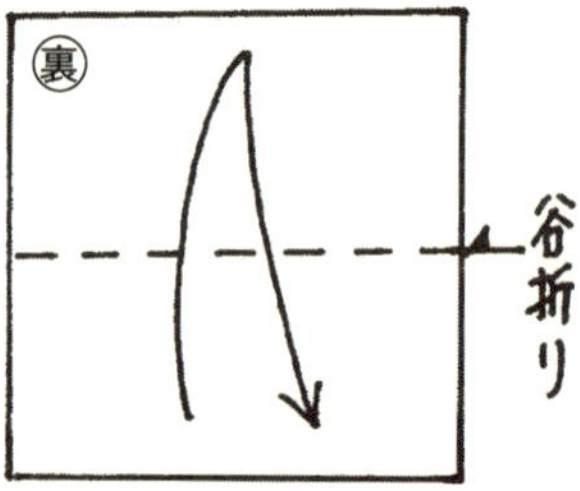

下から上に折り上げて
折り目をつけたら、もと
にもどす

②

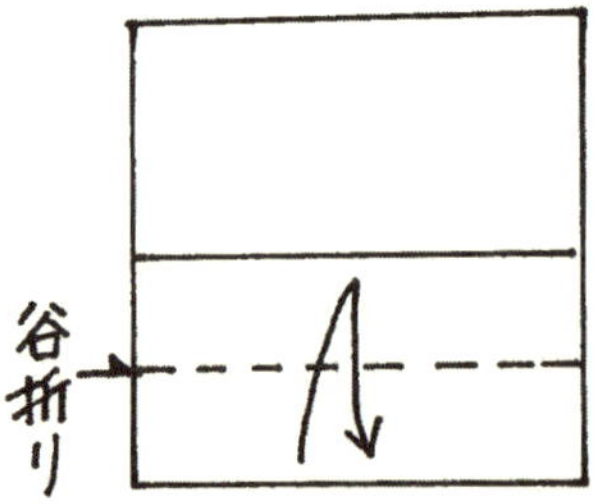

下から上に折り上げて
折り目をつけたらもと
にもどす

③

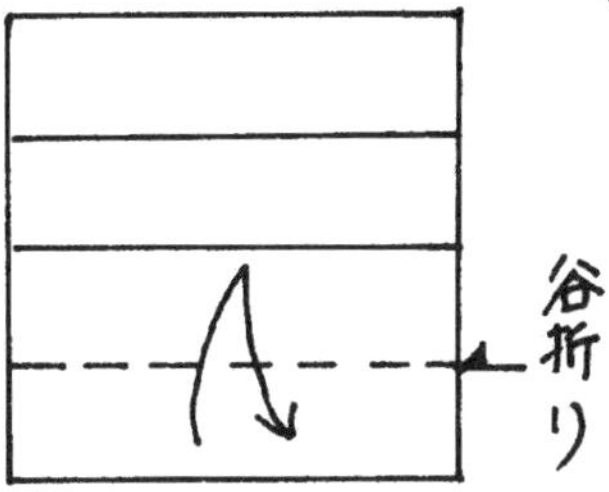

②を時計回りに180度
回転させる
次に下から上に折り上げ
折り目をつけたらもとに
もどす

④

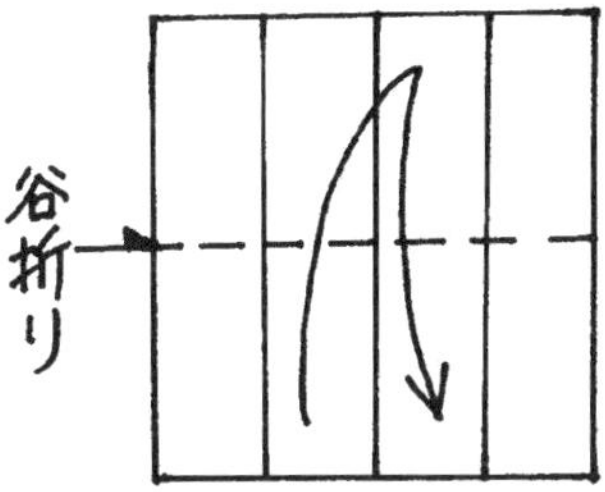

③を時計回りに90度
回転させる
次に下から上に折上
げ折り目をつけたら、
もとにもどす

⑤

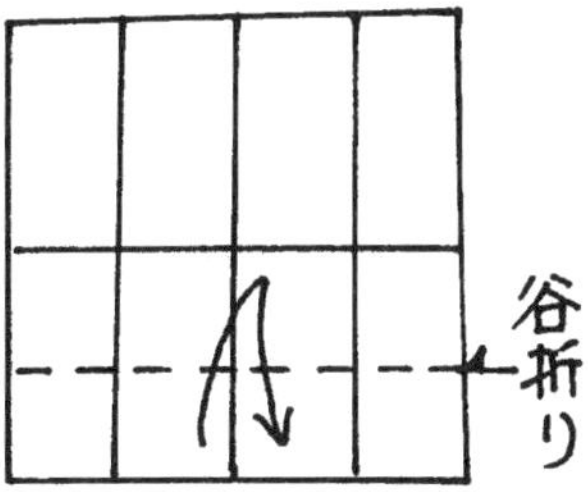

下から上に折り上げて、
折り目をつけたらもとに
もどす

⑥

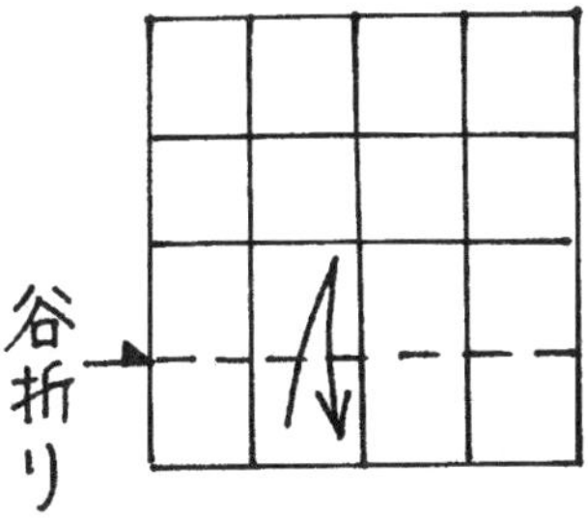

⑤を時計回りに180度
回転させる
次に下から上に折り
上げて、折り目をつけ
たらもどす

⑦

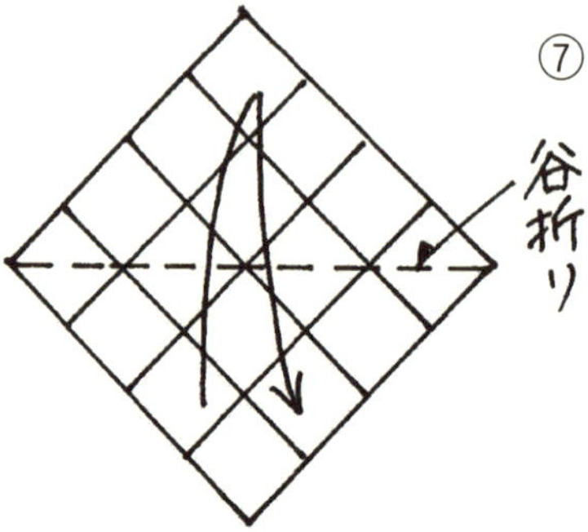

⑥を時計回りに45度
回転させる
次に下から上に折り上げて
折り目をつけてもとに
もどす

⑧

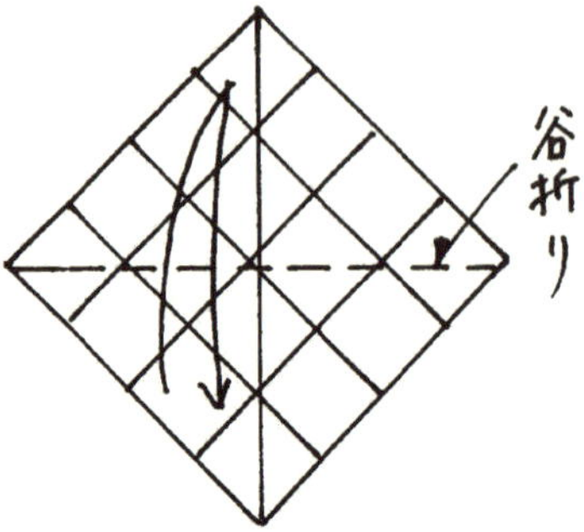

⑦を時計回りに45度
回転させる
次に下から上に折り
上げて折り目をつけて
もとへもどす

⑨

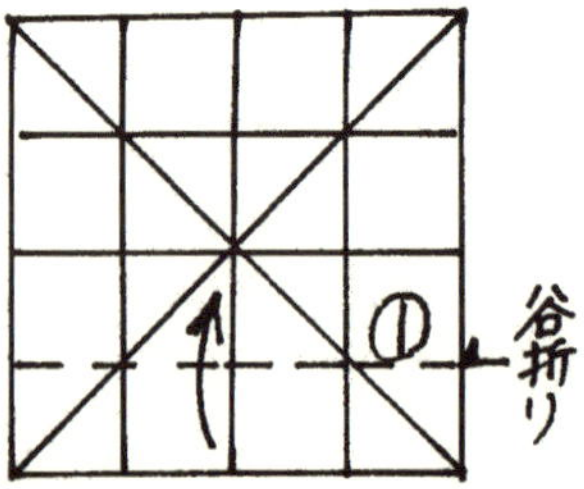

⑧を時計回りに45度
回転させる
次に折り目のついている
①を下から上に折り上げ
る

⑩

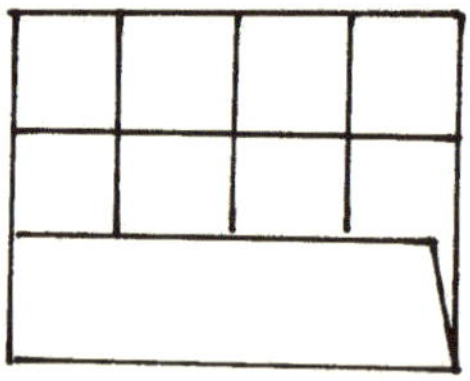

この形になったら時計
回りに180度回転さ
せる

⑪

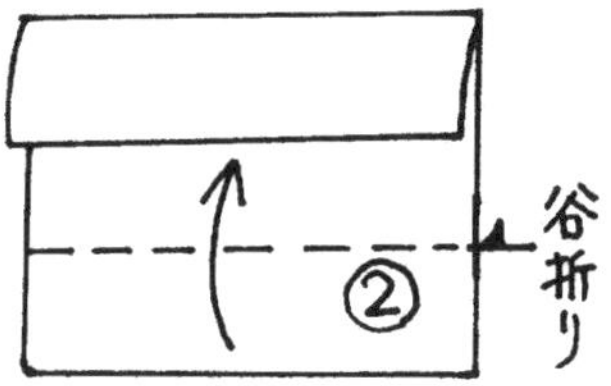

折り目②を下から上に
折り上げる

⑫

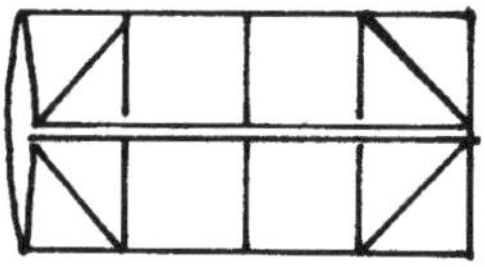

この図になる

⑬

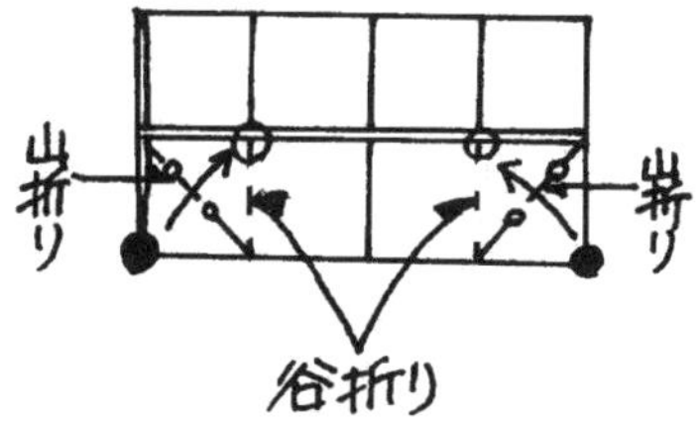

●印の角を内側から
○印に合わせる様に
折る（左・右の順に
折る）

⑭

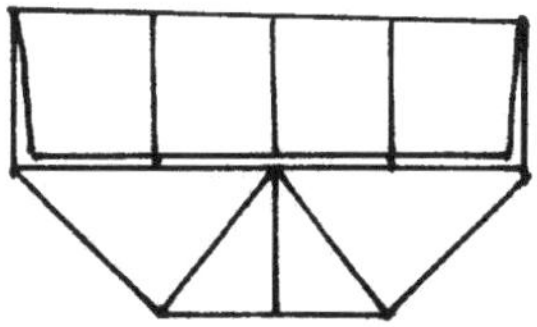

この図になったら
全体を時計回りに
180度回転させる

⑮

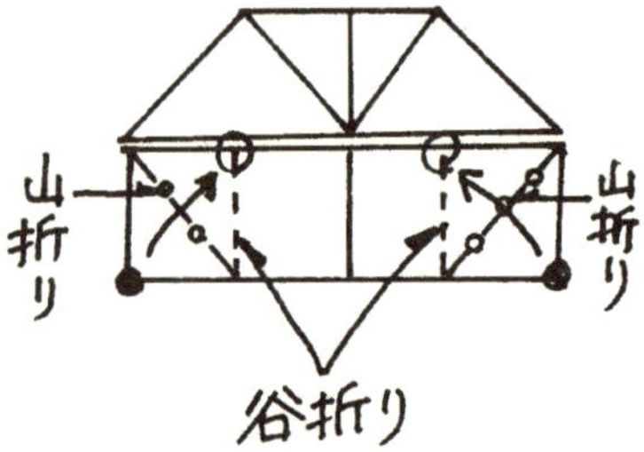

●印の角を内側から○印に合わせる様に折る（左・右の順で折る）

⑯

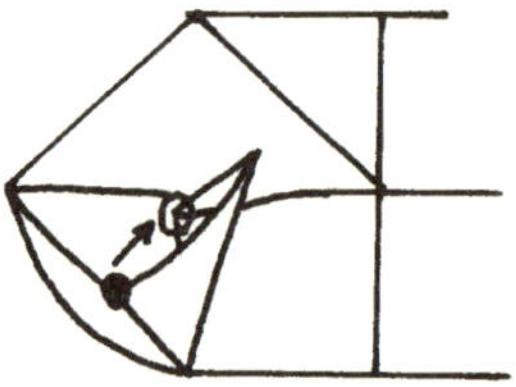

折り図の拡大図

⑰

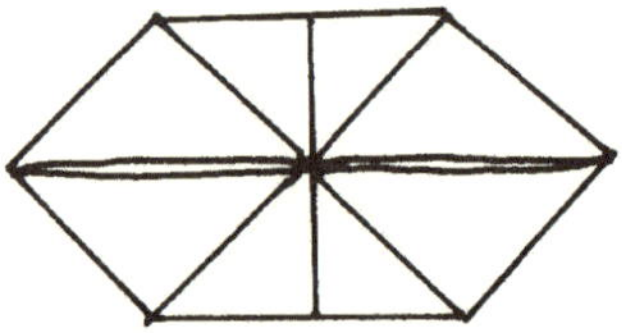

完成図

かぶせ折り

①

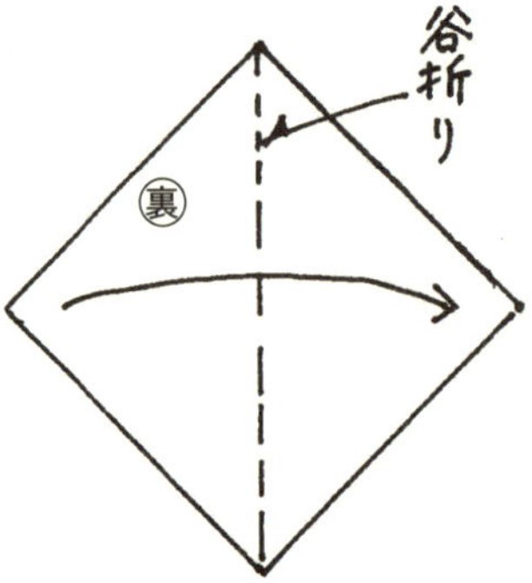

左から右に折る

②

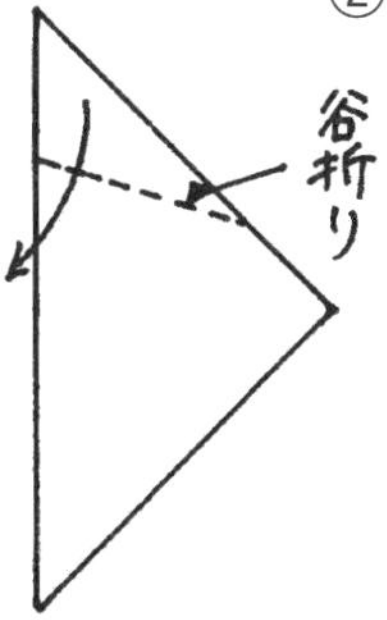

谷折り線で折る

③

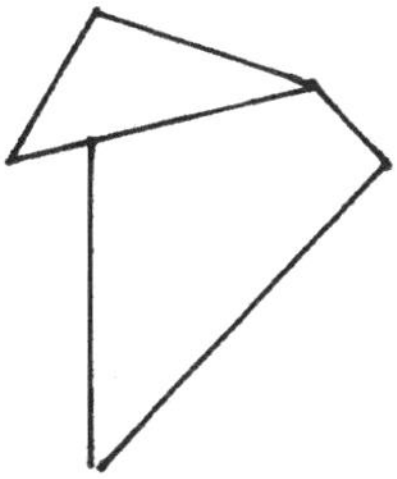

この図になったら
もとにもどす。

④

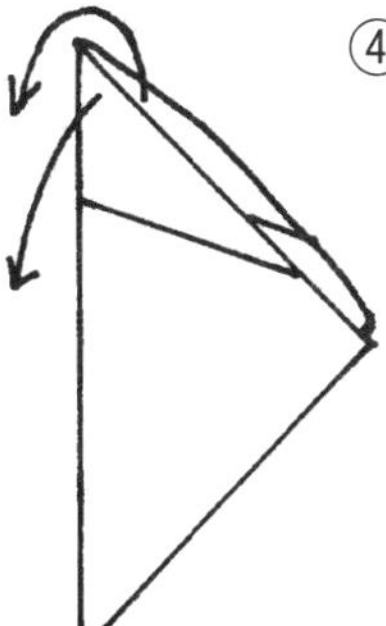

折り目線にそって
外側からかぶせる
様に折る

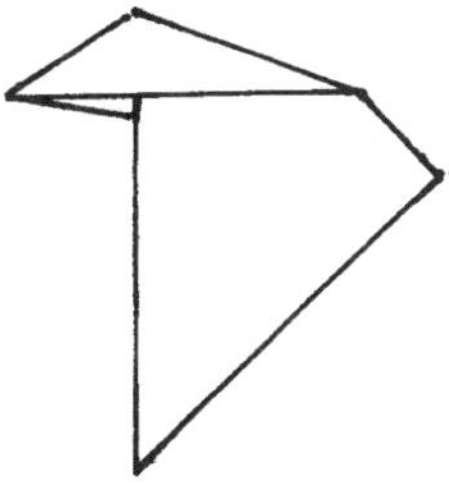

完成図

恵比寿の折り方

恵比寿の完成写真

基本形　四角折り①～⑤を折る（61頁参照）

⑥

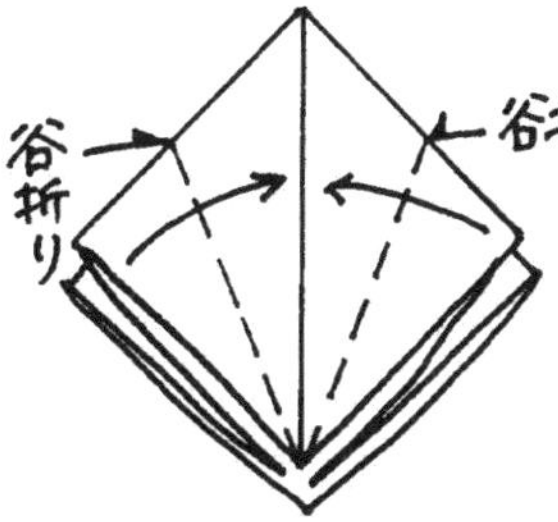

上の1枚を左・右の順で谷折りする

⑦

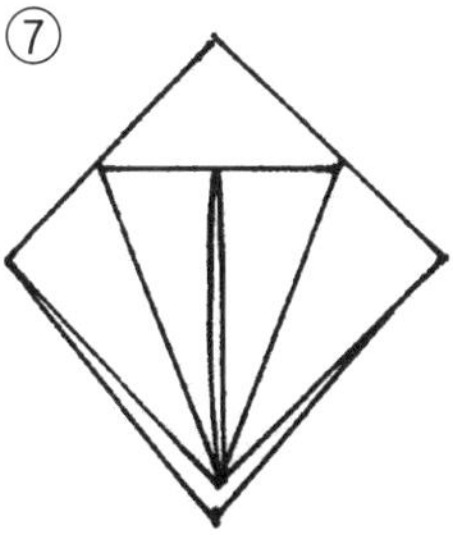

この図になる

⑧

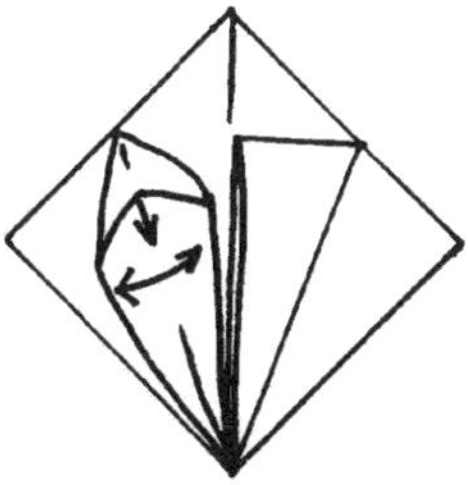

左側の三角を開いて折りたたむ
（右側も同様に折る）

⑨

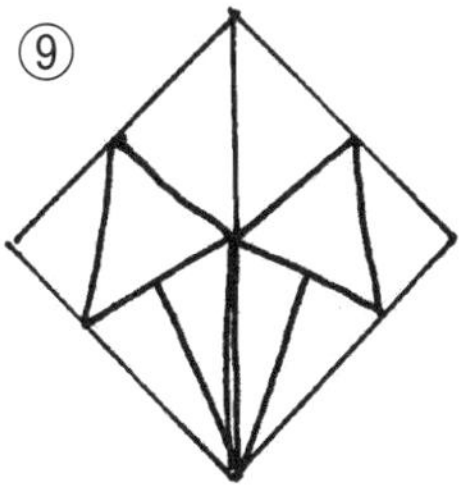

この図になる

⑩

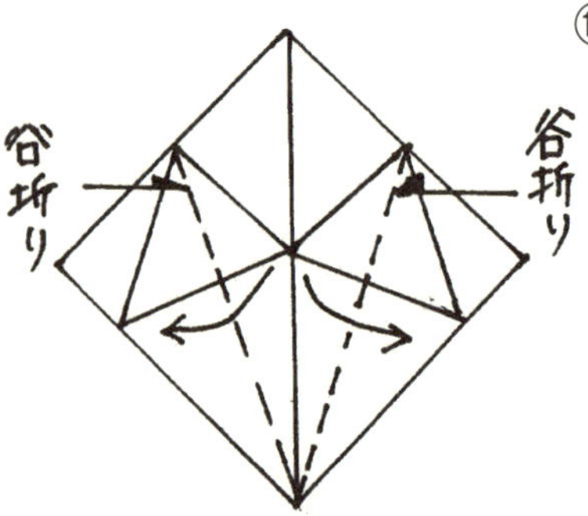

左・右の順で、三角の部分を左右に倒す

⑪

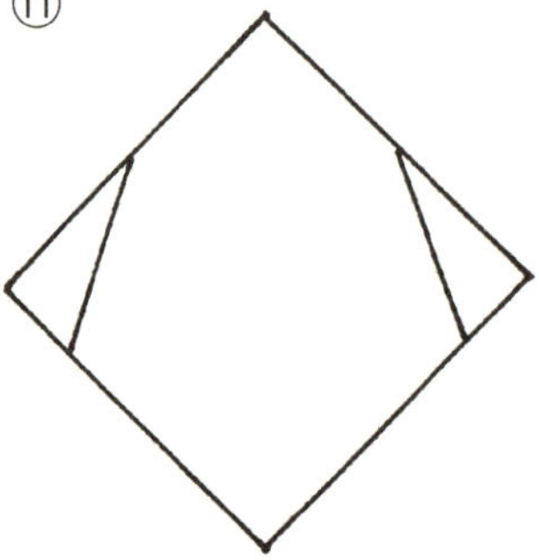

この図になる

⑫

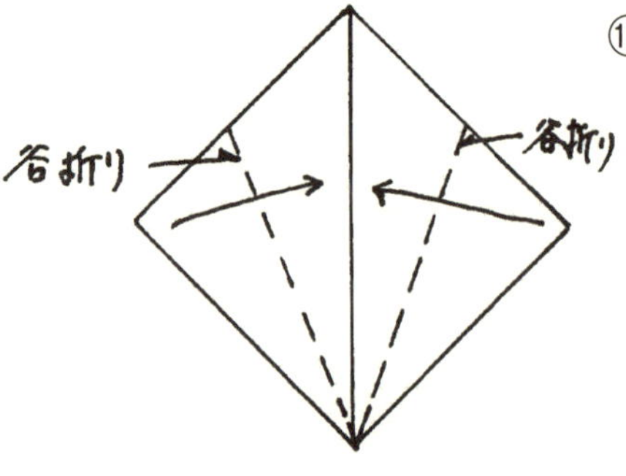

⑪を左から右に裏返す
次に⑥～⑪の折り方をする

⑬

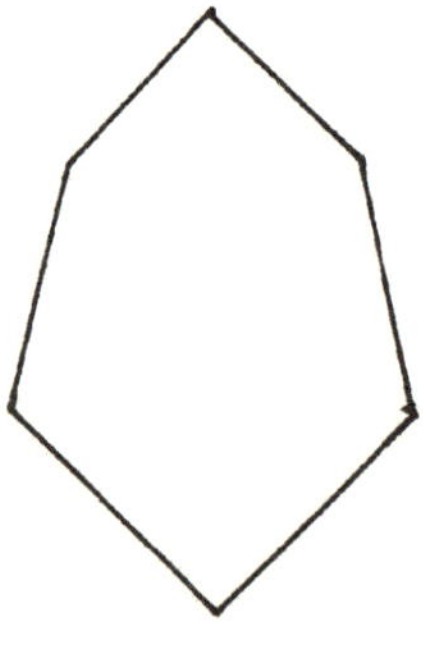

⑪まで折り終えると
この図になる

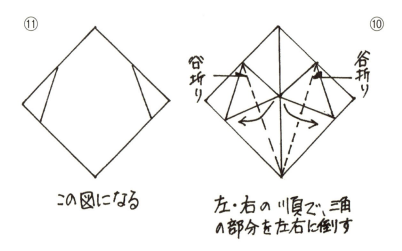

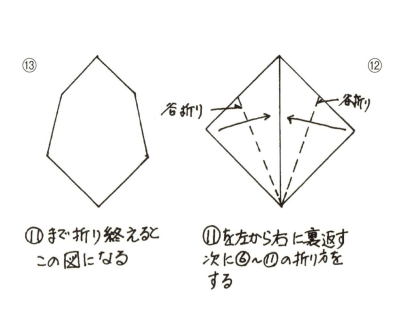

⑭

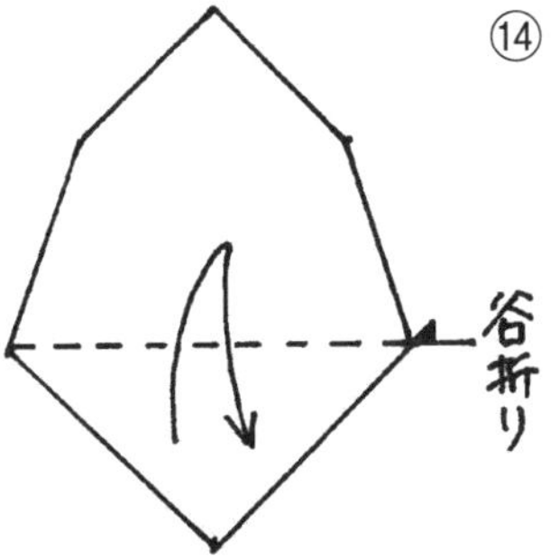

上1枚を下から上に折り上げ、折り目をつけたらもとにもどす

⑮

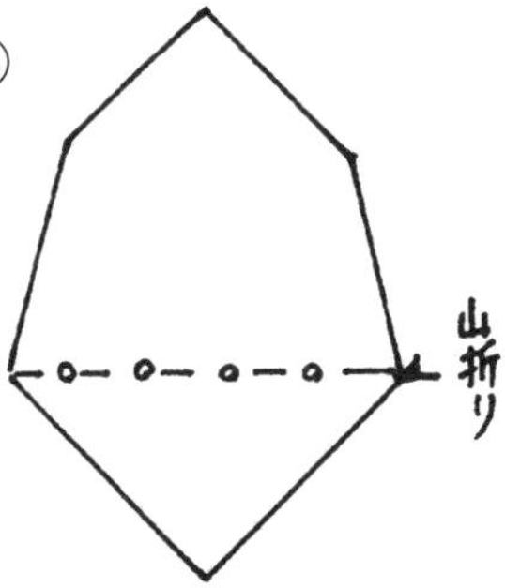

⑭でつけた折り目にそって、上1枚を山折りして、内側に差し込む

⑯

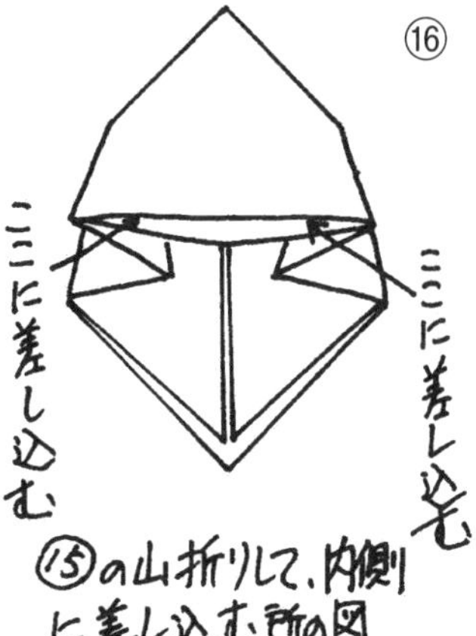

⑮の山折りして、内側に差し込む所の図

⑰

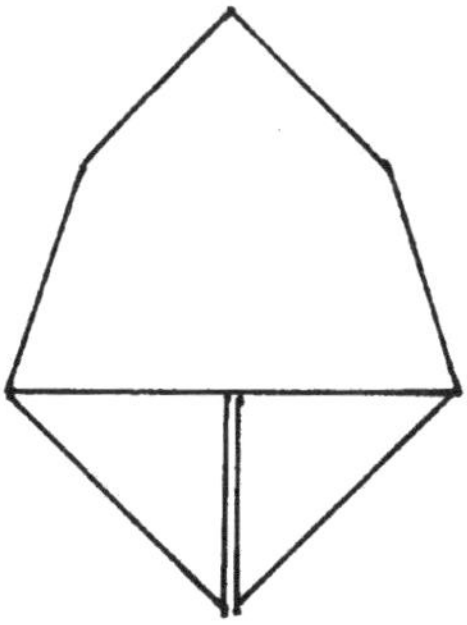

この図になる

⑱

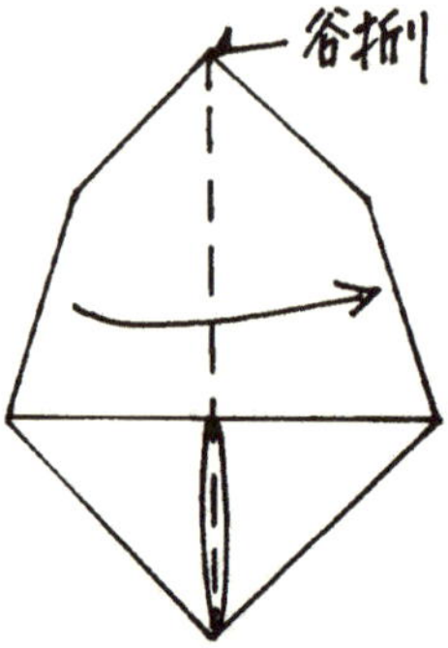

上の1枚を中心線で
左から右へ倒す

⑲

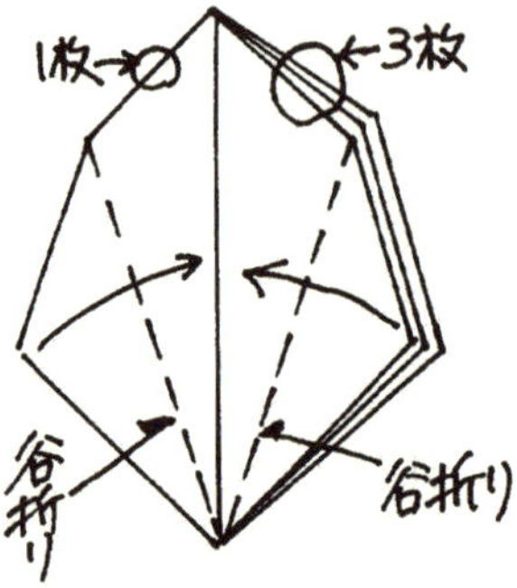

一番上の1枚を中心
に合わせて谷折り
する

⑳

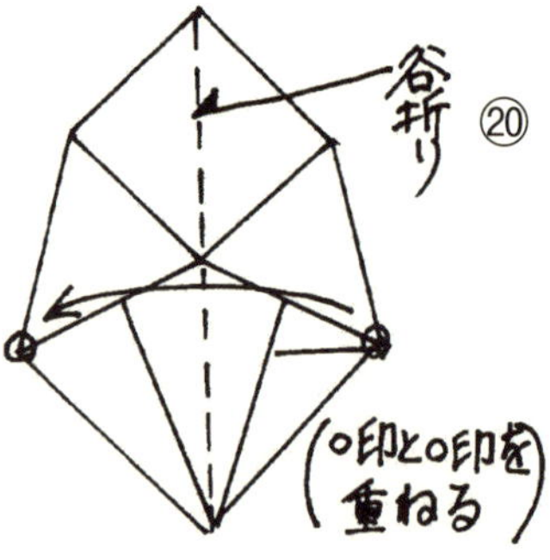

この図になる

次に右側の三角の部分
の上1枚だけを中心で
左側に返す

㉑

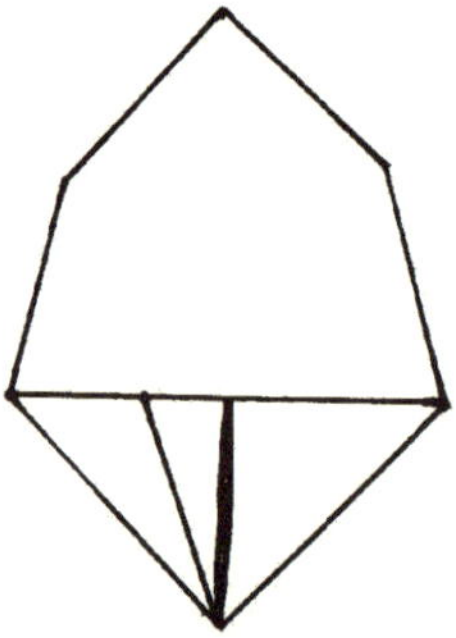

この図になる

㉒

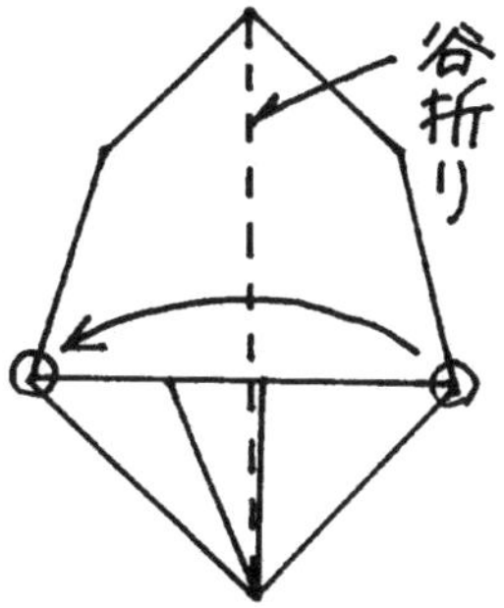

上1枚を中心で
右から左へ返す
(○印と○印を合わせる)

㉓

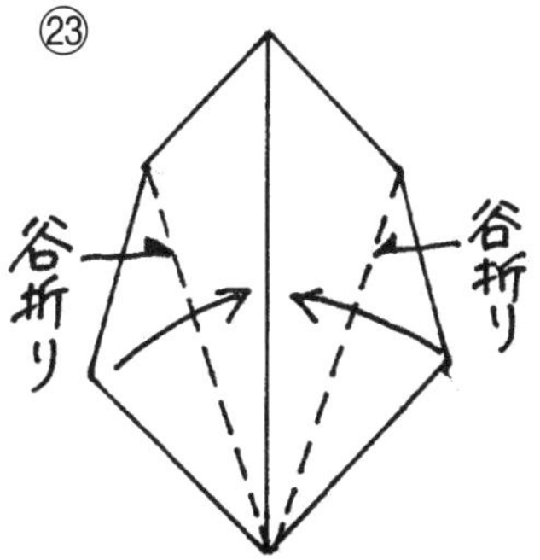

この図になる
次に左・右の順で
左右の三角の部分
を中心で合わせる

㉔

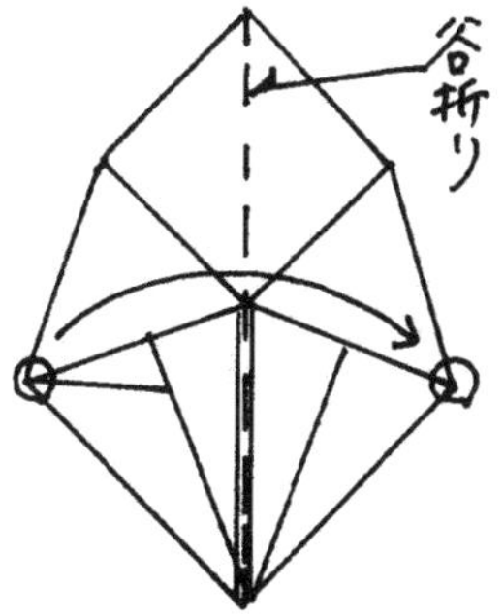

この図になる
次に上1枚を左から右へ
中心で返す
(○印と○印を合わせる)

㉕

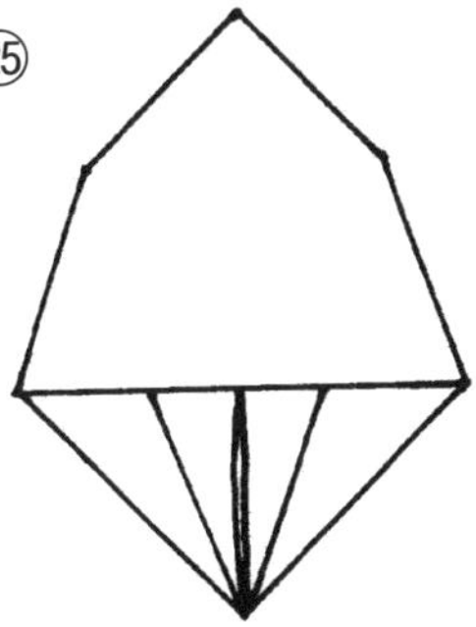

この図になる
次にこの状態を
左から右に裏返す

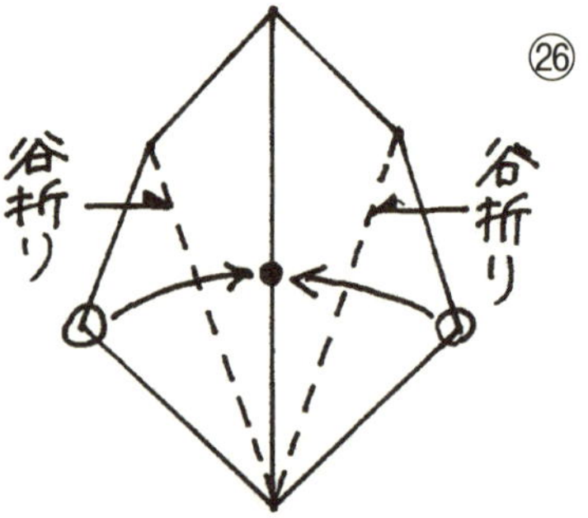

この図になる
次に左右の三角の部分を
中心に合わせるように折る
（左右の○印を中心の●印に
合わせる様に折る）

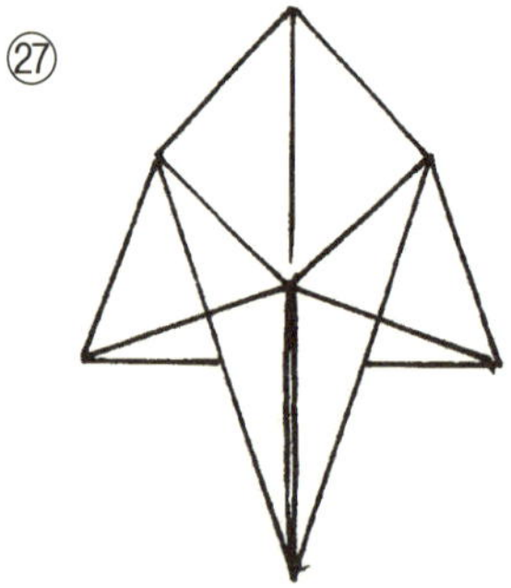

この図になる

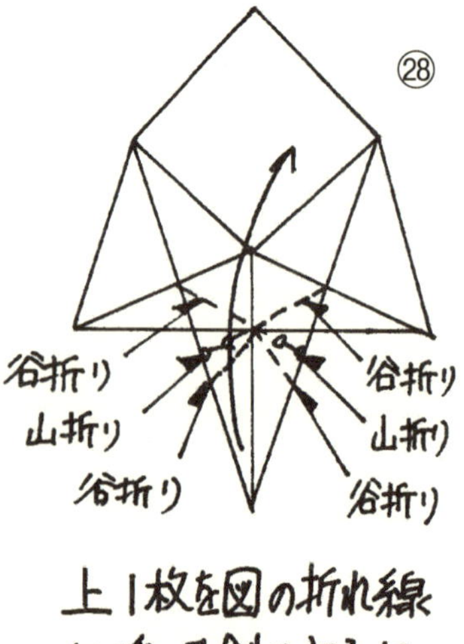

上1枚を図の折れ線
に添って斜め右上に
折り上げる

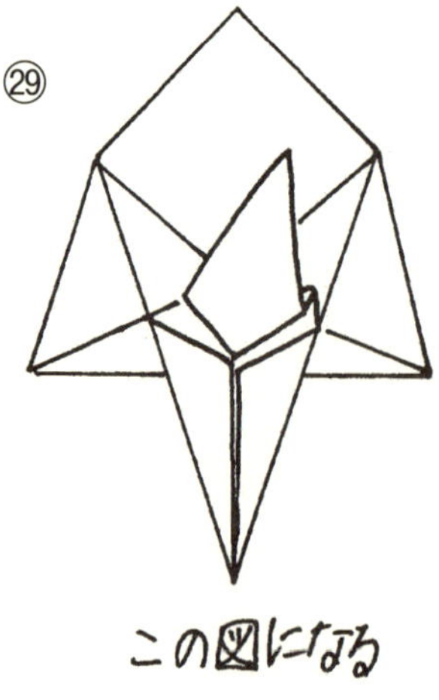

この図になる

㉚

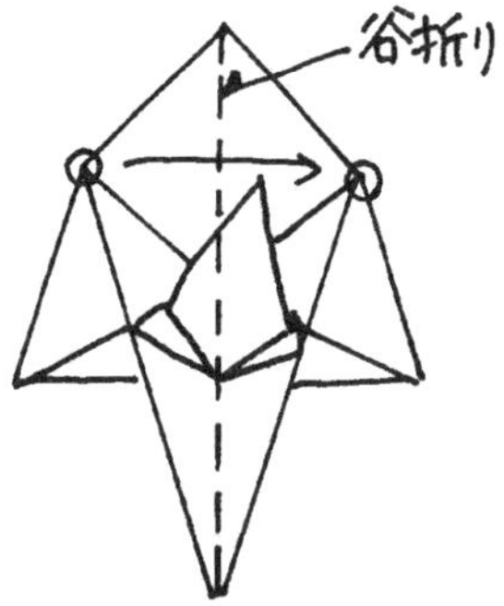

上1枚を左から右へ
返す
（○印と○印を重
ねる）

㉛

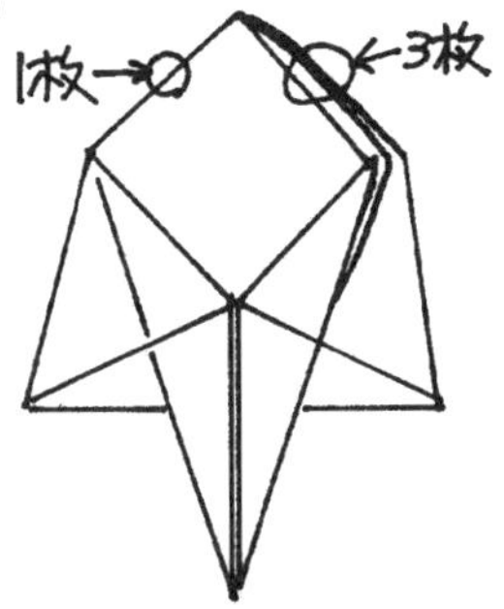

この図になる

㉜

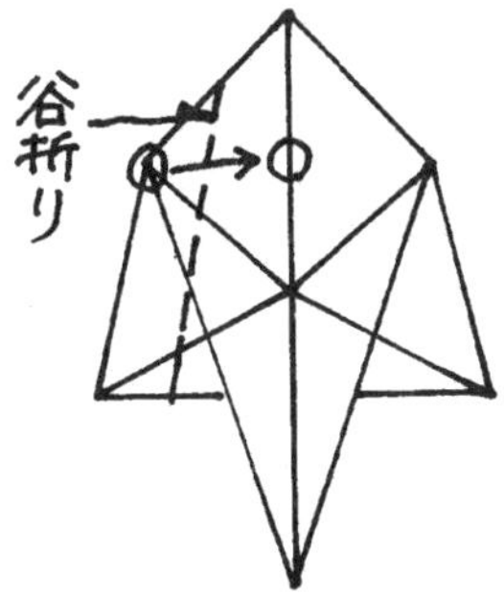

左側の1枚を○印を
合わせて谷折りする

㉝

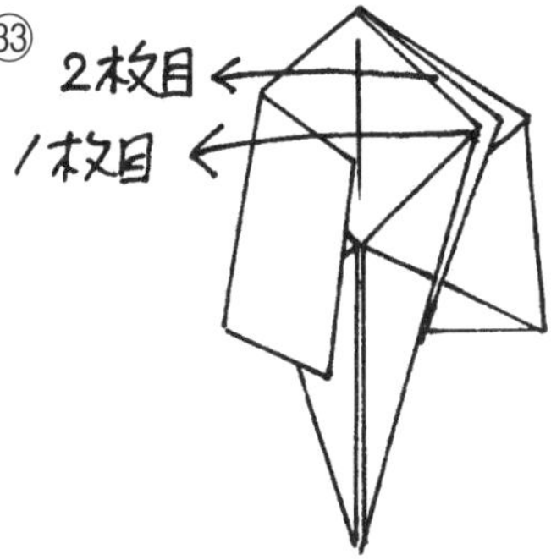

この図になる

次にこの状態から右側の
上2枚を中心で左側
に返す

㉞

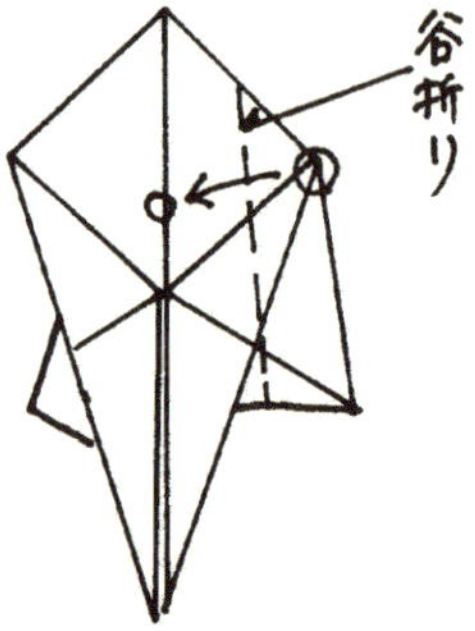

この図になる

次に右側の1枚を
○印に合わせて谷
折りする

㉟

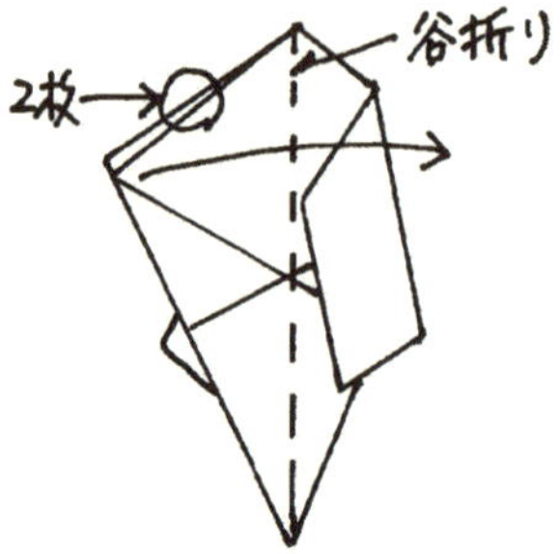

この図になる

次に上1枚を左から
右へ中心で返す

㊱

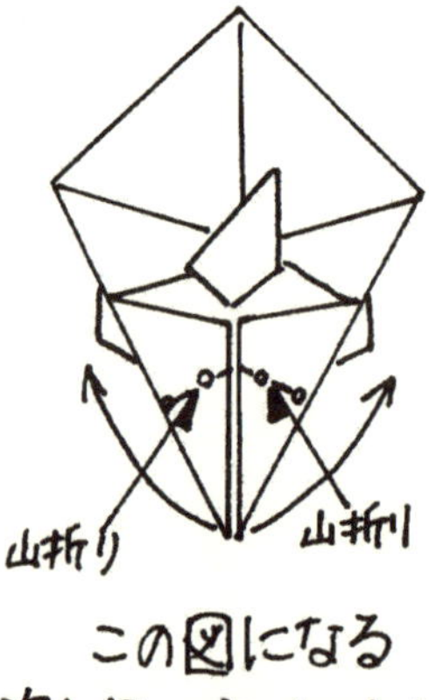

この図になる

次に足の部分の左右を
中割り折りで斜め上
に折り上げる

㊲

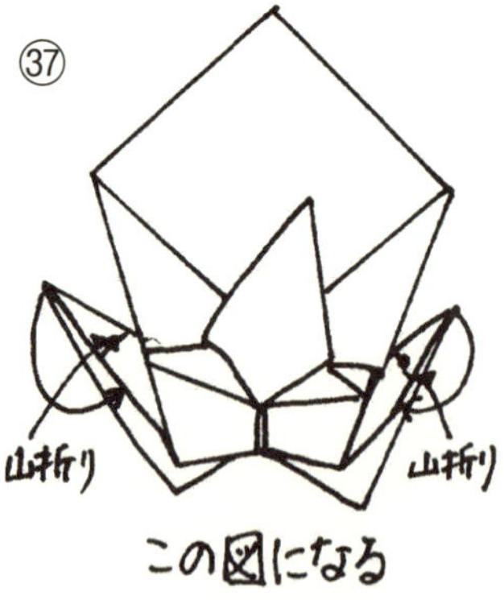

この図になる

次に左右の足先を
中割り折りで折り
込む

㊳

㊴

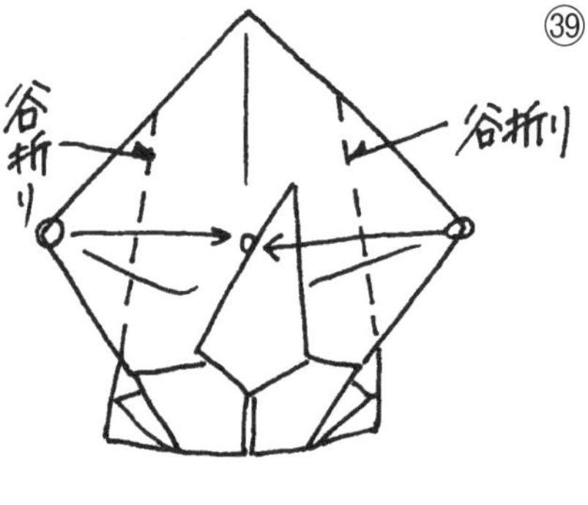

両端を中心の○印と
合わせる様に折る
この時、下の折り目と
同じ幅で折る

㊵

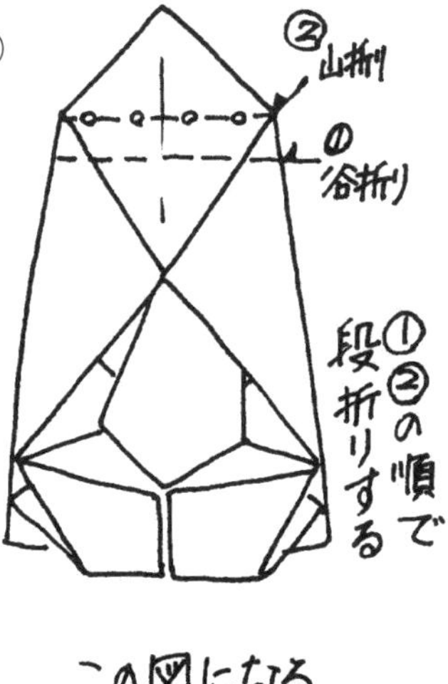

この図になる
次に首の部分を
段折りする

㊶

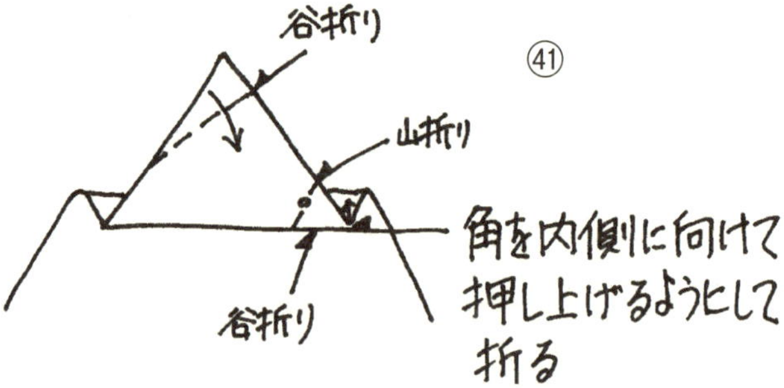

段折りした部分は
この図になる
次に角を内側に押し上げて
首を作る
頭部は、斜め下に谷折りする

㊷

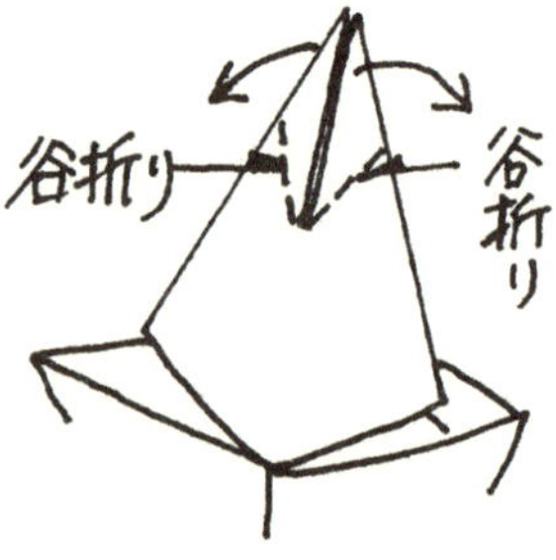

㊳で切り目を入れた
鯛の尾を左右斜め
下に折る

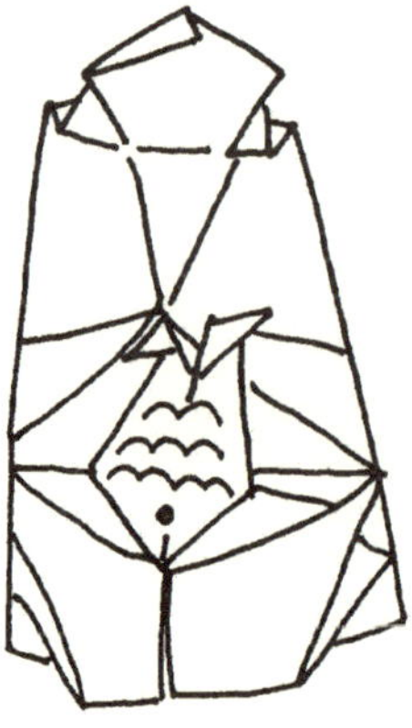

完成図

大黒天の折り方

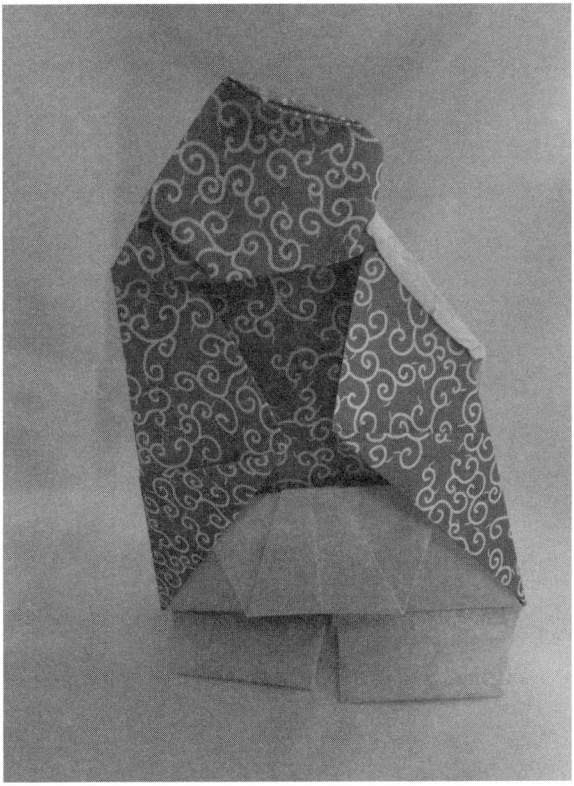

大黒天の完成写真

基本形　四角折り①～⑤を折る（61頁参照）

⑥

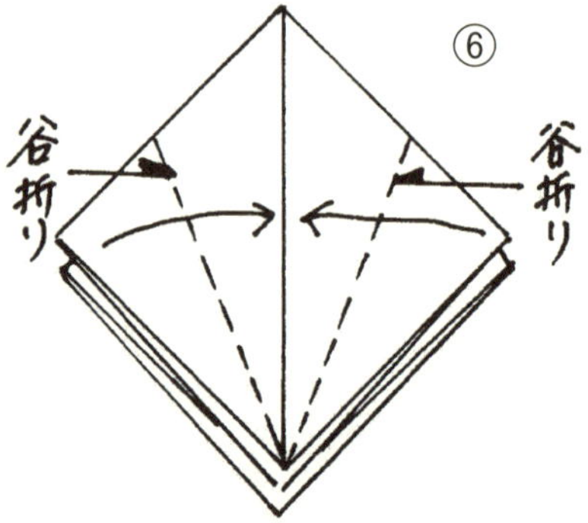

左右の順で中心に向けて
谷折りする

⑦

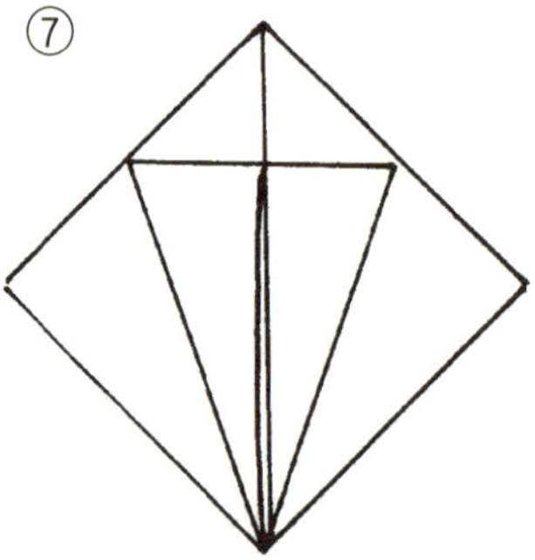

この図になる

⑧

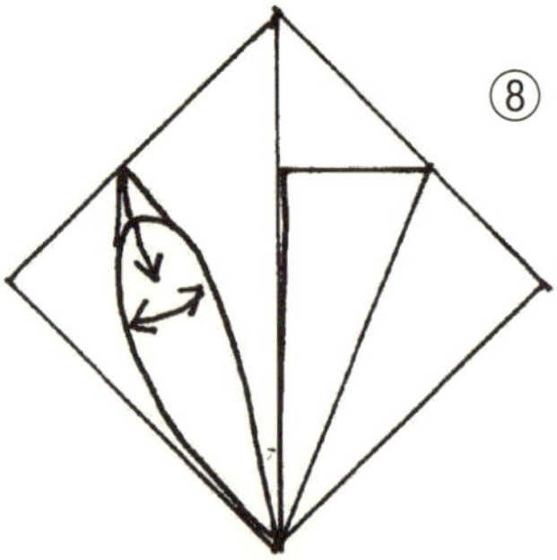

左側の三角を中心から開き、
上の角を下に向けて折る

⑨

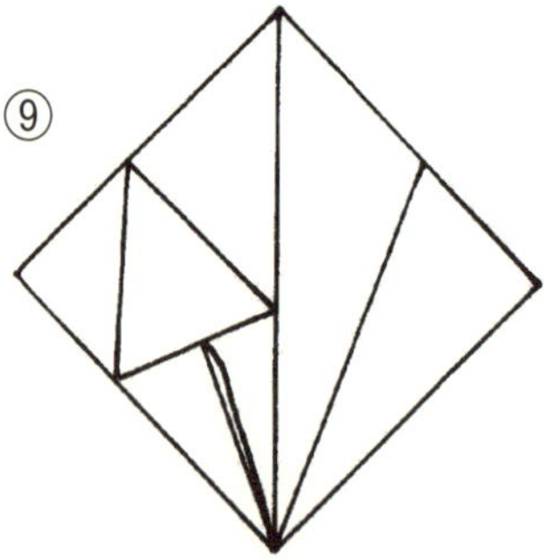

右側も左と同様に
折る

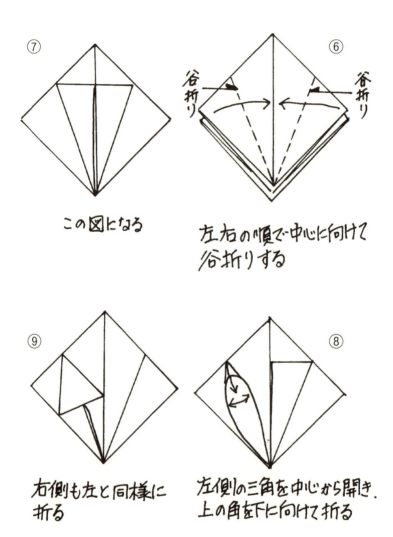

⑩

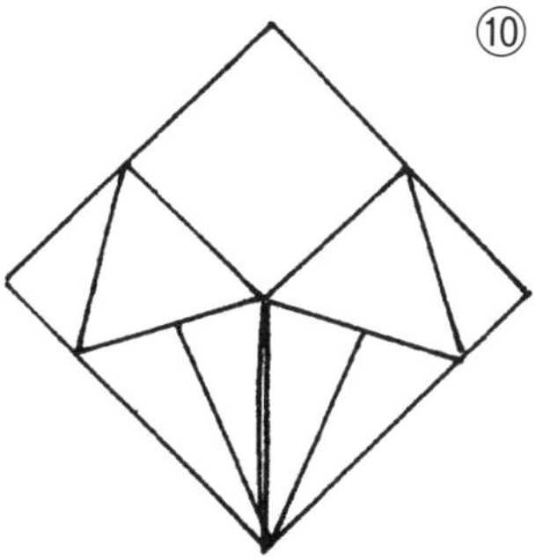

この図になる

次に左から右へ裏返し
裏面も同様に折る

⑪

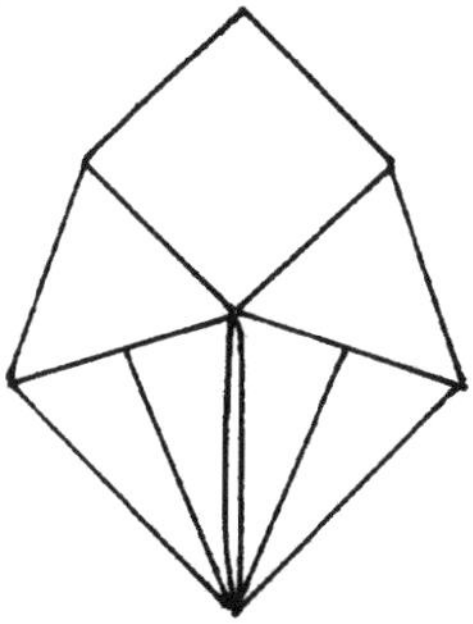

この図になる

⑫

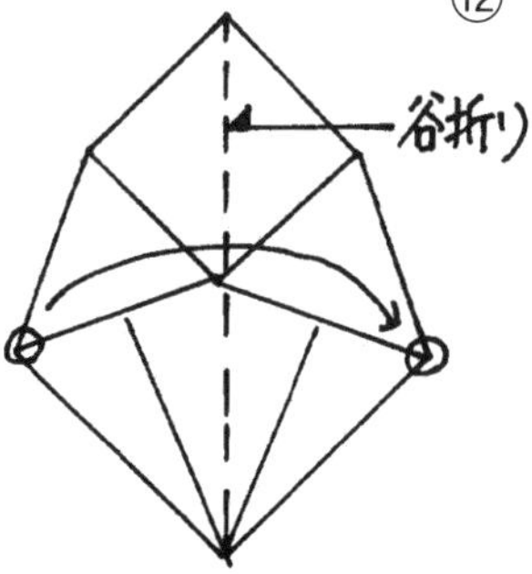

上1枚を左から右へ
○印を合わせて中心
から折る

⑬

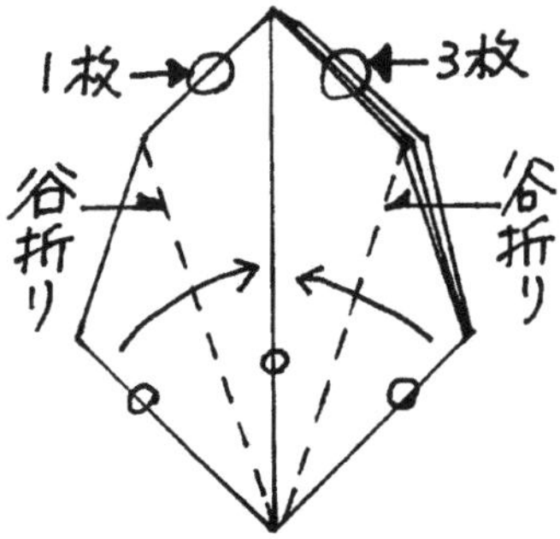

この図になる

次に左右の三角を中心
(○印)に合わせて折る

⑭

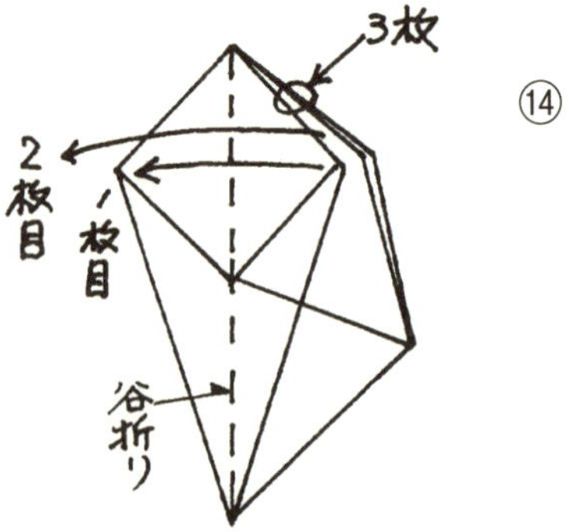

この図になる

次に上の2枚を右から左へ折り返す

⑮

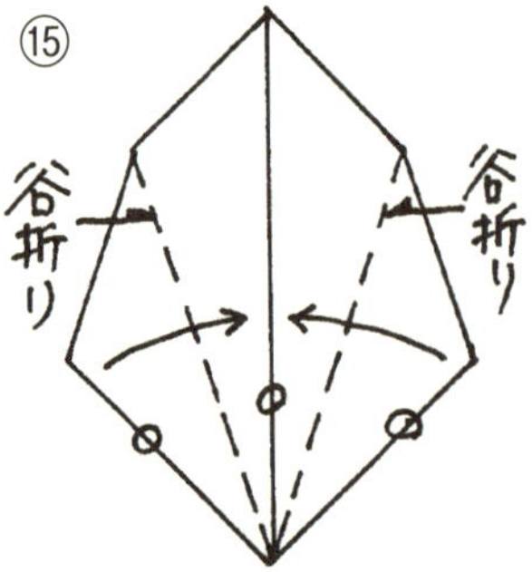

この図になる

次に左右の三角を中心に合わせて折る.
(○印と○印を合わせる)

⑯

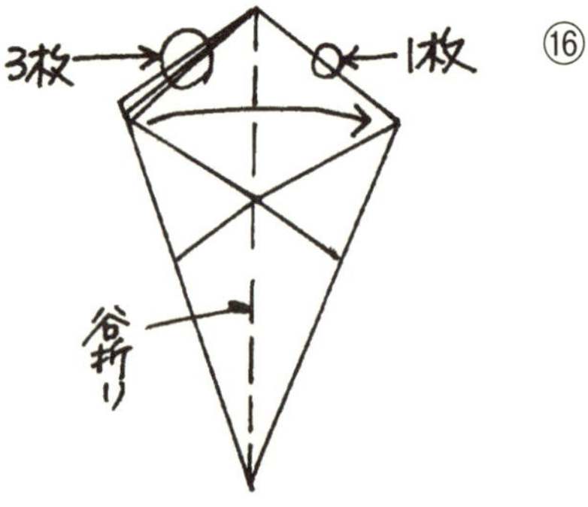

この図になる

次に左の上一枚を右に折り返す

⑰

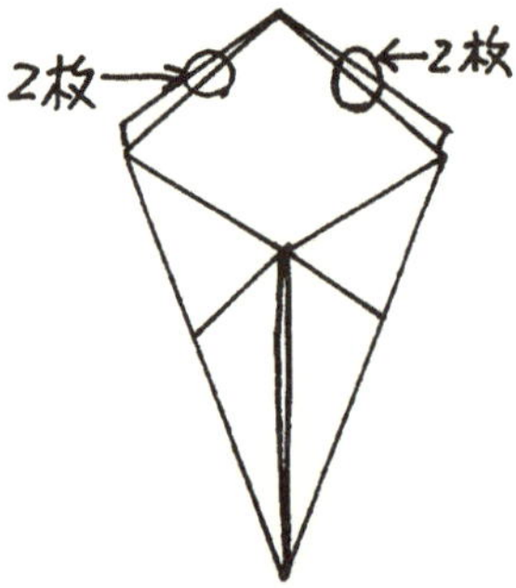

この図になる

⑱

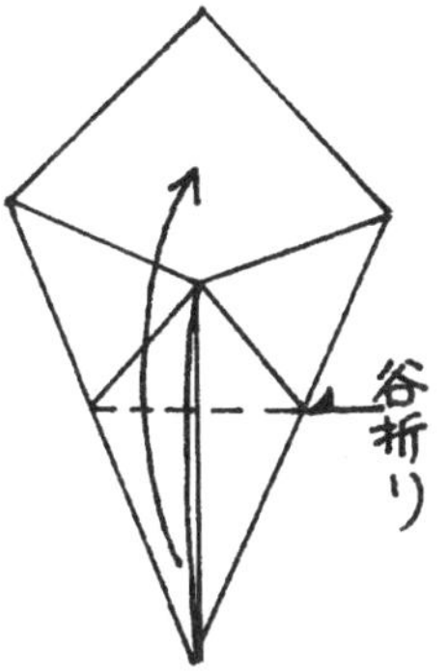

上の1枚を下から上に
折り上げる
次に時計回りに180度
回転する

⑲

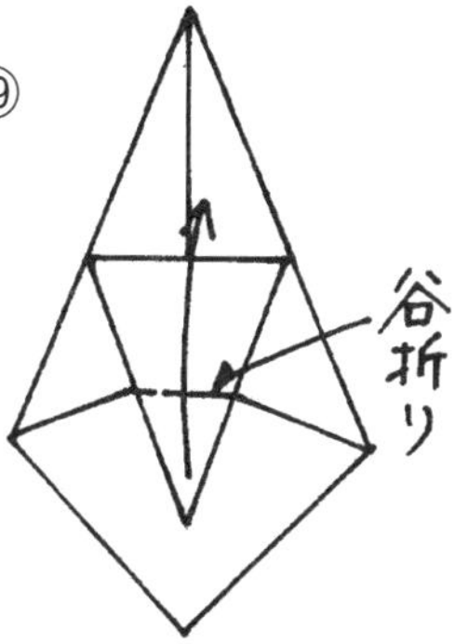

下から上に谷折りする
次に時計回りに180度
回転する

⑳

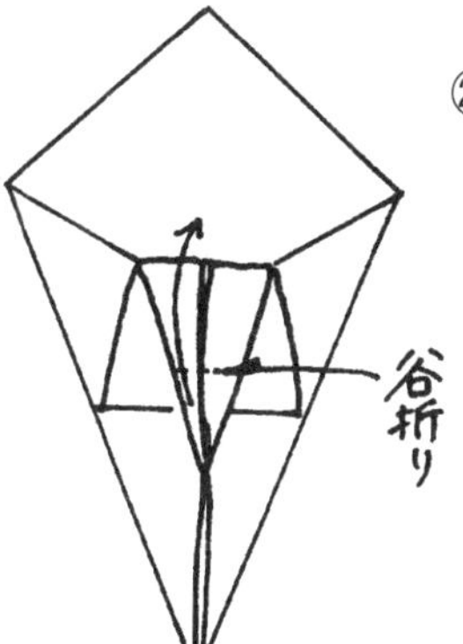

この図になる
出来た三角を下から上に
折り上げる

㉑

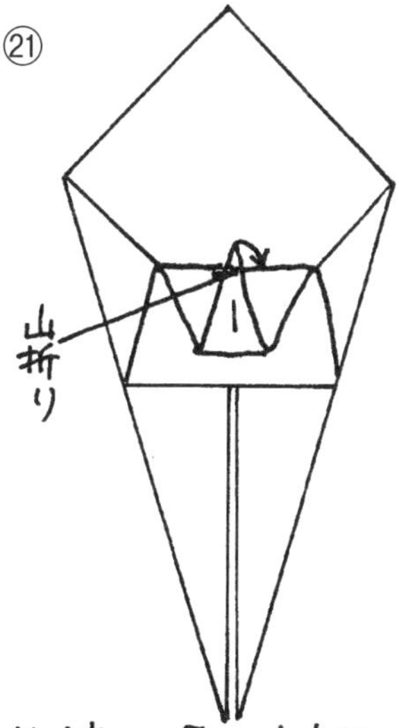

先端の三角は内側に
山折りする

㉒

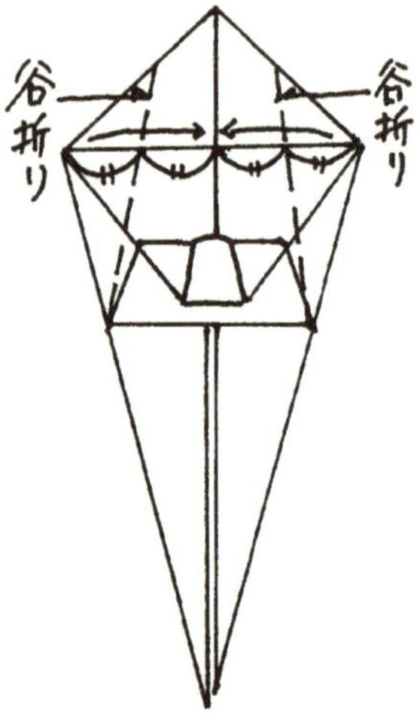

左・右の順で中心に
向けて谷折りする

㉓

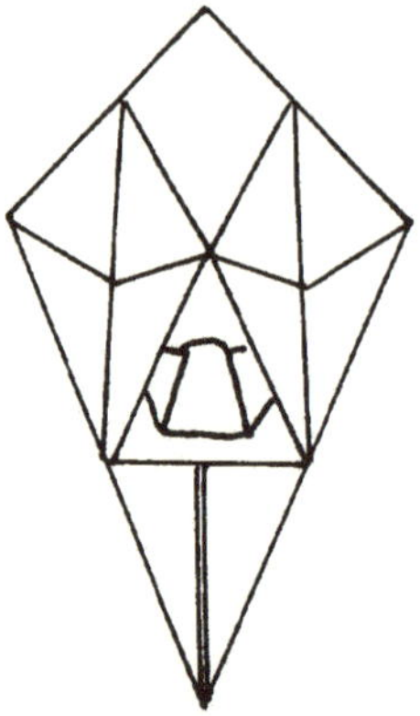

この図になる

次にこの状態を左から
右へ裏返す

㉔

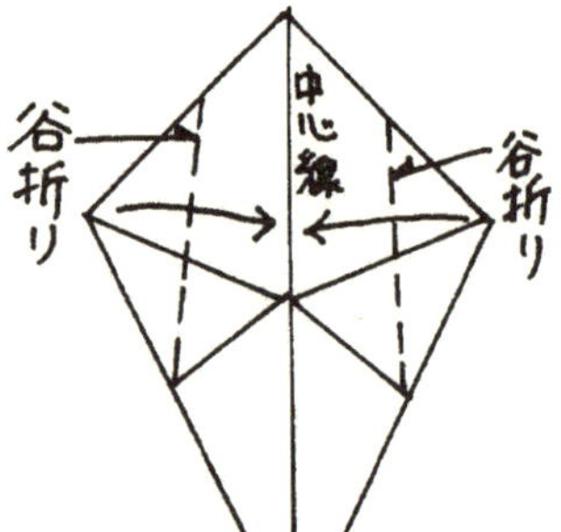

この図になる
次に左右の角を中心に合
わせ、表の折り目と合わせ
て内側に折る

㉕

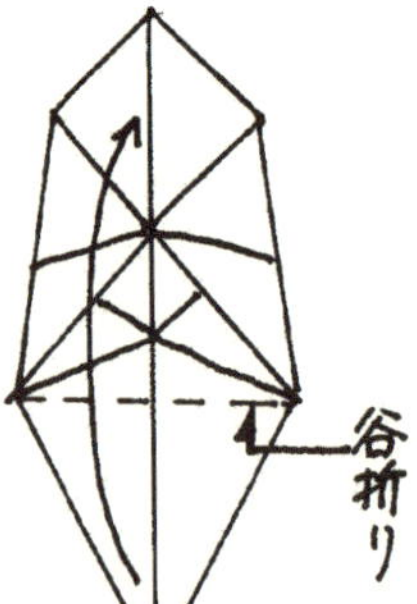

この図になる
次に上1枚を下から上に折り
上げ、全体を左から右へ裏
返す

㉖

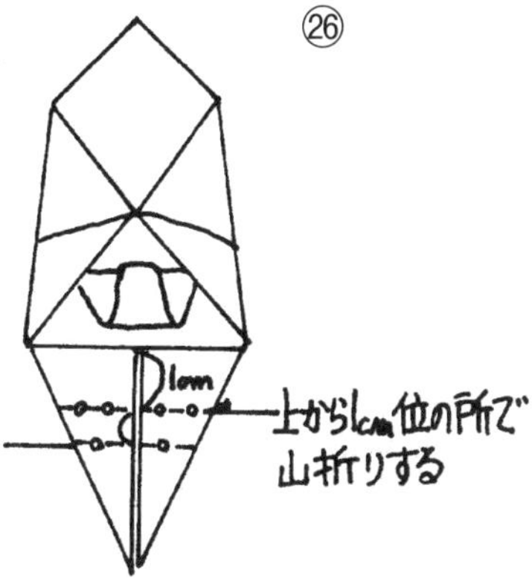

折り上げたら全体を
左から右へ裏返す

㉗

この図になる

裏側に折り上げた先の
部分はポケット状に
なった所に差し込む

㉘

㉗を左から右に
裏返す

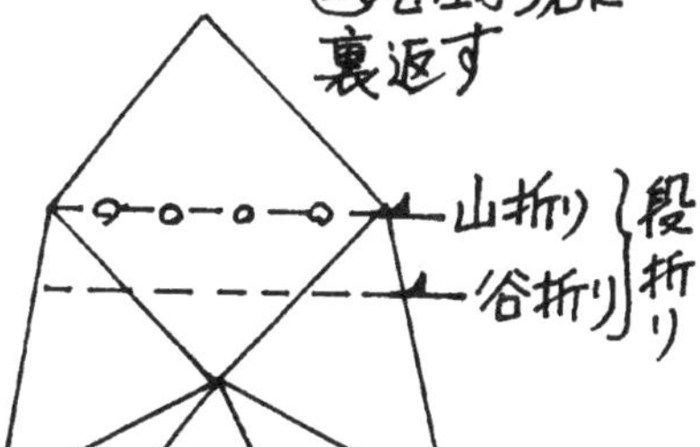

頭部拡大図

首になる部分を段折りする

㉙

この図になる
頭の上部を斜めに
折り下げる

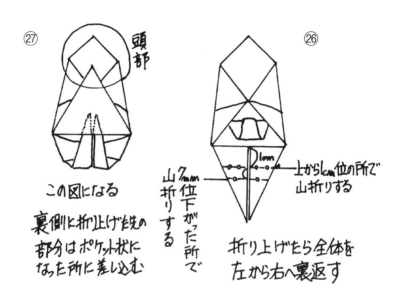

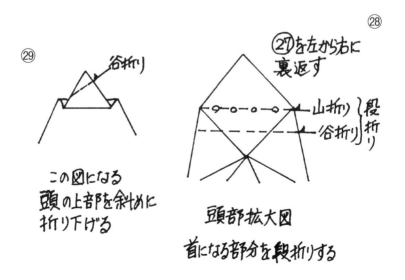

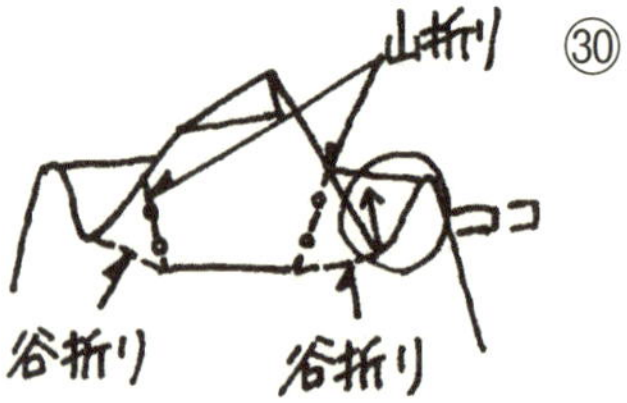

↑の三角の角の部分を
斜め上に折り込む

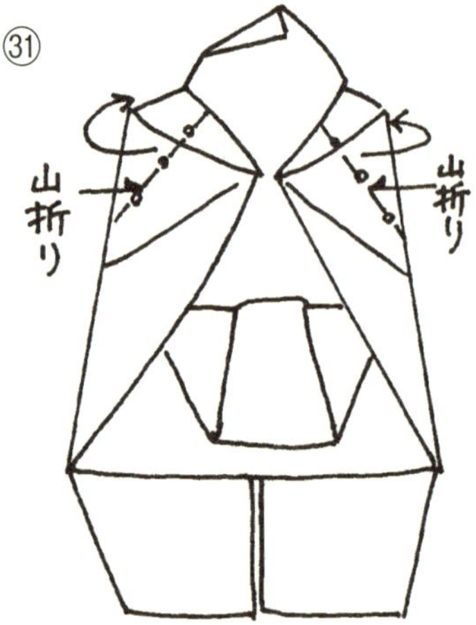

左右の肩の部分を
後ろに折り返す
次に左から右へ全体を
裏返す

㉝

▨の部分は内側に
折り込まれていた部分
です。背中にかけた袋を
大きく見せる為左右の▨
の部分を引き出して来る

後ろの三角の部分の内側を
ひらいて肩に掛ける
次に全体を左から右に裏返す

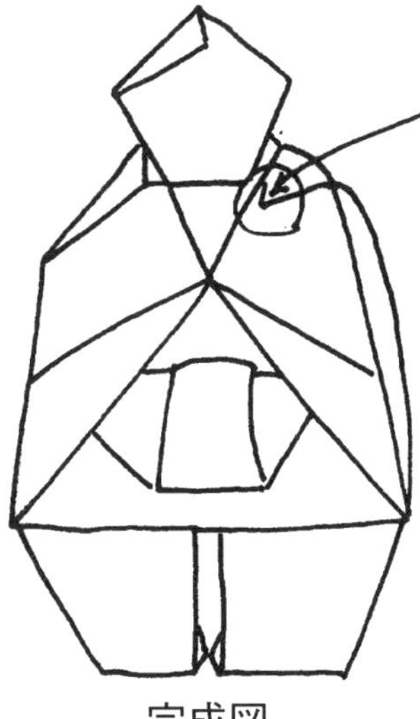

肩に掛けた袋の端を
両面テープで止めると
安定する

完成図

弁財天の折り方

弁財天の完成写真

基本形　四角折り①〜⑤を折る（61頁参照）

⑥

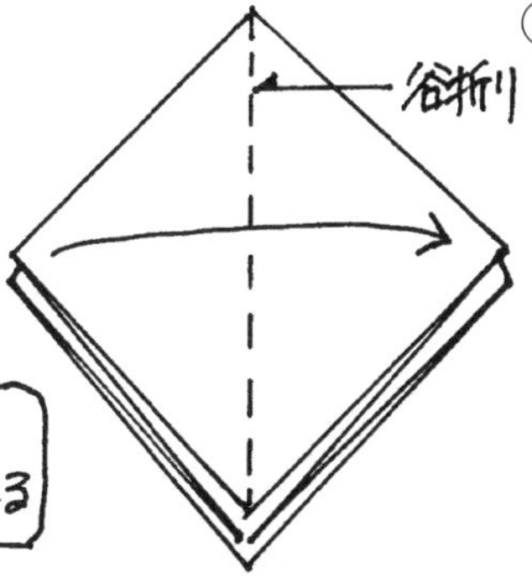

上1枚を左から右へ返す

⑦

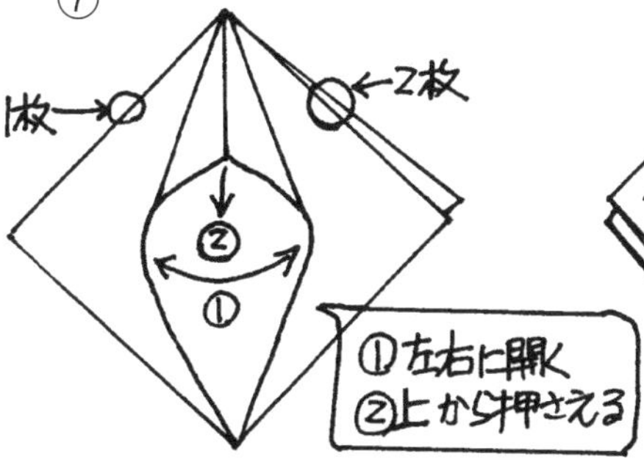

⑥で右へ返した三角を中心で立てて、上図の様に左右に開いて折る

⑧

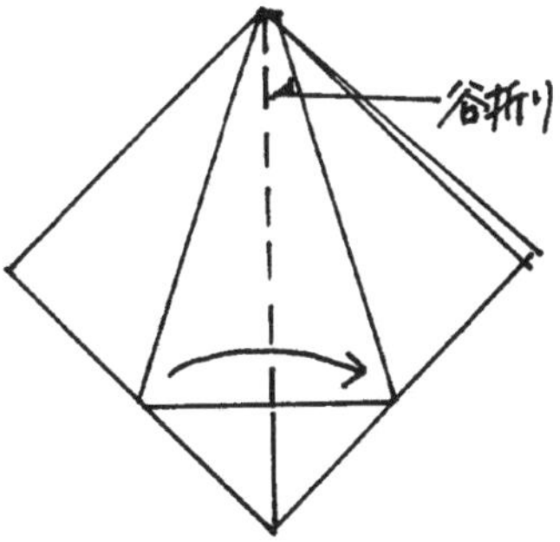

この図になる
次に、折った三角の左の部分を右の三角に合わせる

⑨

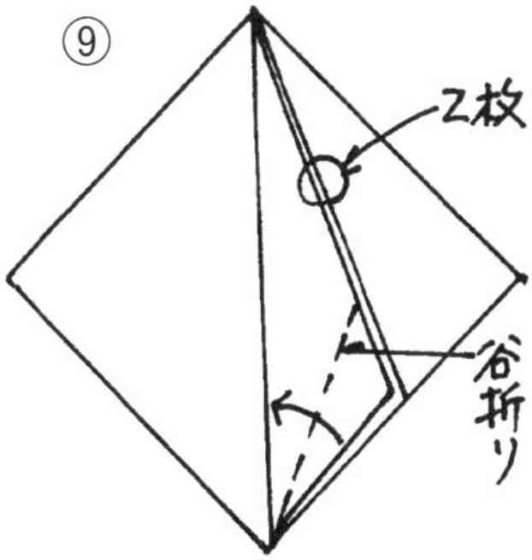

この図になる
次に右の三角を中心に合わせて折る

⑩

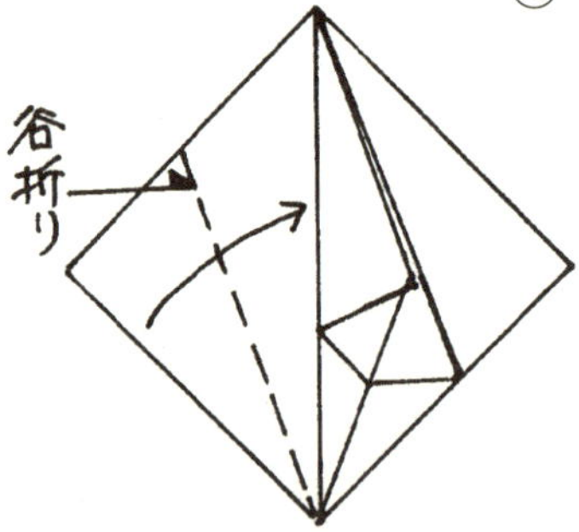

この図になる
次に左側りの三角を
中心に合わせて折る

⑪

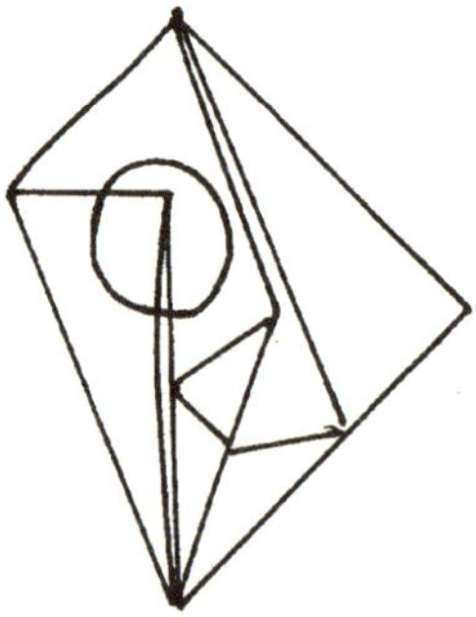

この図になる
次に三角に開いて折る
(⑫図に解説)

⑫

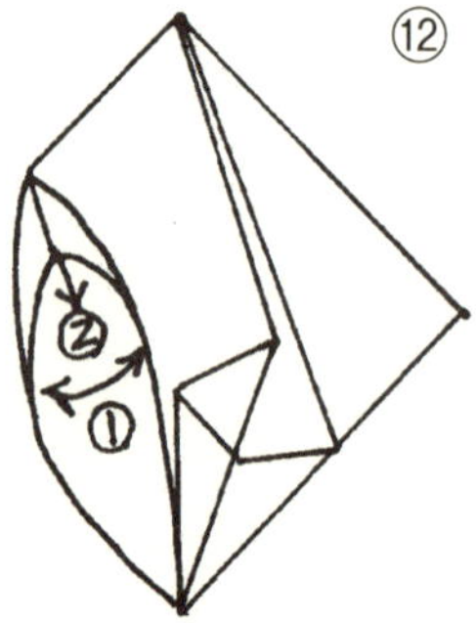

⑪図の解説

(①左右に開く
②三角の角を押さえる

⑬

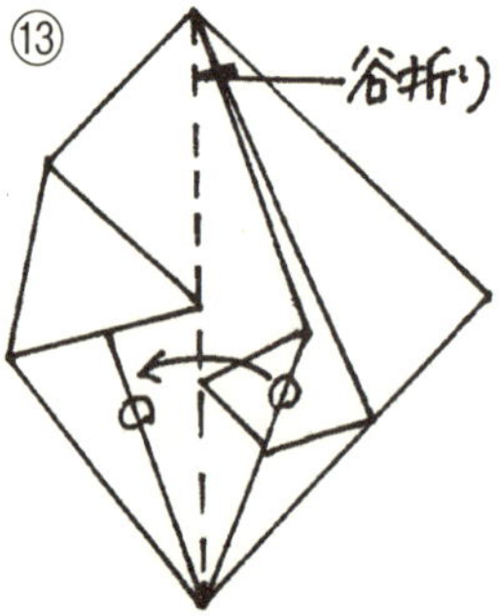

この図になる
次に中心で右から左へ
谷折りする
(○印を合わせる)

⑭

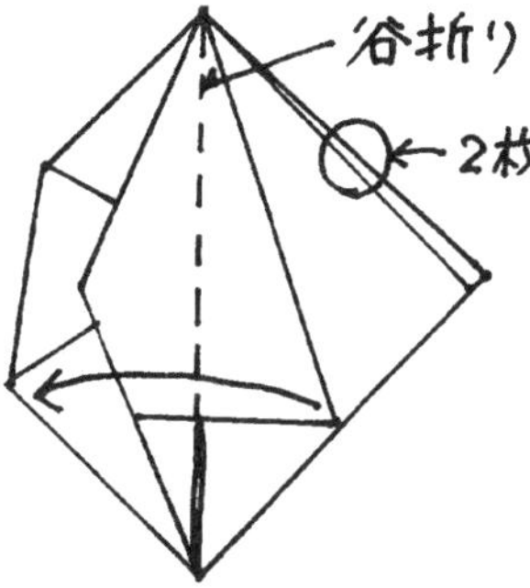

この図になる

次に右側の三角を左側に返す

⑮

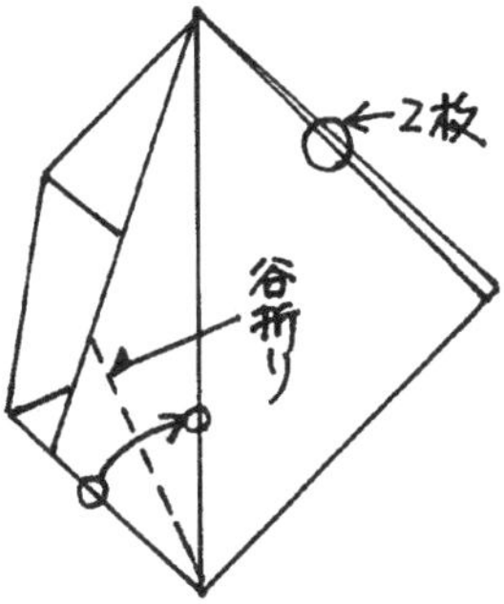

この図になる

次に○印を合わせる様に折る

左側と同じ作業⑩〜⑬を右側も行う

右側は2枚有るので上1枚だけを折る

⑯

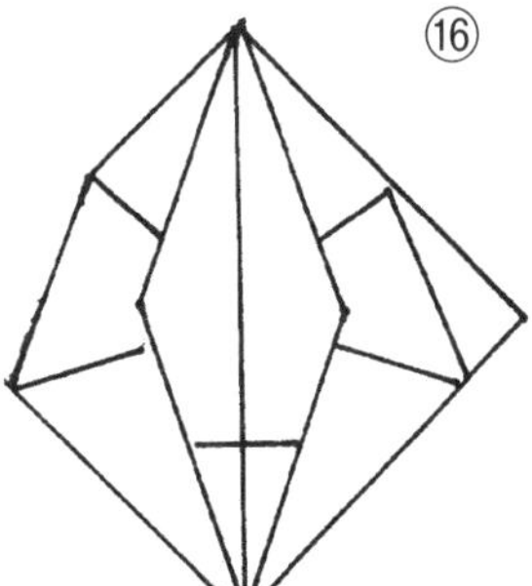

この図になる

次に全体を左から右へ裏返す

⑰

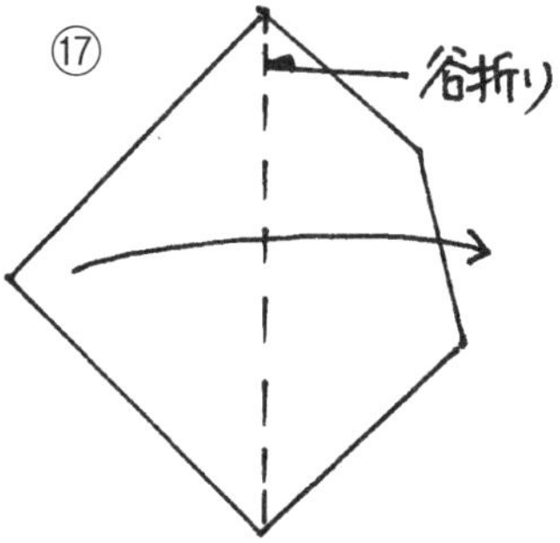

この図になる

次に左側の三角を右へ返す

⑱

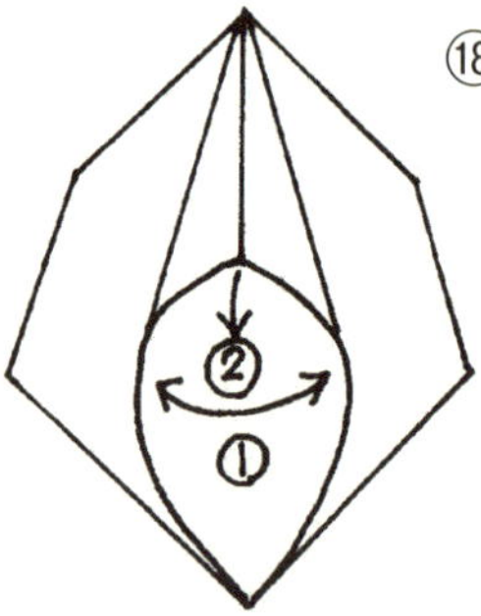

⑰で右に返した三角を
中心に戻して立てて内側
から左右に開いて折る

⑲

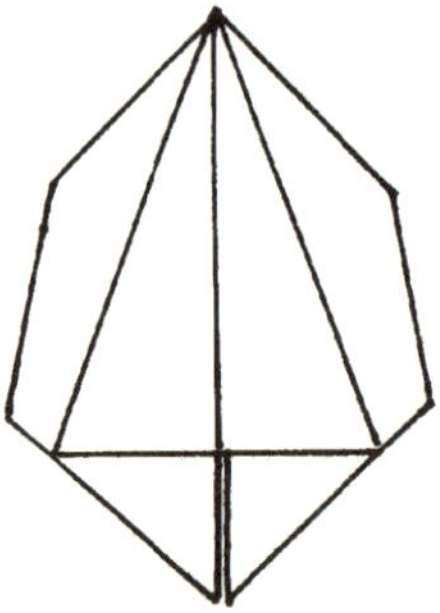

この図になる
次に全体を左から右へ
裏返す

⑳

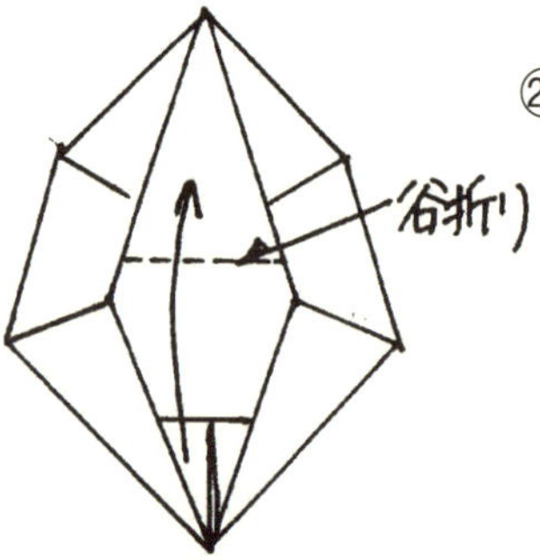

上1組全体を折り線
で真上に持ち上げる

㉑

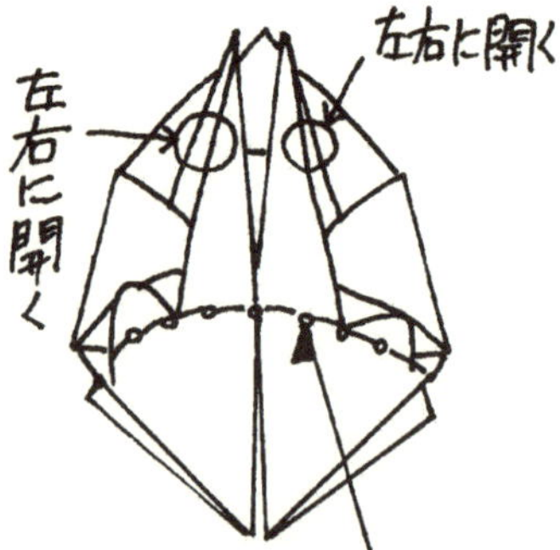

内側から見ると山折り
になる

次に折り上げた先の三角
を左右に開きながら
斜め上に向けて折る

㉒

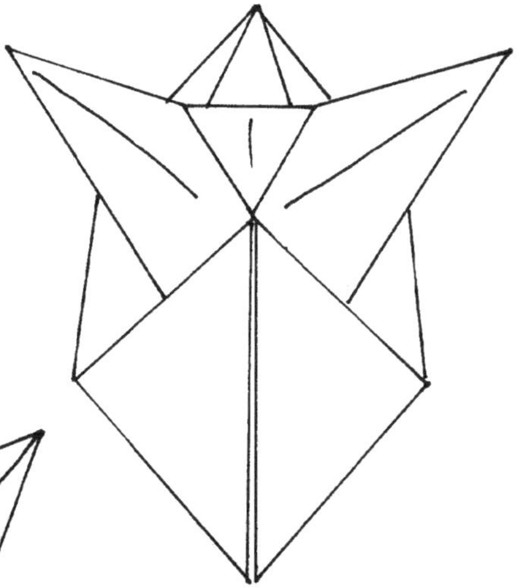

この図になる
次に全体を左から右へ
裏返す

㉓

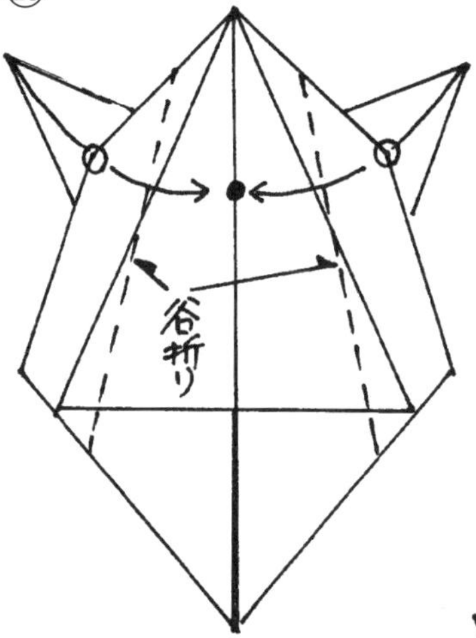

○印と●印を合わせる
様に左右を折り合わせる

㉔

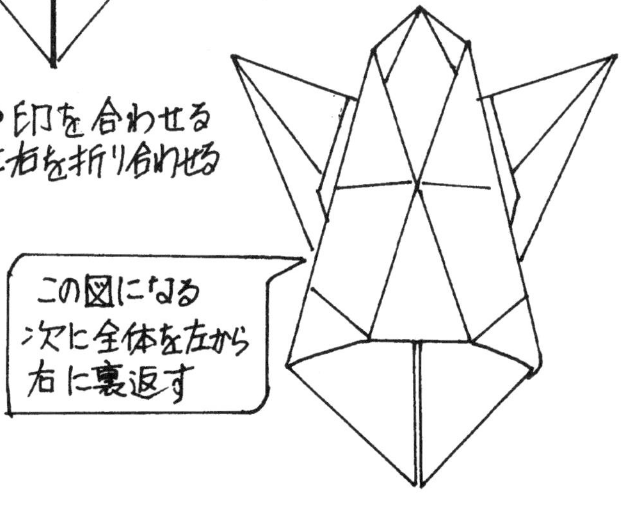

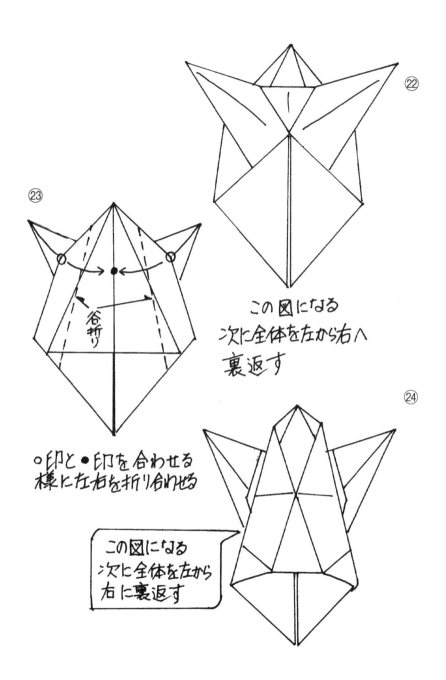

㉕

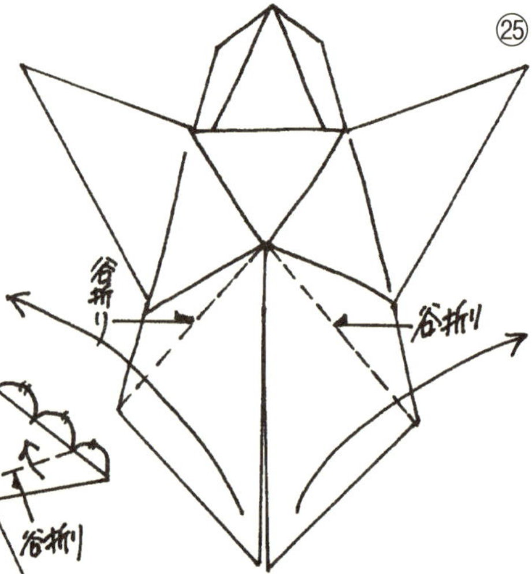

この図になる

下の角を斜め上に折り上げる
次に時計回りに180度回転する

㉖

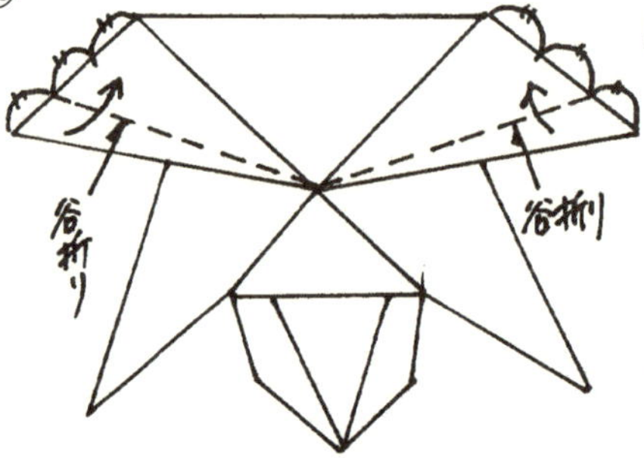

この図になる

次に 1/3 を下から上に
折り上げる（左右ともに行う）
最後に時計回りに180度
回転する

㉗

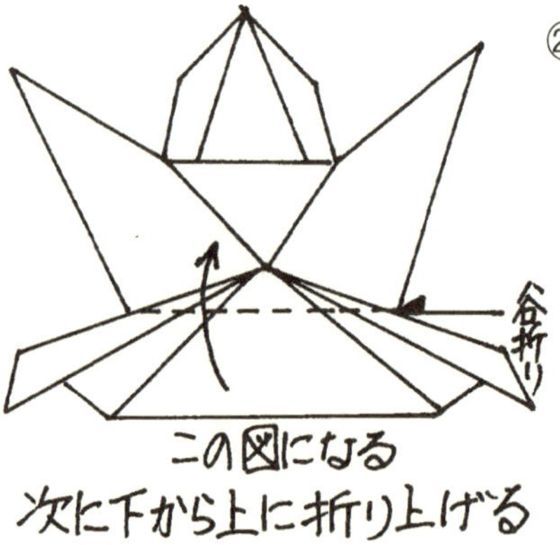

この図になる
次に下から上に折り上げる

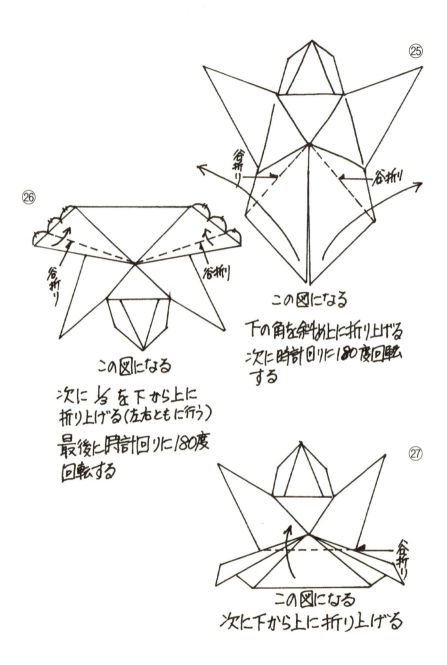

㉘

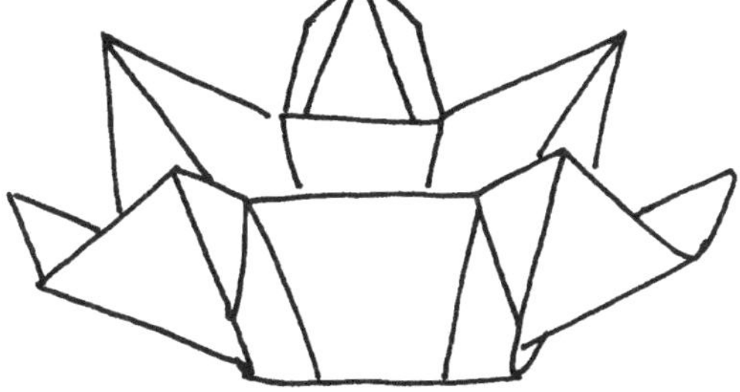

この図になる
次に全体を左から右へ裏返す

㉙

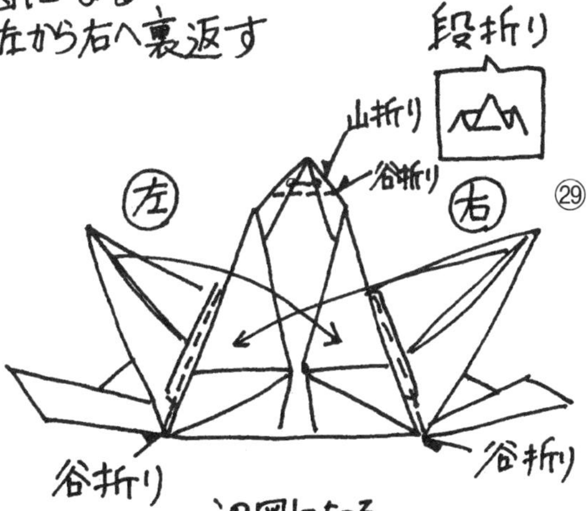

この図になる
次に左右の順で袖を
谷折りする
最後に頭部を
段折りする

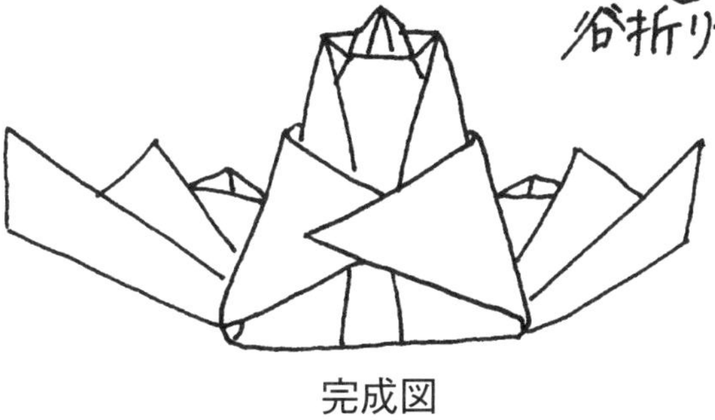

完成図

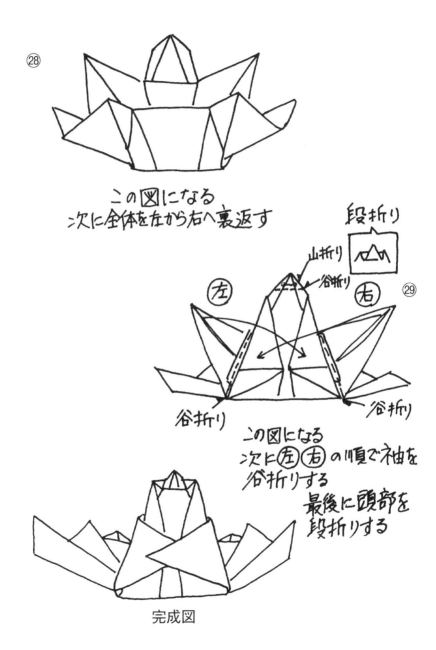

毘沙門天の折り方

毘沙門天の完成写真

基本形　三角折り①～⑤を折る（59頁参照）

⑥

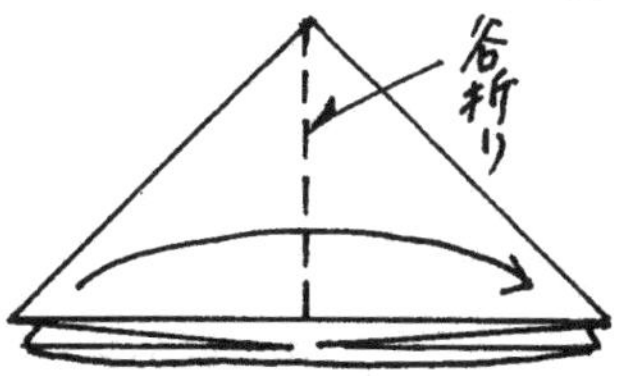

左側の三角を一度右側に倒してから中央部分にもどして立てる

⑦

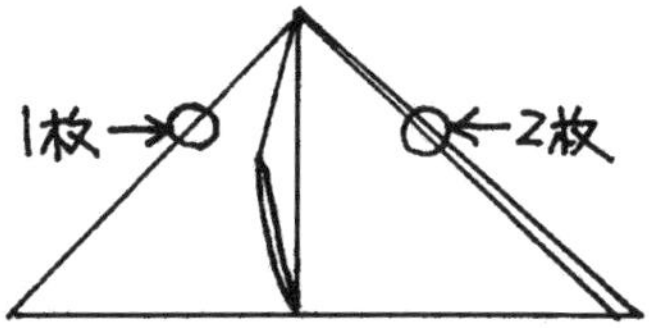

⑧

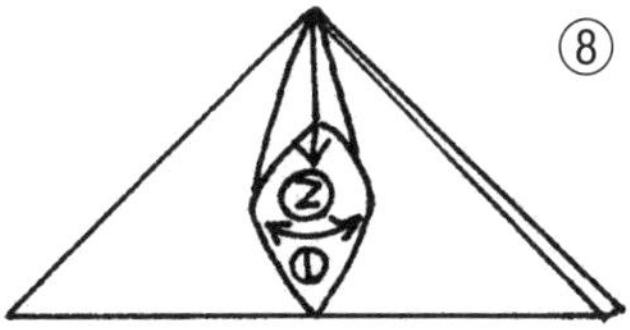

⑦で中央に立てた三角を①で左右に開き、②で上から押える

⑨

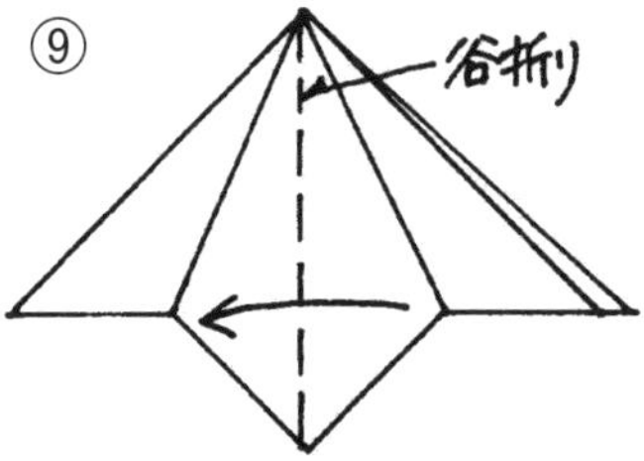

この図になる
次に開いた三角を右から左に返す

⑩

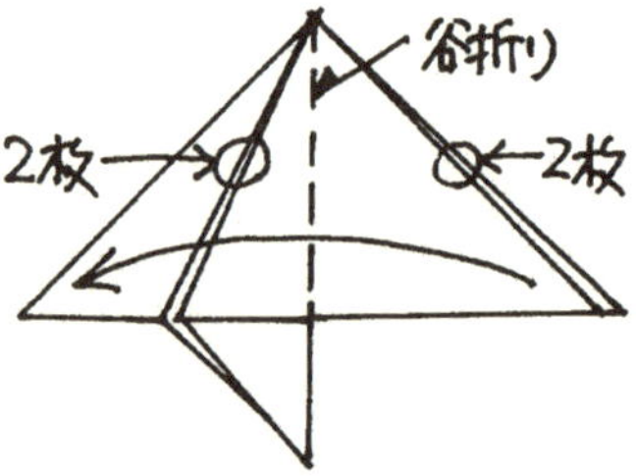

この図になる

次に右側の上1枚を一度左側に
折り倒して. その後中央で
立てる

⑪

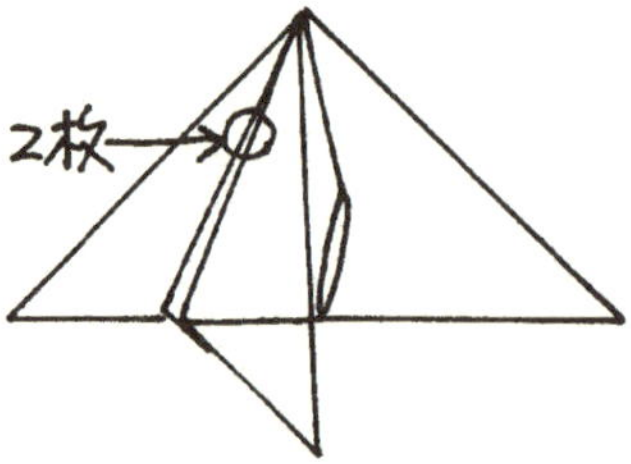

この図になる

次にこの立てた三角を
開き折りたたむ

⑫

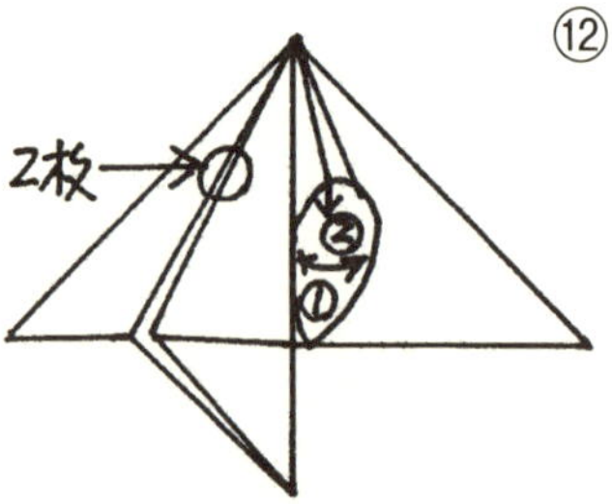

⑪の中央で立てた三角
を①左右に開く
②上から押える

⑬

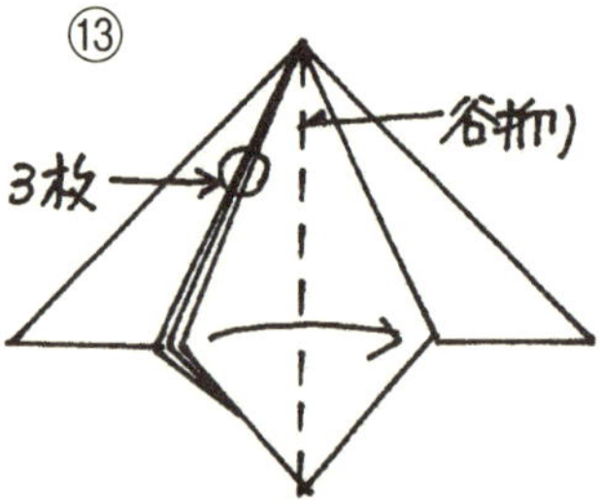

折った三角を中心で
左から右へ返す

⑭

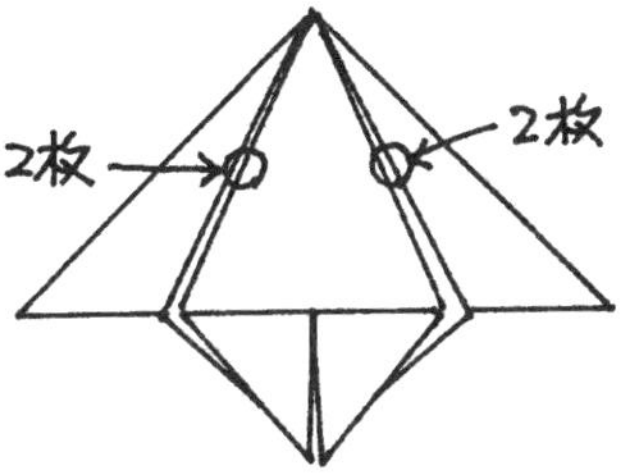

この図になる
次に全体を左から右へ
裏返す

⑮

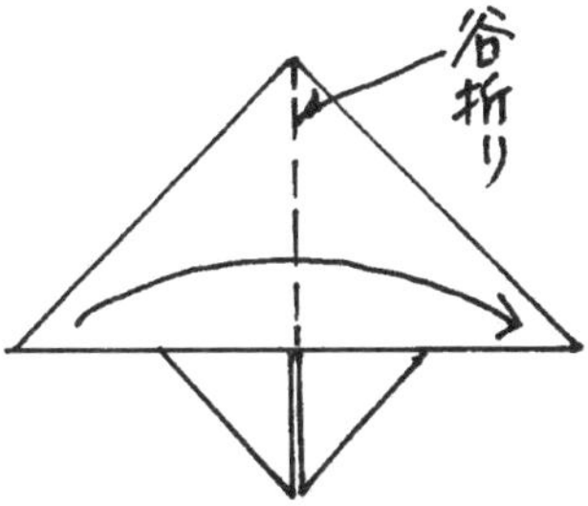

左から右へ一度倒して
その後中央で立てる

⑯

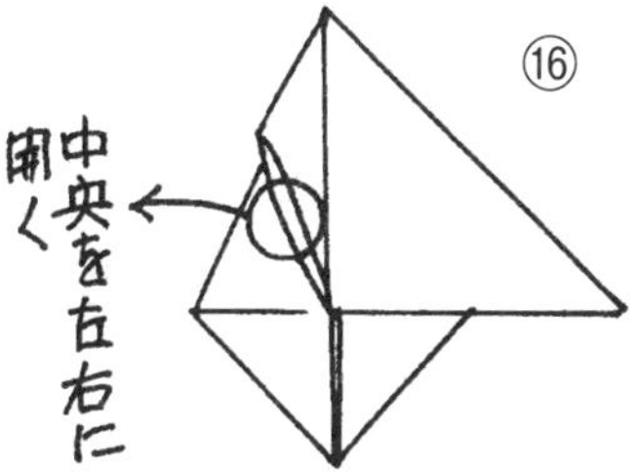

この図になる
次に○の部分を左右
に開いて折りたたむ

⑰

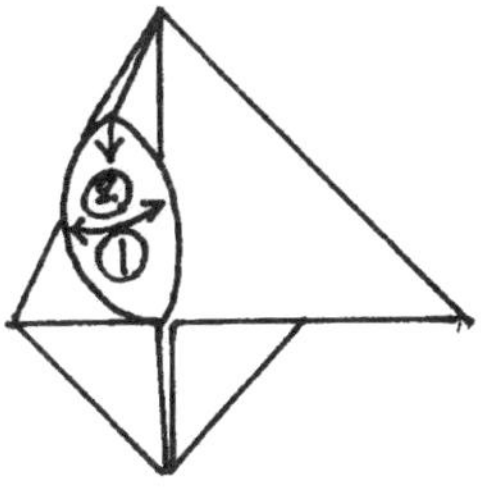

上の図の様に①で
左右に開き．②で
上から押えて折る

⑱

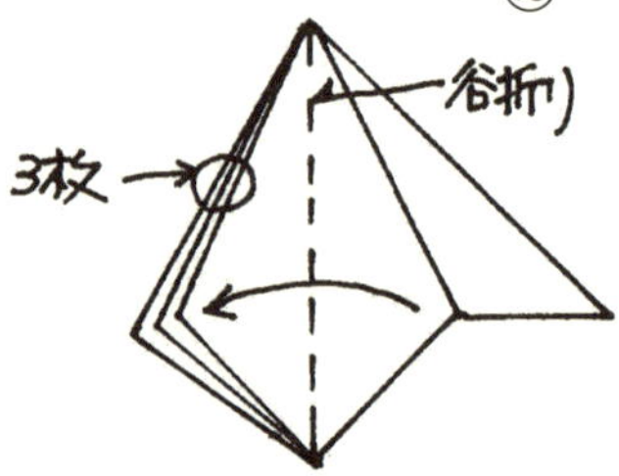

この図になる
次に右から左に中心から
返す

⑲

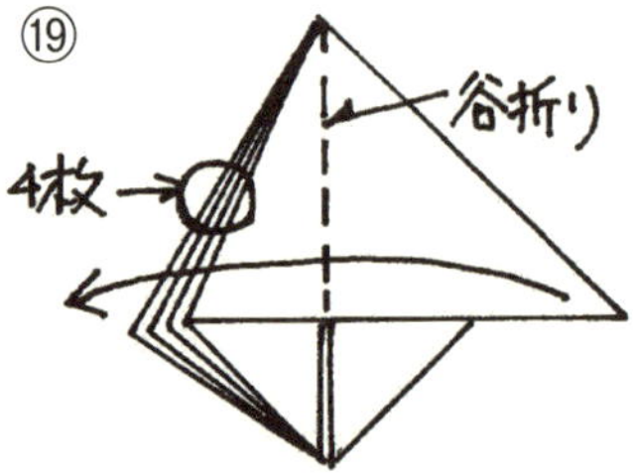

この図になる
次に右から左へ一度倒して
中央で立てる

⑳

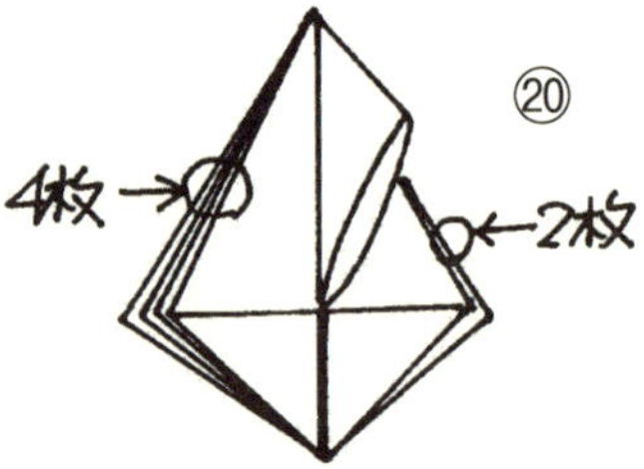

この状態で中央に立てた
三角を左右に開いて折り
たたむ

㉑

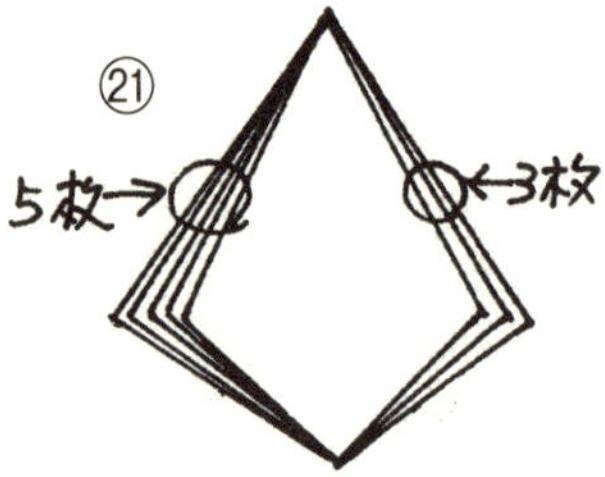

この図になる

㉒

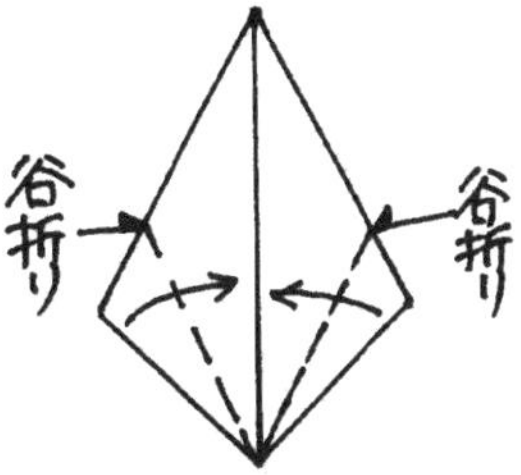

一番上の1枚を左、右の順に
折る

㉓

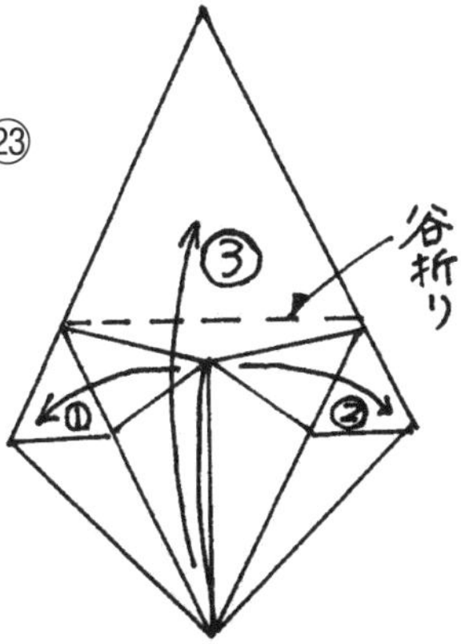

この図になる
次に①と②の三角を
左右に開き③を下
から上に折り上げる

㉔

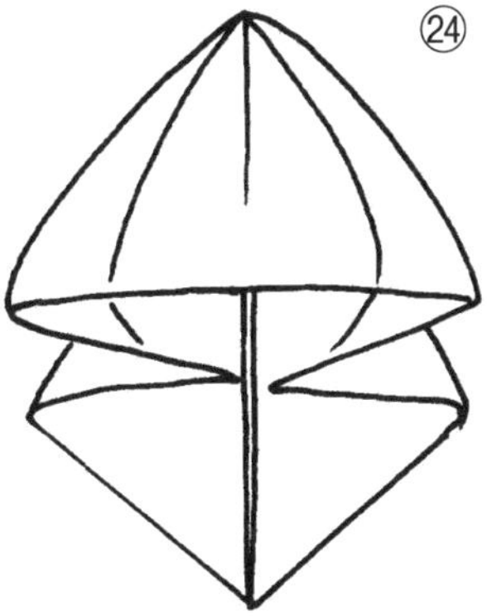

㉓を開くと、この図
になる

㉕

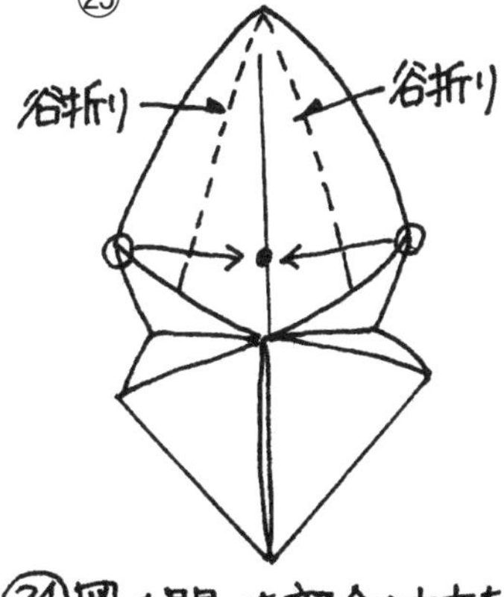

㉔図の開いた部分の左右を
谷折りして中心に合わせる
○印と●印を合わせる

㉖

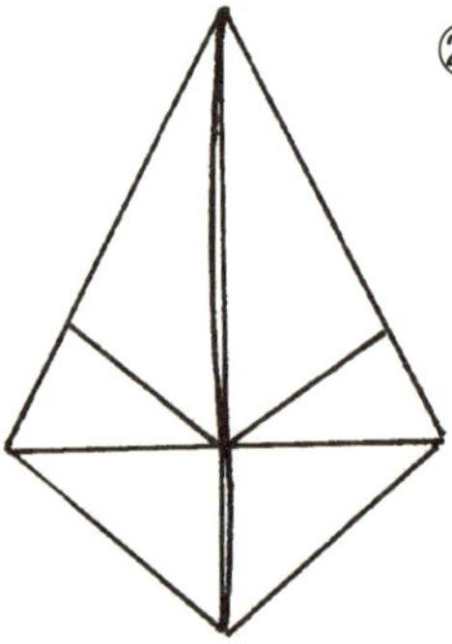

この図になる
次に時計回りに180度
回転する

㉗

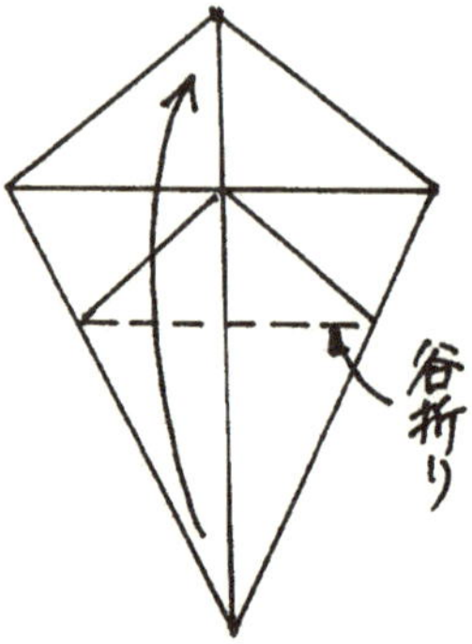

上の1枚を下から上に
折り上げる
次に時計回りに180度
回転する

㉘

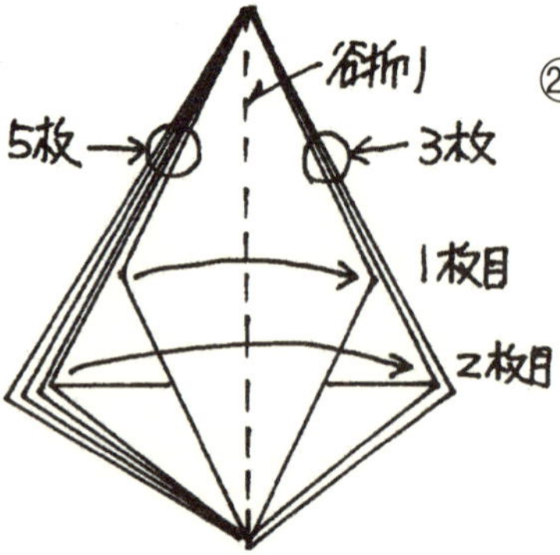

この図になる
次に上2枚を左から右へ返す

㉙

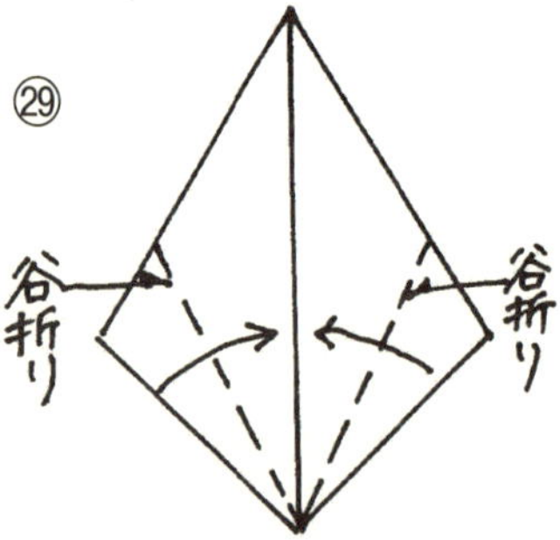

この図になる
次に左右の順で
中心に折る.次に
㉓〜㉗の折り方で
折る

㉚

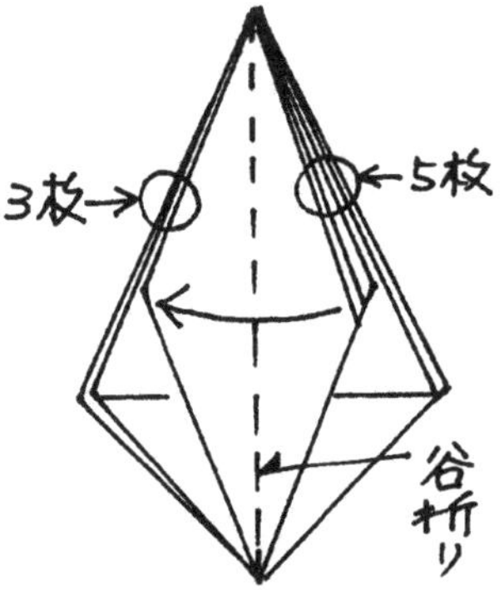

この図になる
次に上の1枚を右から
左へ返す

㉛

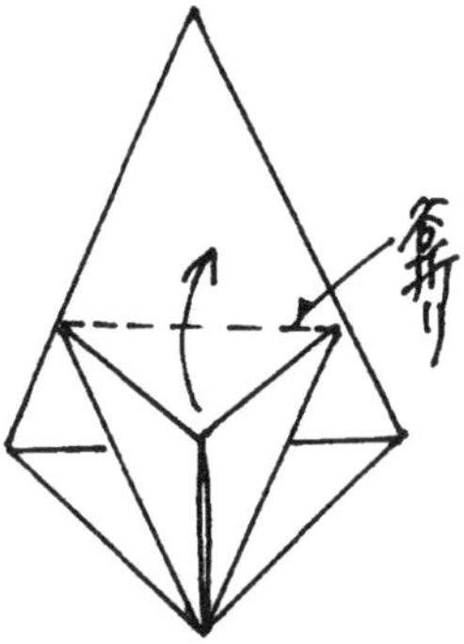

この図になる
次に手前の三角を下から
上に折り上げる
時計回りに180度回転
する

㉜

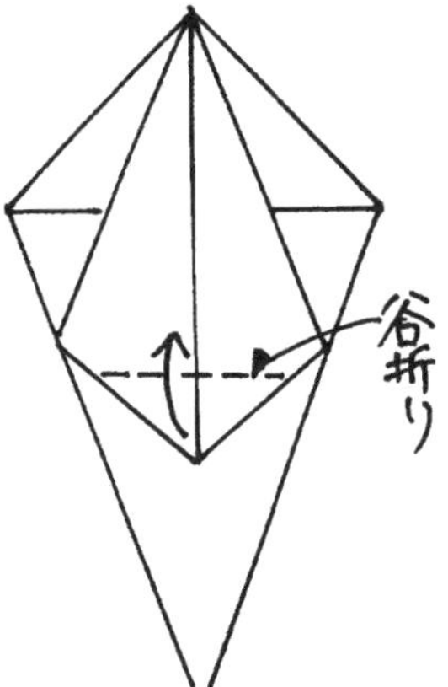

三角の部分を下から上に
折り上げる
次に時計回りに180度回転
する

㉝

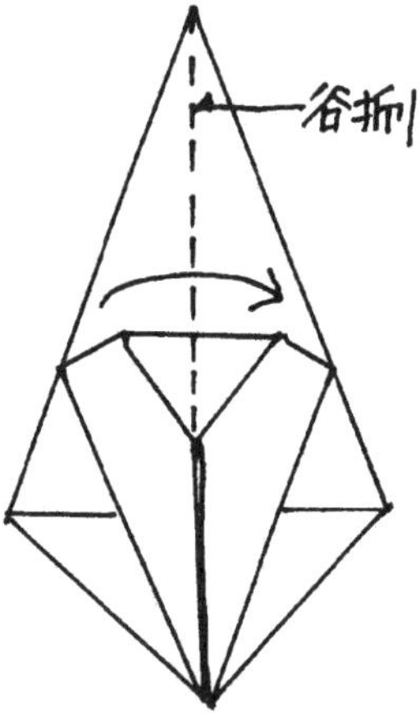

この図になる
次に上の1枚を左から
右に返す

㉞

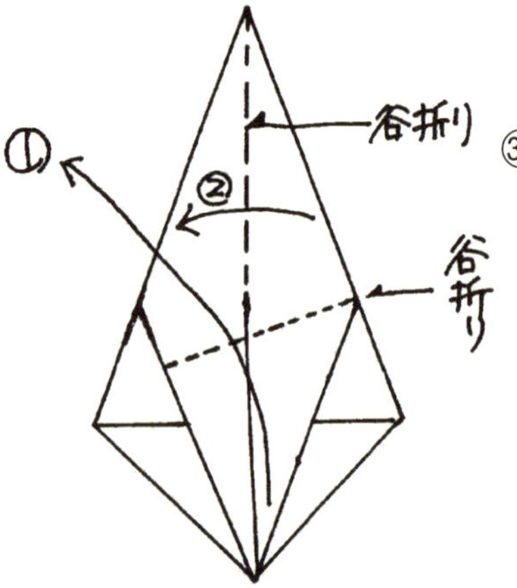

この図になる
①下の三角を左斜め上に
折り上げると同時に②を
中心線で右から左に折る

㉟

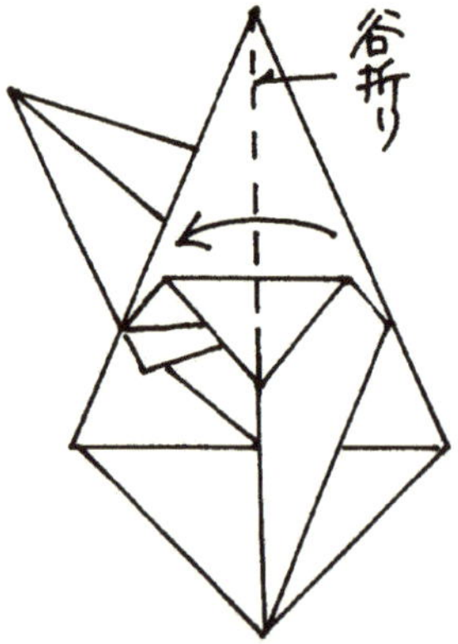

この図になる
次に中心で右から左へ
上1枚返す

㊱

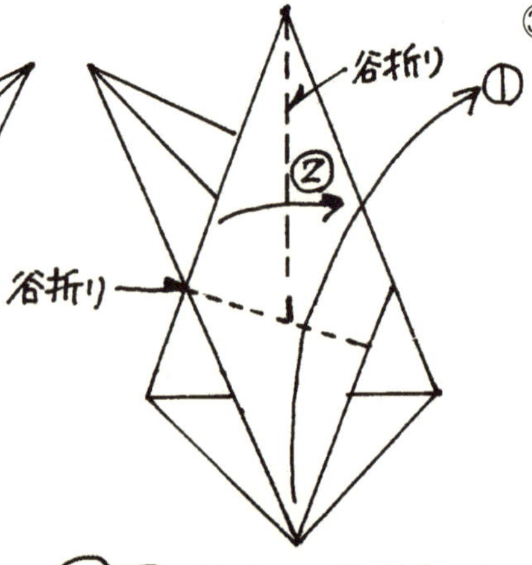

㉞図と同様に①②を折る
次に上1枚を左から右へ返す

㊲

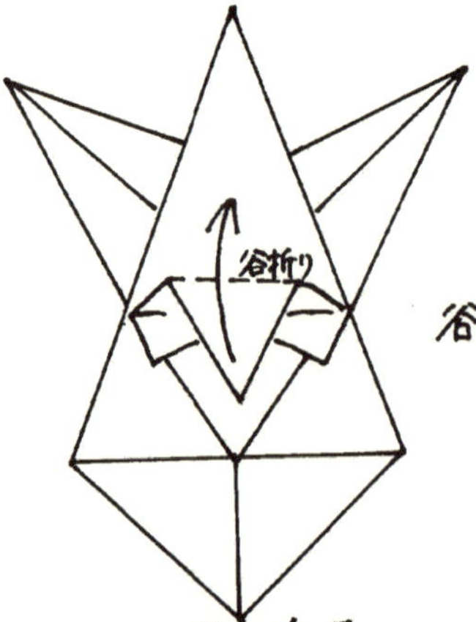

この図になる
三角の部分を上にもどす

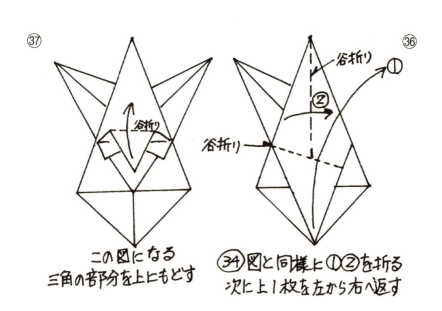

㊳

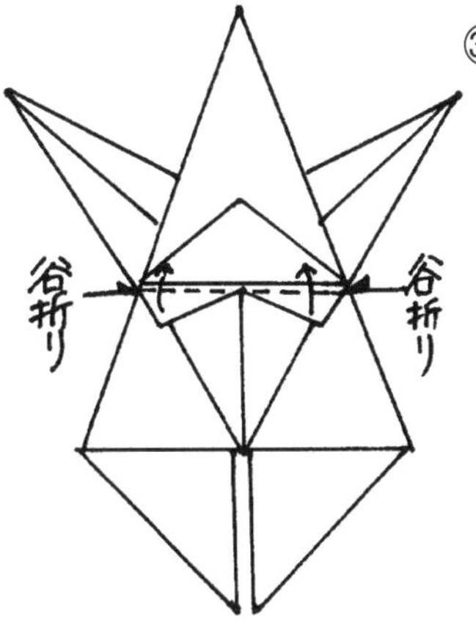

下に有る小さな三角を上に折り上げる

㊴

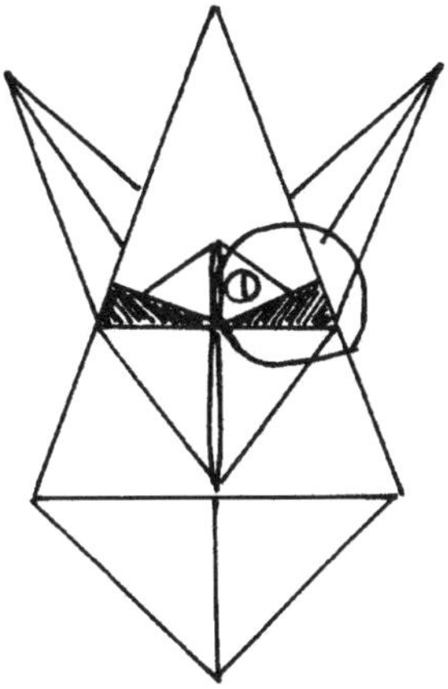

①の三角を◢の三角の手前に引き出して◢を①の三角の下にする

㊵

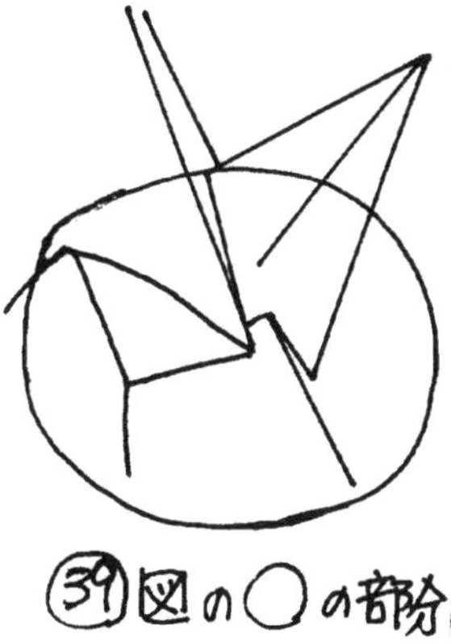

㊴図の○の部分の拡大図

㊶

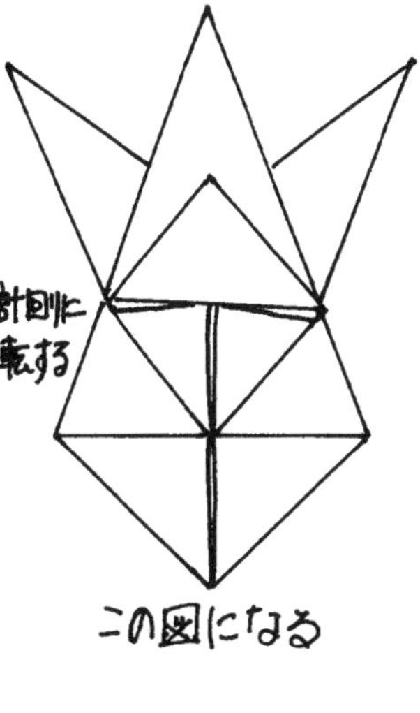

この図になる

㊳

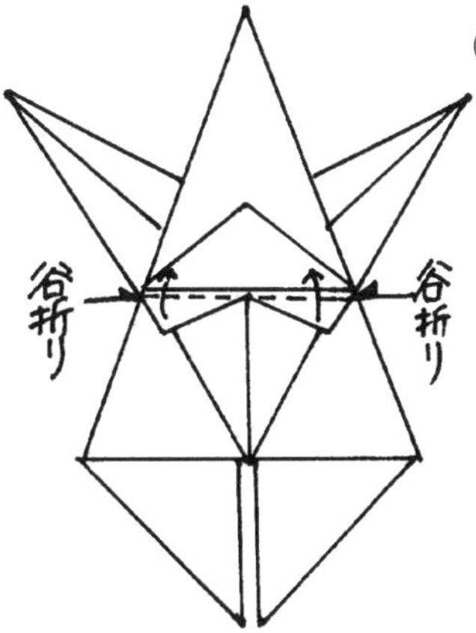

下に有る小さな三角を上に折り上げる

㊴

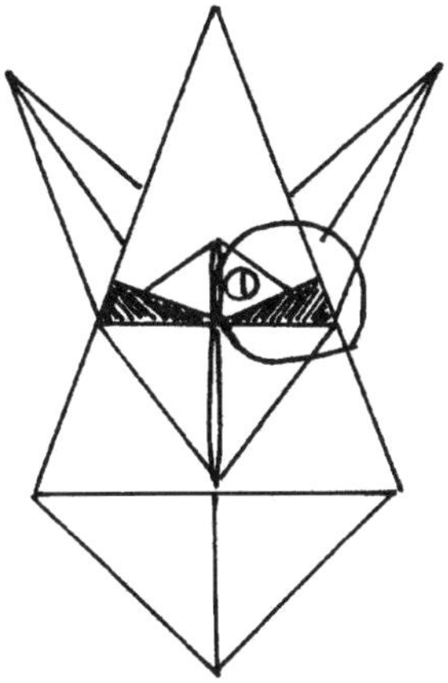

①の三角を◢の三角の手前に引き出して◢を①の三角の下にする

㊵

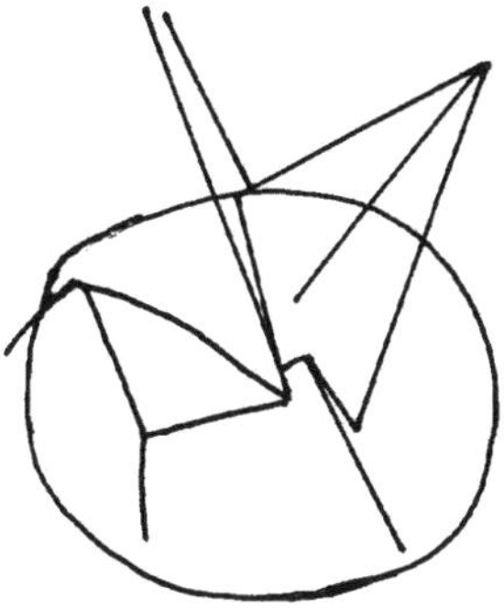

㊴図の○の部分の拡大図

㊶

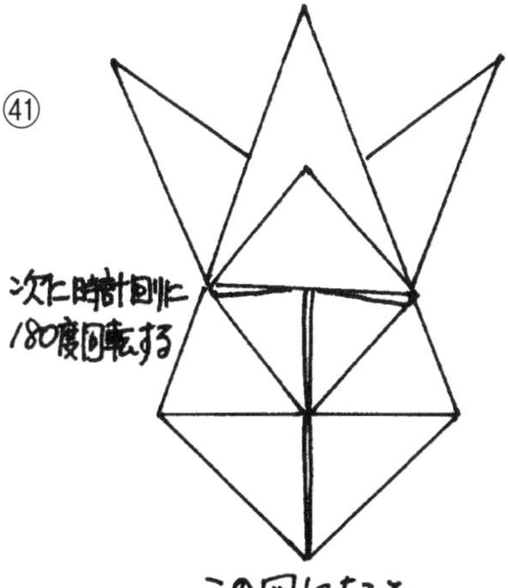

この図になる

㊷

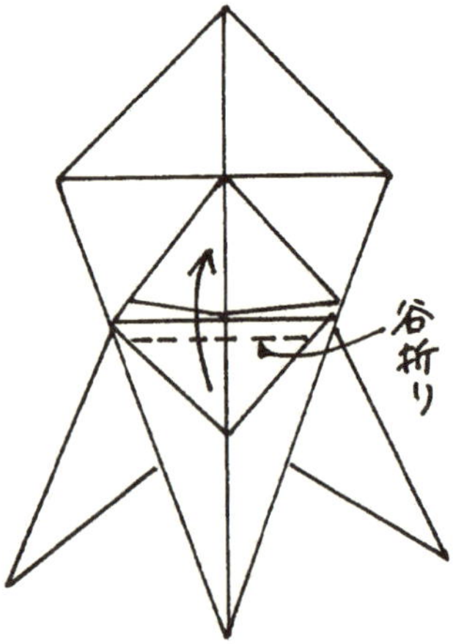

この図になる
次に三角の部分を下から
上に折り上げる
時計回りに180度回転
する

㊸

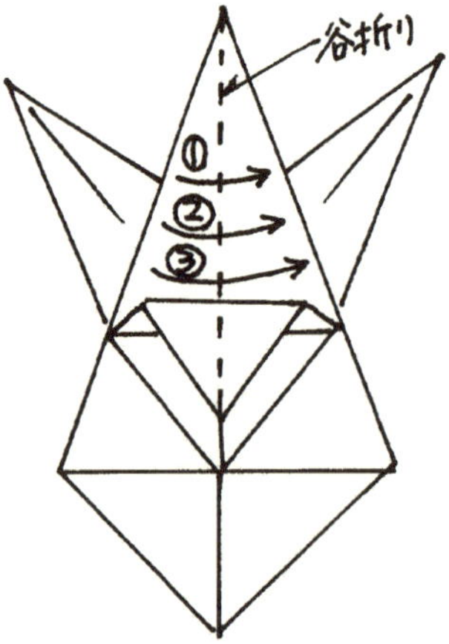

この図になる
次に上から3枚を左から
右に返す

㊹

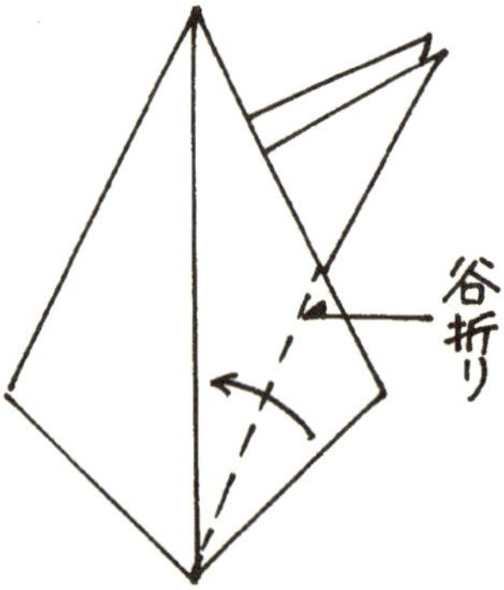

この図になる
三角の部分を谷折りして
中心に合わせる

㊺

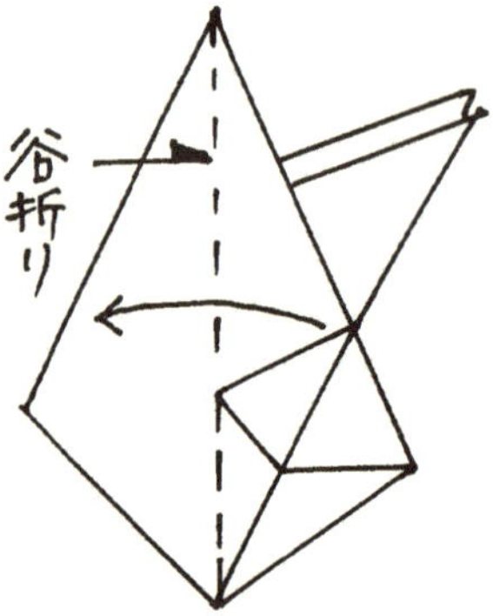

上1枚を右から左へ
折り返す

㊻

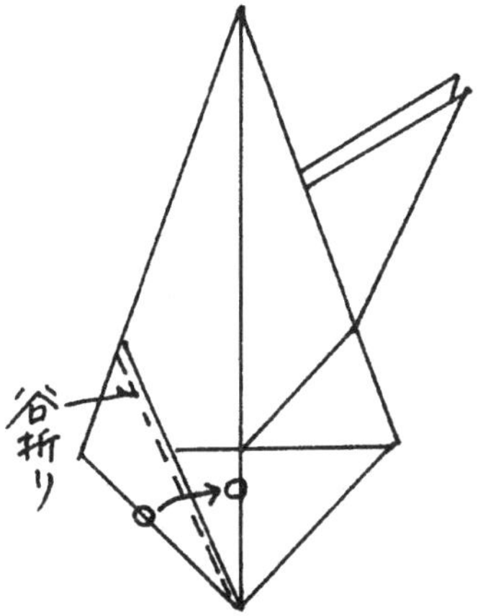

この図になる
次に○印と○印を合わせる様に折る、この時㊺で折った三角にかぶせる様に折る

㊼

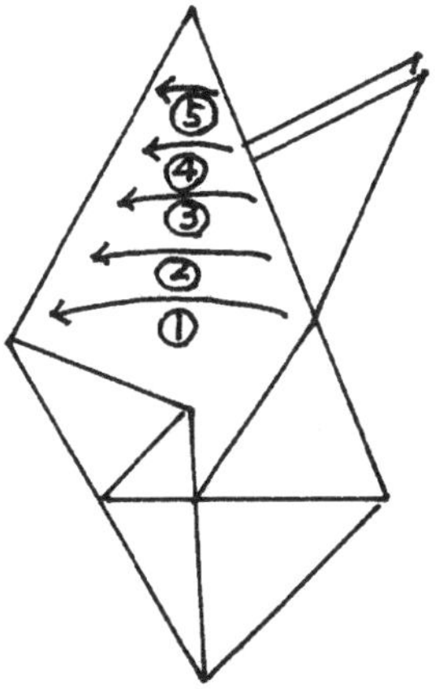

この図になる
次に右側の上5枚を右から左へ返す

㊽

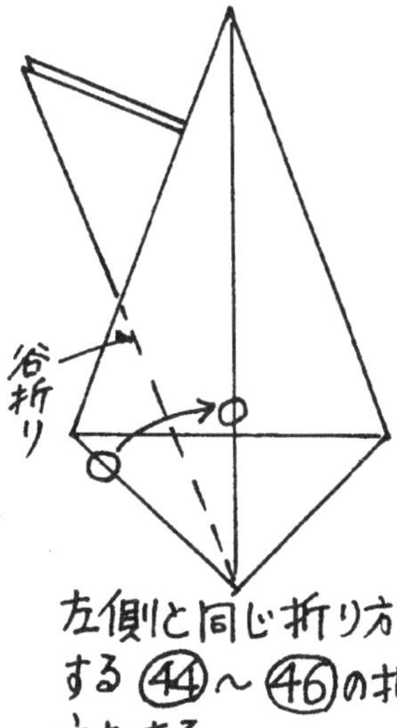

左側と同じ折り方をする㊹～㊻の折り方をする

㊾

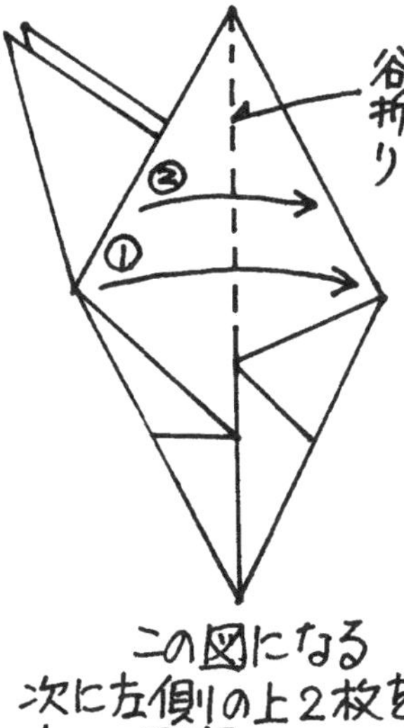

この図になる
次に左側の上２枚を右に返す

㊿

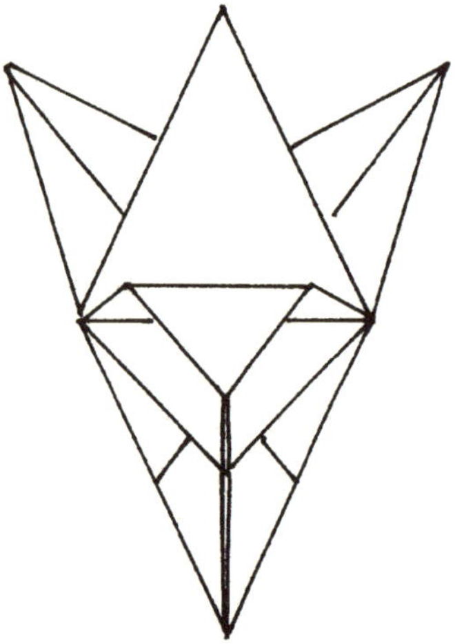

この図になる
次に左から右へ裏返す

51

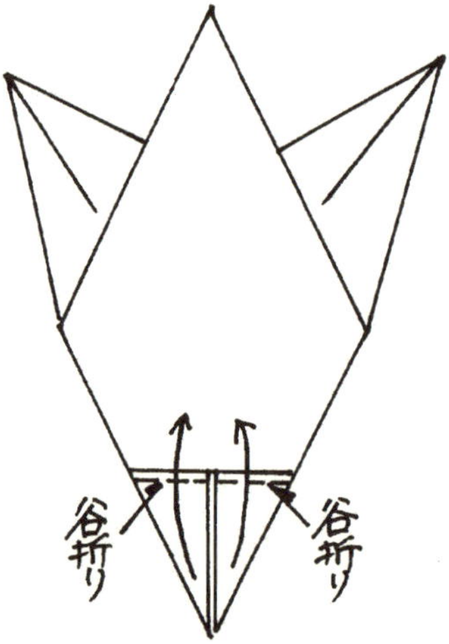

下の三角を下から上に
折り上げる

52

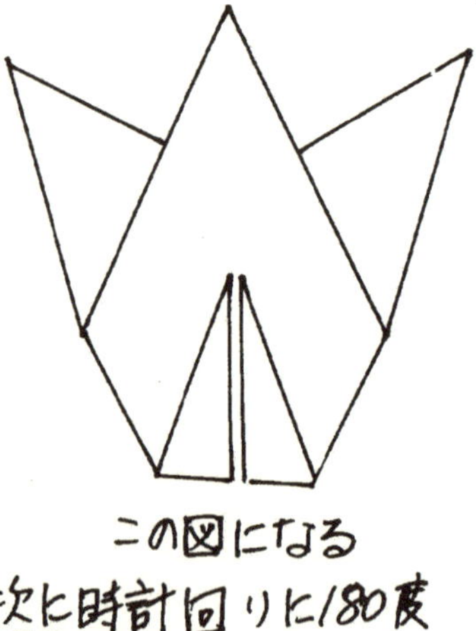

この図になる
次に時計回りに180度
回転する

53

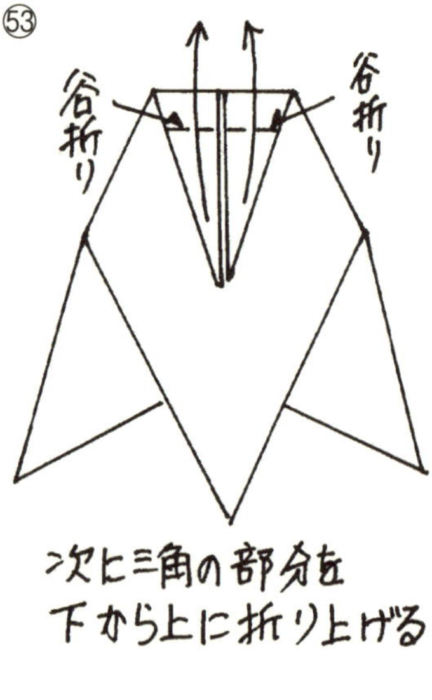

次に三角の部分を
下から上に折り上げる

54

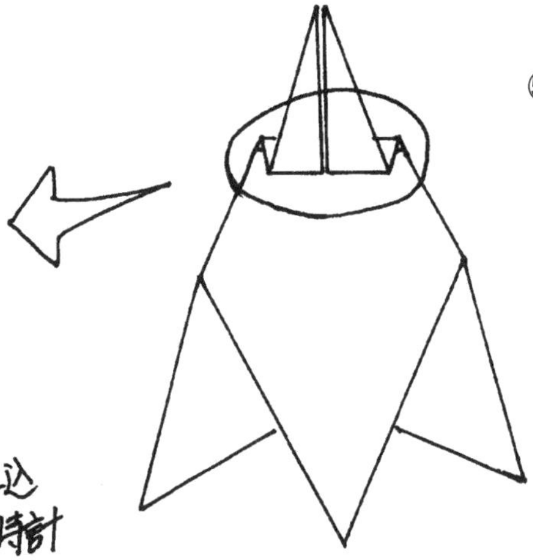

折り返しの部分は下の袋状になった部分の内側に差し込む

55

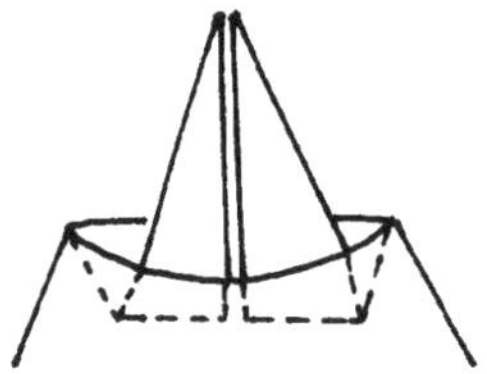

54の拡大図

袋状の内側に差し込んだら、全体を時計回りに180度回転する
次に左から右へ裏返す

56

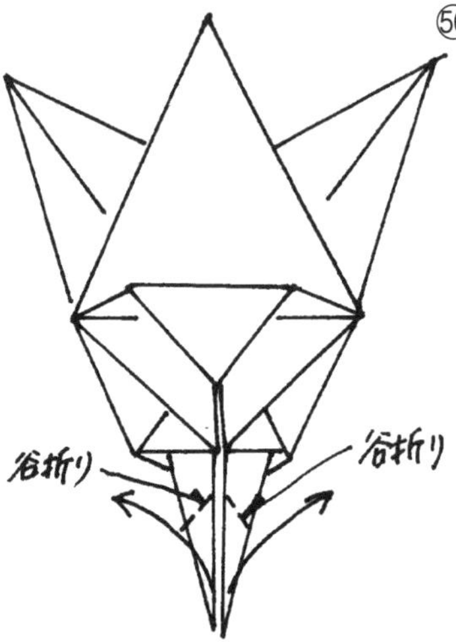

57

56の拡大図

左右を点線で内側からかぶせ折りをする

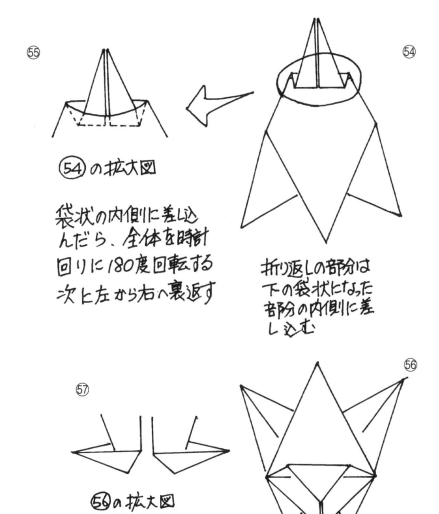

⑤⑧

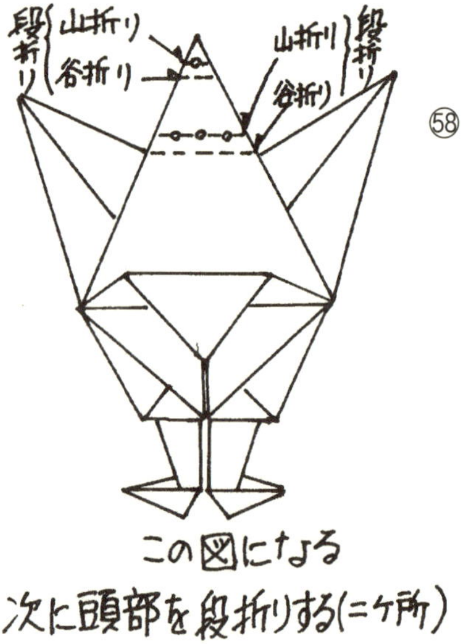
段折り
山折り
谷折り
山折り
段折り
谷折り
この図になる
次に頭部を段折りする(二ケ所)

⑤⑨

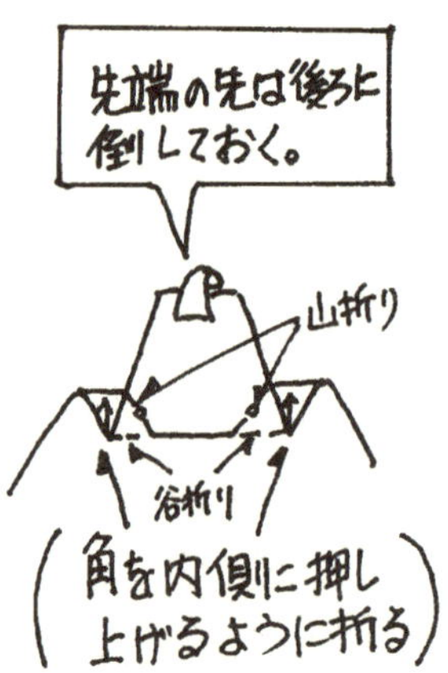
先端の先は後ろに倒しておく。
山折り
谷折り
(角を内側に押し上げるように折る)

⑥⓪

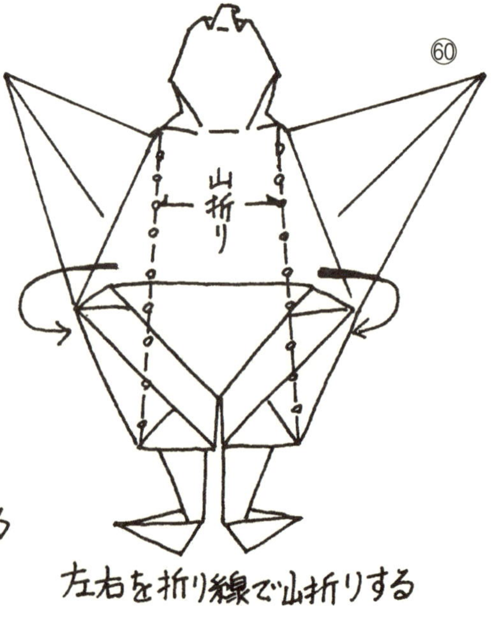
山折り
左右を折り線で山折りする

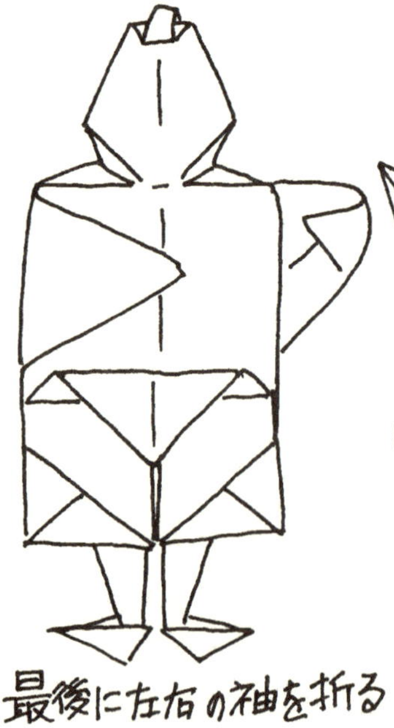
最後に左右の袖を折る

完成図

㊻

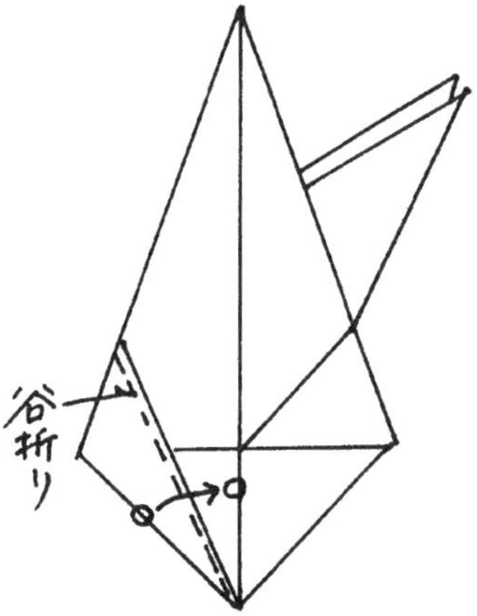

この図になる
次に○印と○印を合わせる
様に折る、この時㊺で
折った三角にかぶせる様
に折る

㊼

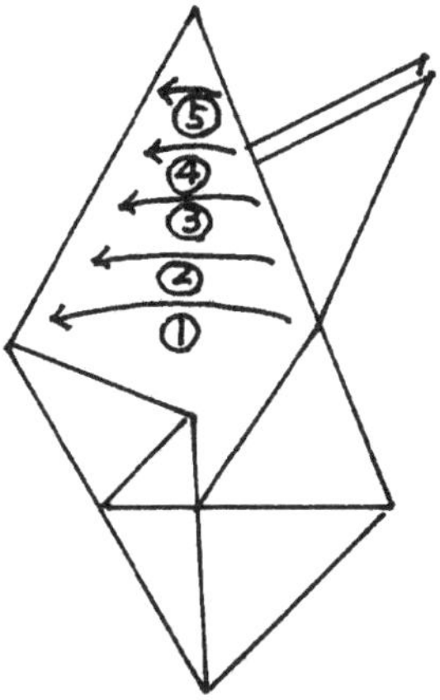

この図になる
次に右側の上5枚を
右から左へ返す

㊽

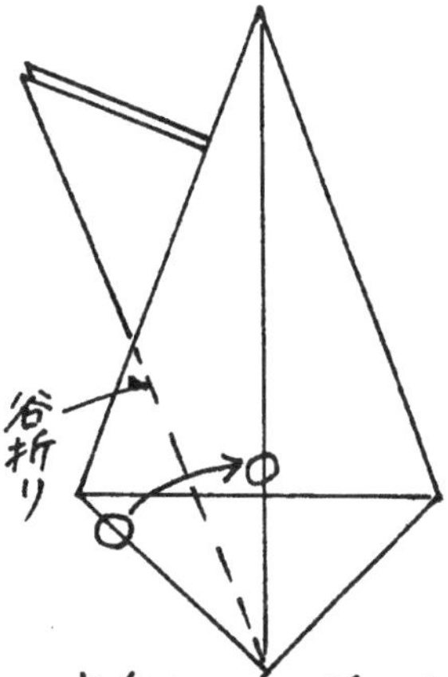

左側と同じ折り方を
する㊹〜㊻の折り
方をする

㊾

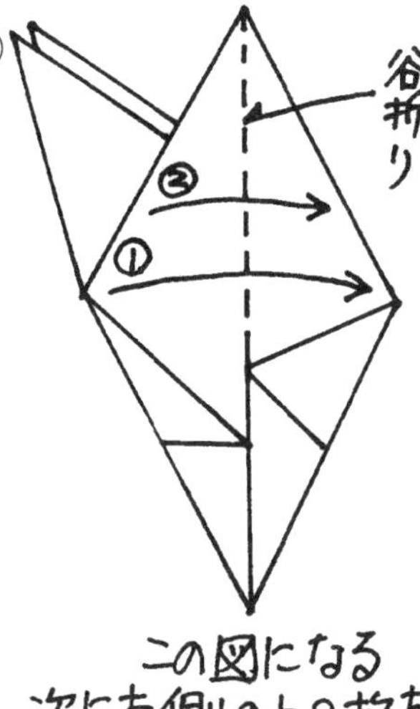

この図になる
次に左側の上2枚を
右に返す

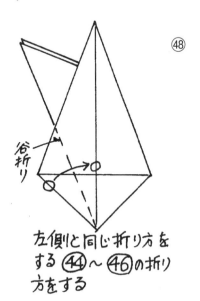

⑭

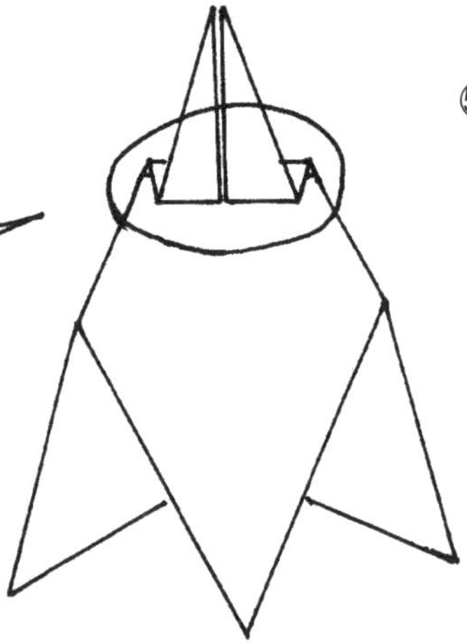

折り返しの部分は下の袋状になった部分の内側に差し込む

⑮

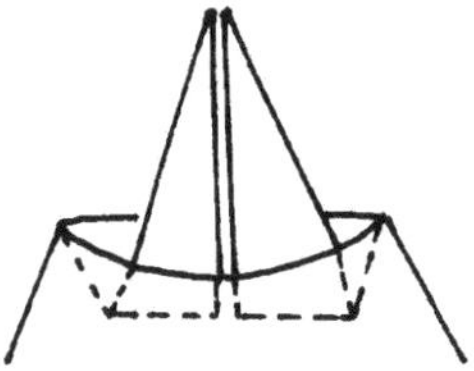

54の拡大図

袋状の内側に差し込んだら、全体を時計回りに180度回転する
次に左から右へ裏返す

⑯

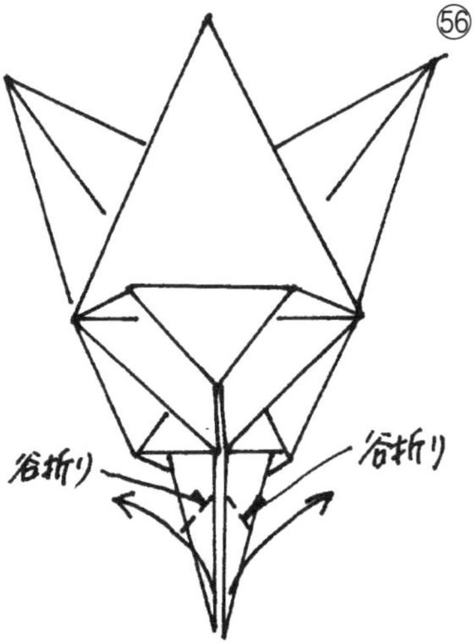

⑰

56の拡大図

左右を点線で内側からかぶせ折りをする

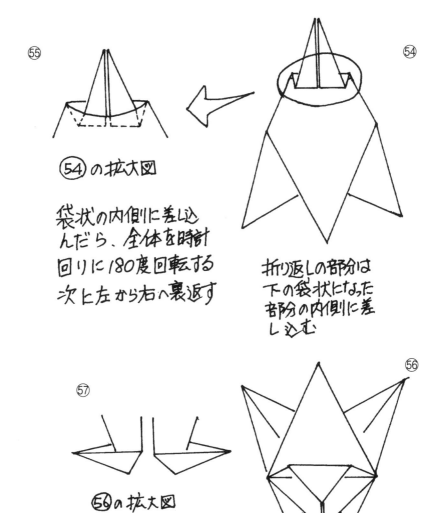

福禄寿の折り方

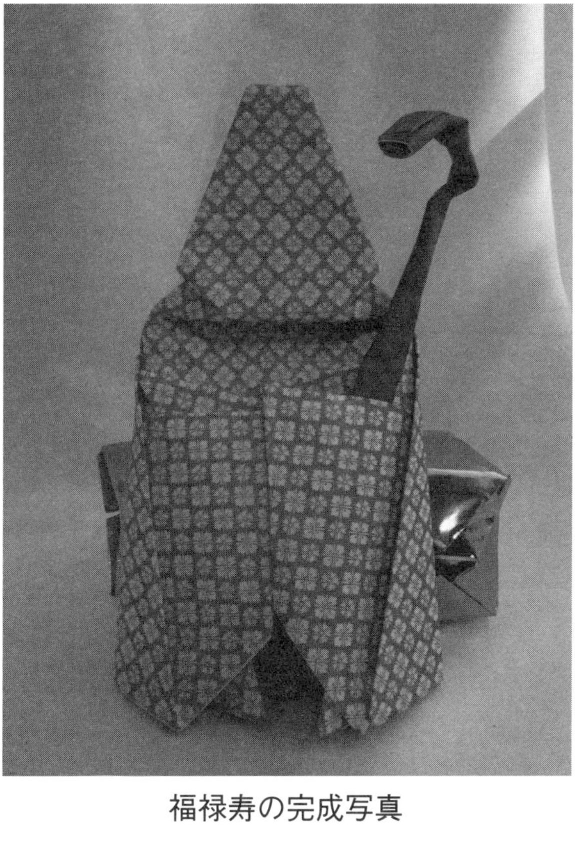

福禄寿の完成写真

基本形　三角折り①～⑤を折る（59頁参照）

⑥

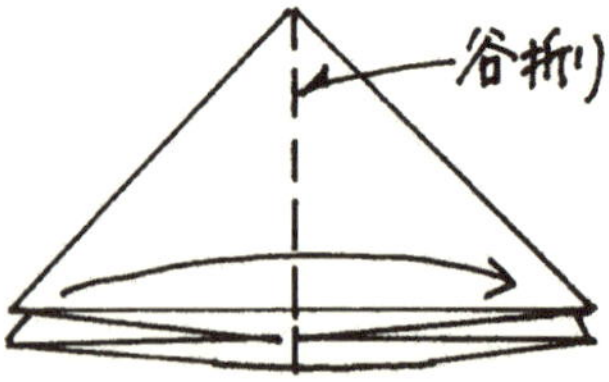

上1枚を左から
右へ返す

⑦

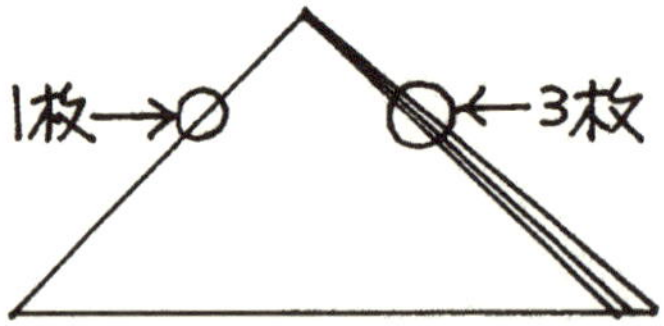

⑧

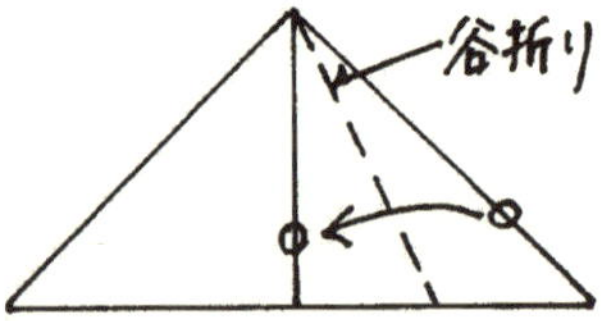

右側の三角部分を
内側に折る
(○印を合わせる)

⑨

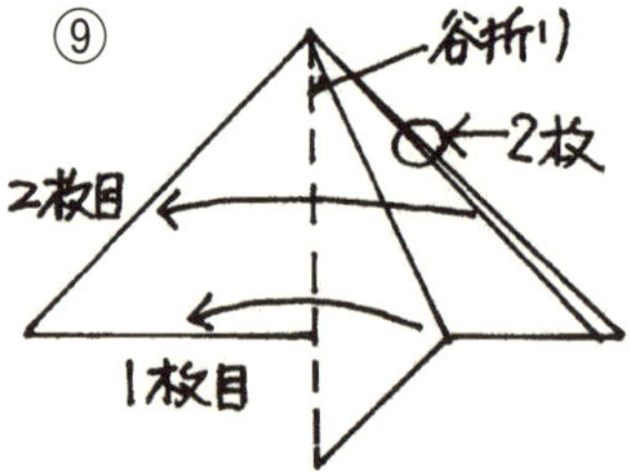

この図になる
次に上2枚を左へ
返す

⑩

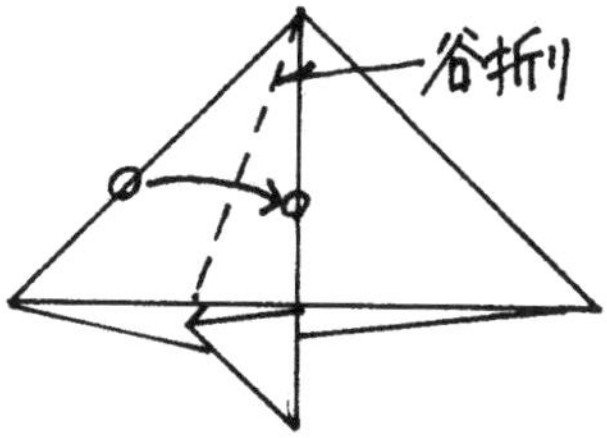

この図になる

次に左側の三角を中心に
合わせて折る
(○印を合わせる)

⑪

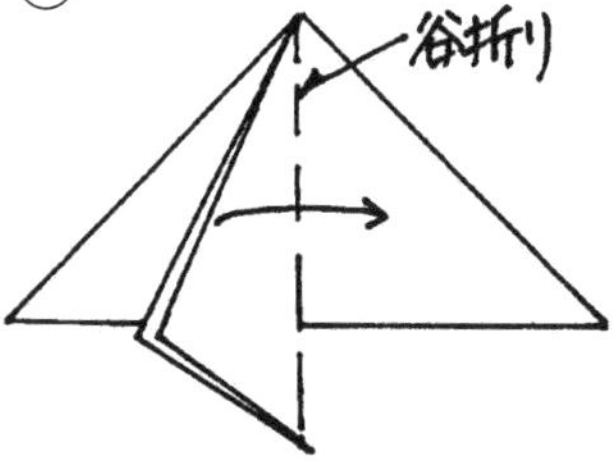

この図になる

次に上1枚の三角を
右へ返す

⑫

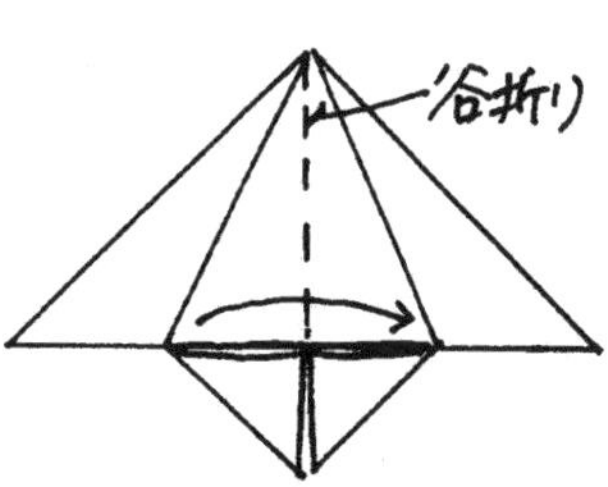

この図になる

次に上1枚を右に返す

⑬

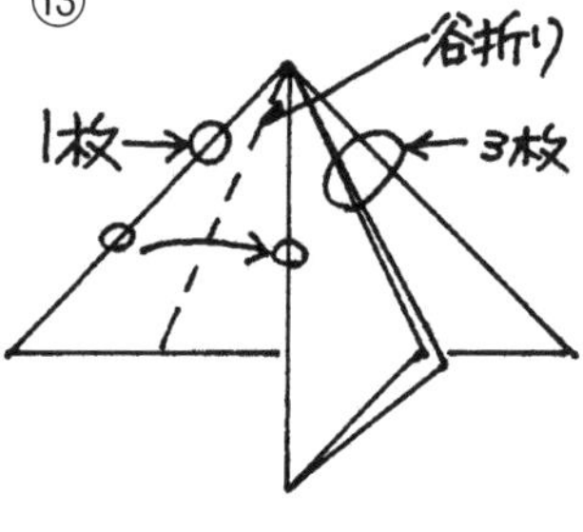

この図になる

次に左側の三角を中心に
合わせるように折る
(○印を合わせる)

⑭

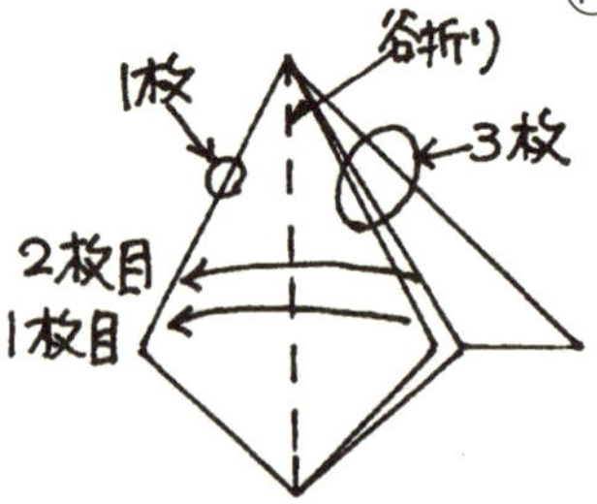

この図になる

次に上２枚を右から
左に返す

⑮

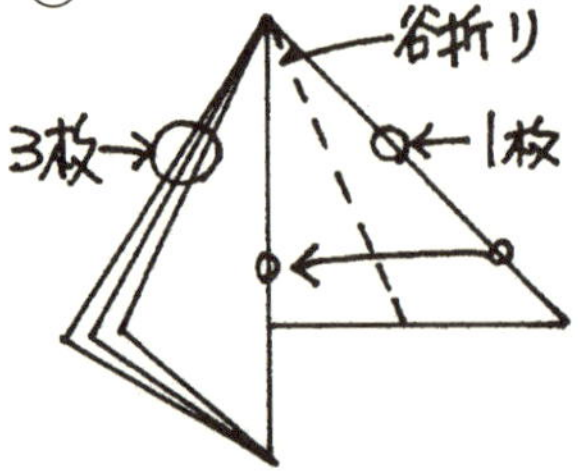

この図になる

次に右側の三角を中心に
合わせるように折る
（○印を合わせる）

⑯

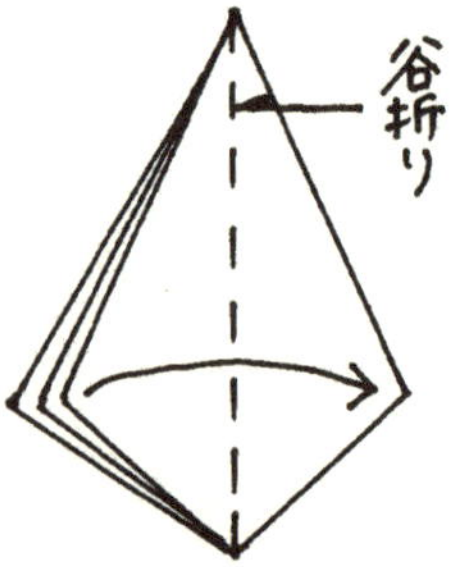

この図になる

次に上1枚を左から
右に返す

⑰

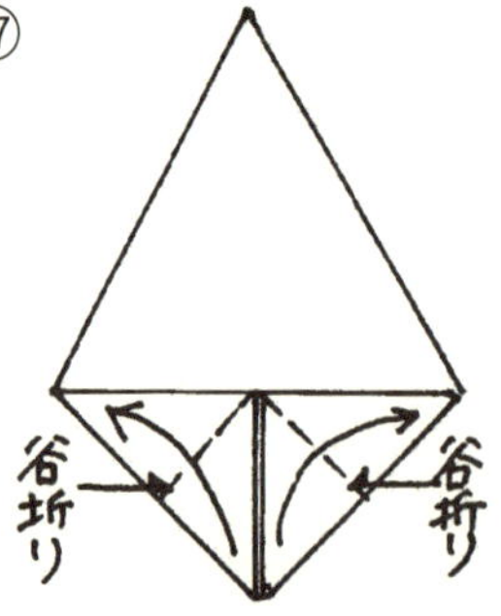

この図になる

次に下の左右の三角を
斜め上に折り上げる

⑱

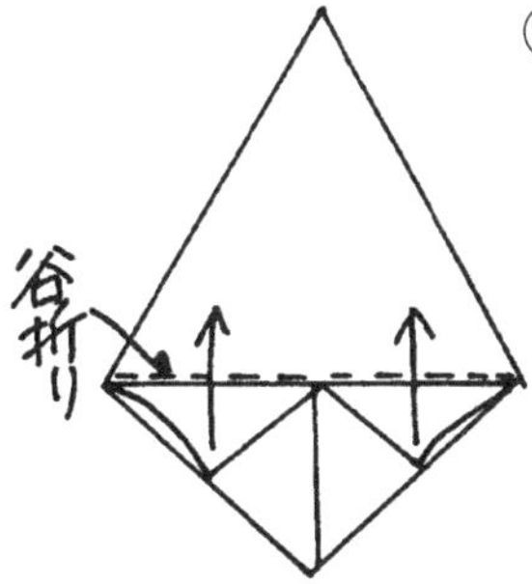

この図になる

次に左右の三角を
上に折り上げる

⑲

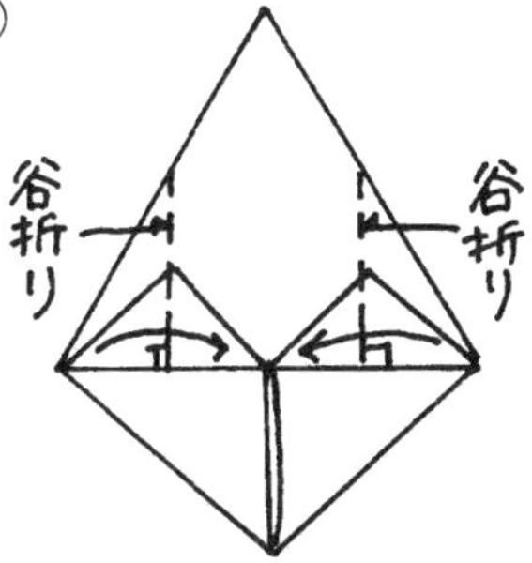

この図になる

次に左右を谷折りする

⑳

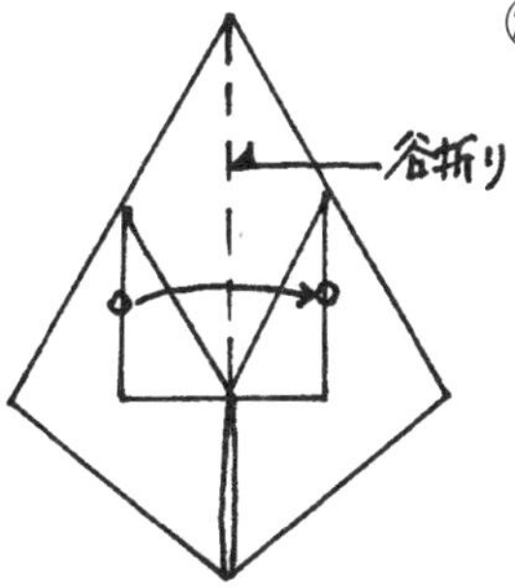

この図になる

次に○印を合わせる
ように折る(左→右)

㉑

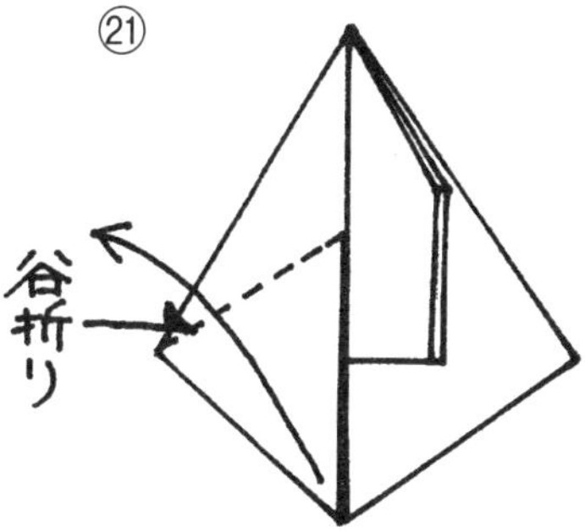

この図になる

次に左側の三角を左斜め
上に折り上げる

㉒

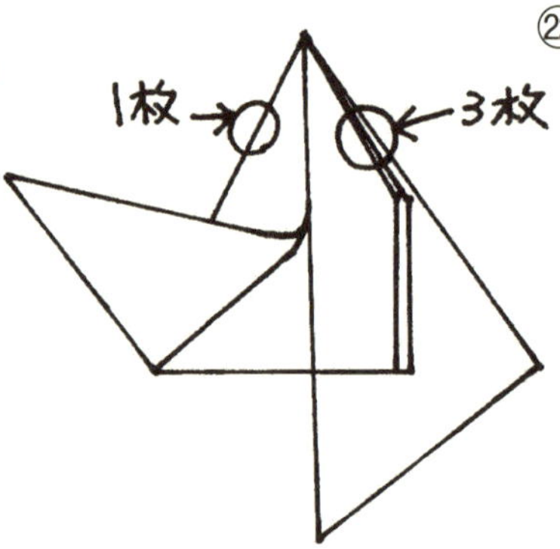

この図になる

㉓

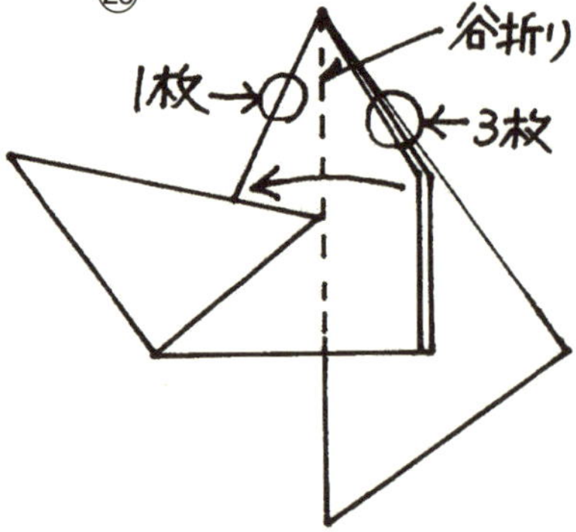

右側の上1枚を中心線で左に返す

㉔

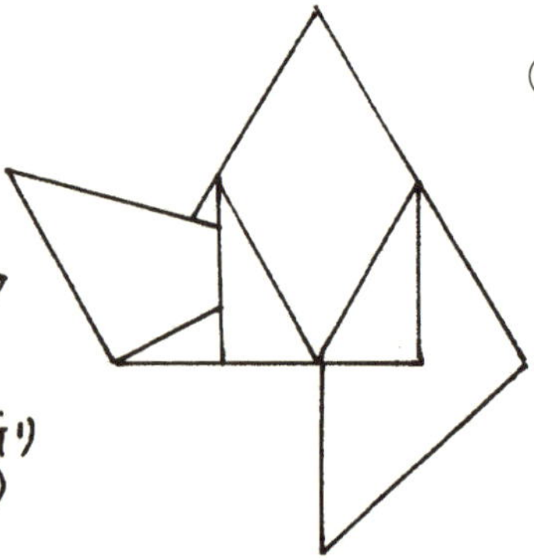

この図になる
右側も左側と同様に折る

㉕

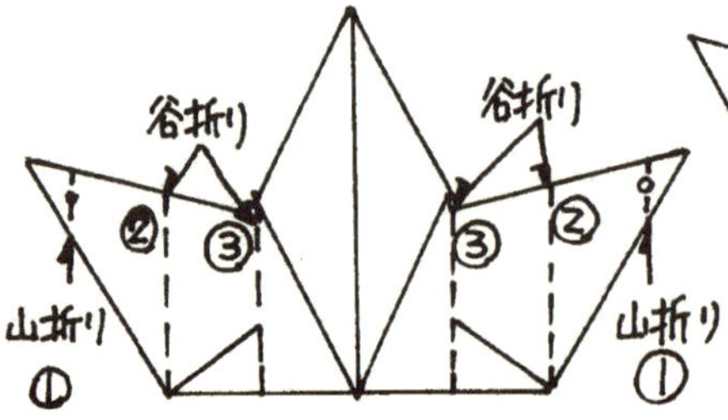

この図になる
次に左・右の袖を①山折り②谷折り③谷折りの順に折る

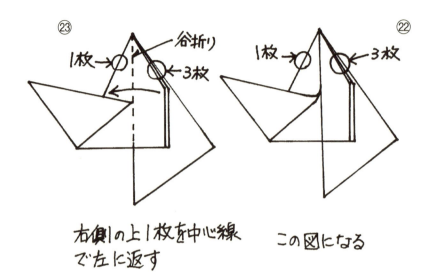

㉖

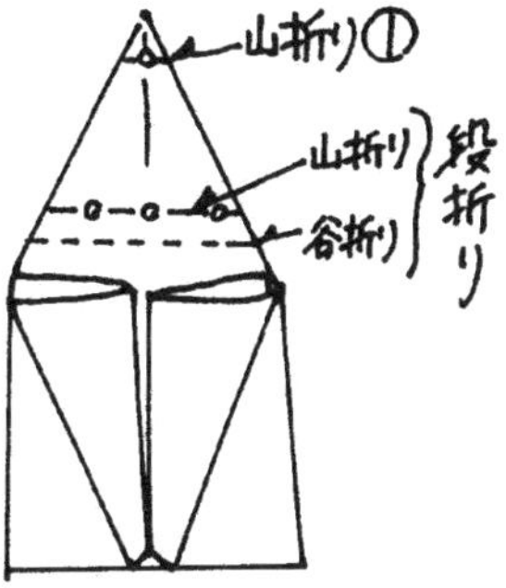

この図になる
先ず①の山折りを折る
次に段折りを折る

㉗

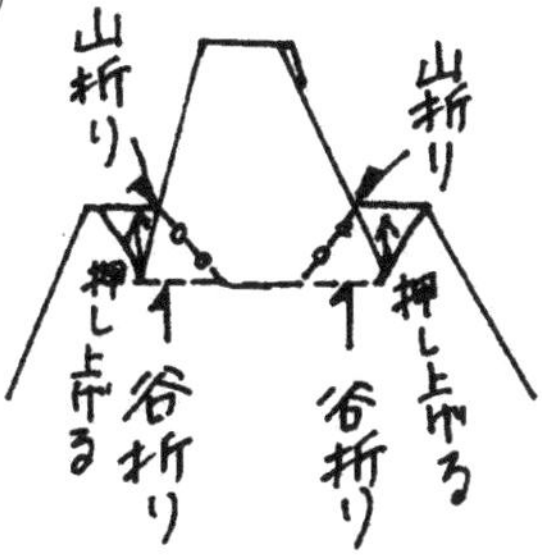

↑を斜め上に押し上げ
首の角を折る

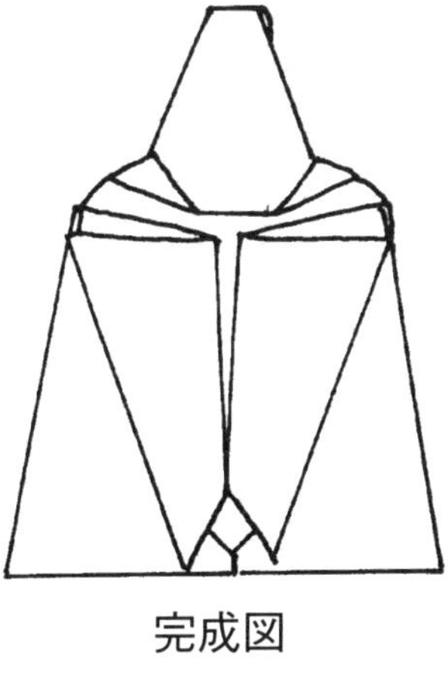

完成図

寿老人の折り方

寿老人の完成写真

基本形　三角折り①～⑤を折る（59頁参照）

⑥

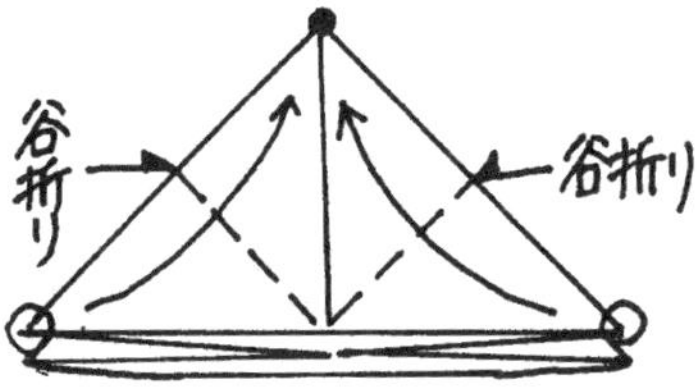

左・右の順に○印を
●印に合わせる様に
折り上げる

⑦

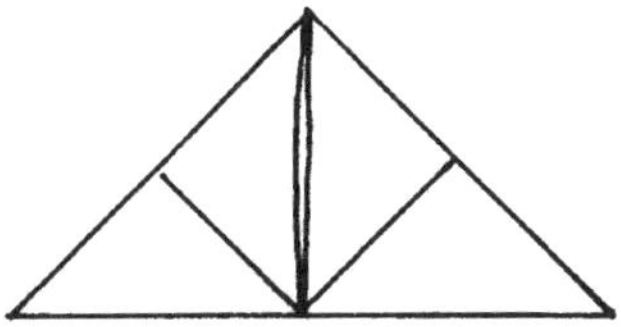

この図になる

⑧

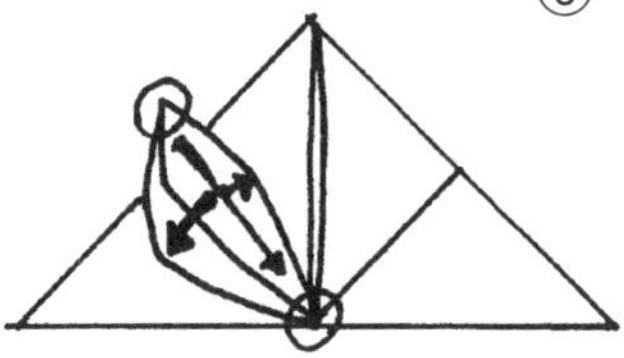

左の三角の中心を
左右に開き○印
を合わせる様に
上から折畳む

⑨

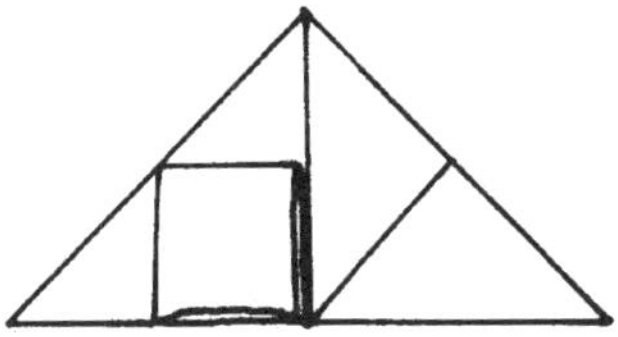

この図になる
次に右側も同様に
折る

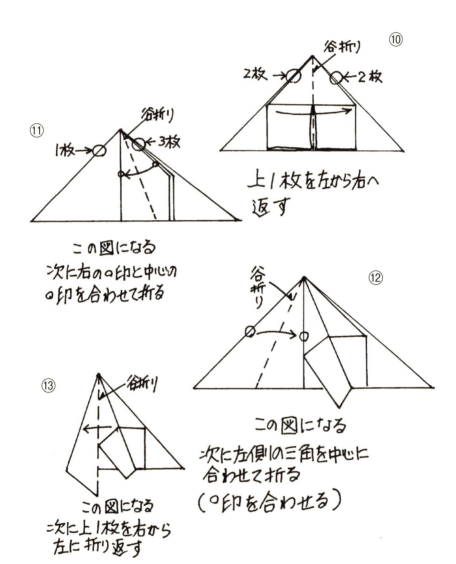

⑩

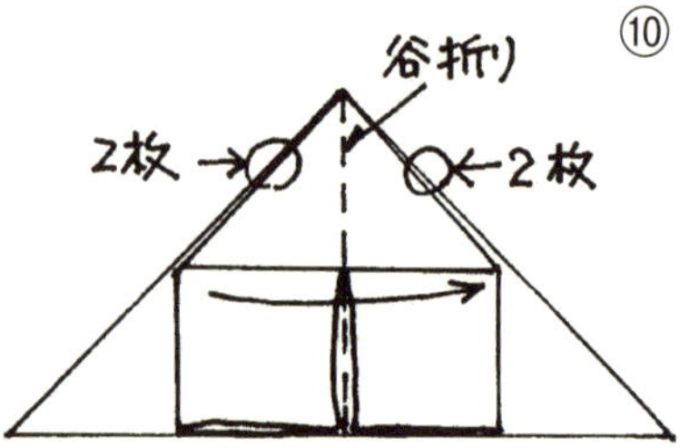

上1枚を左から右へ
返す

⑪

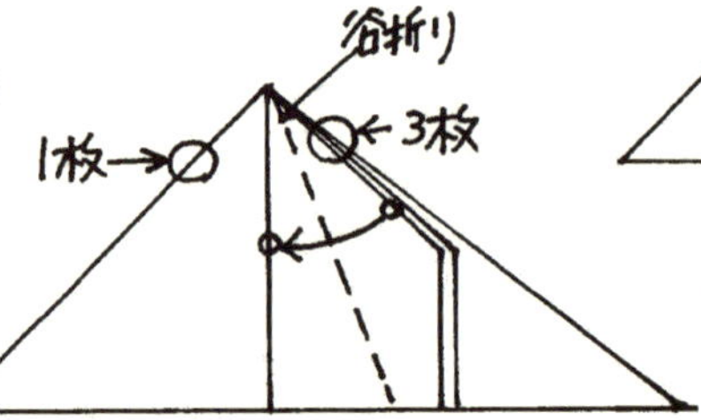

この図になる
次に右の○印と中心の
○印を合わせて折る

⑫

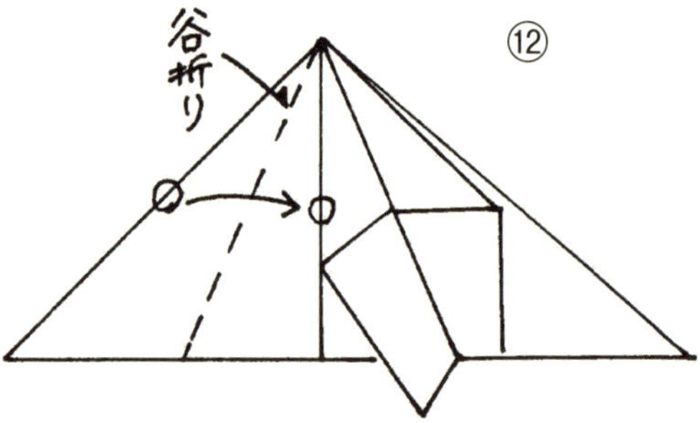

この図になる
次に左側の三角を中心に
合わせて折る
(○印を合わせる)

⑬

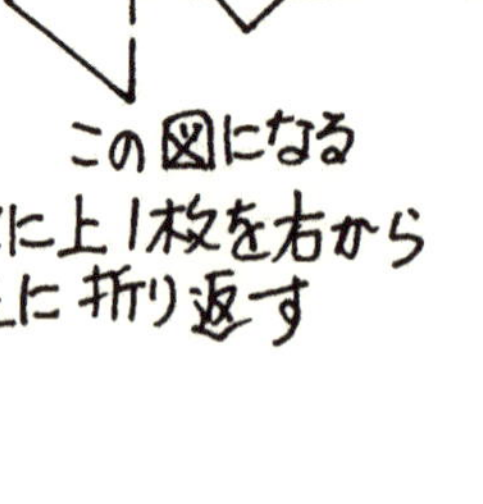

この図になる
次に上1枚を右から
左に折り返す

⑭

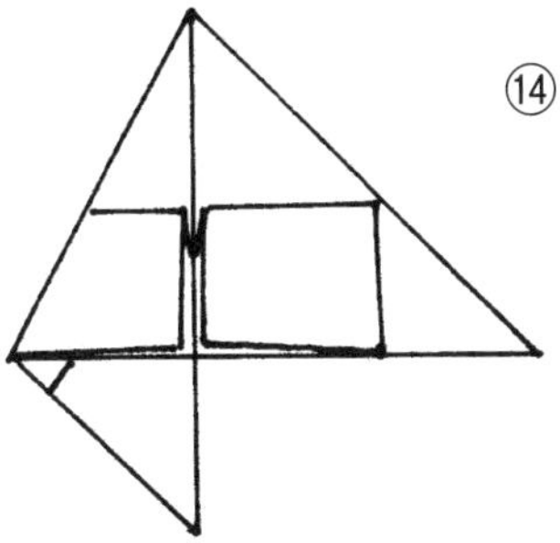

この図になる
右側も左側と同様に折る

⑮

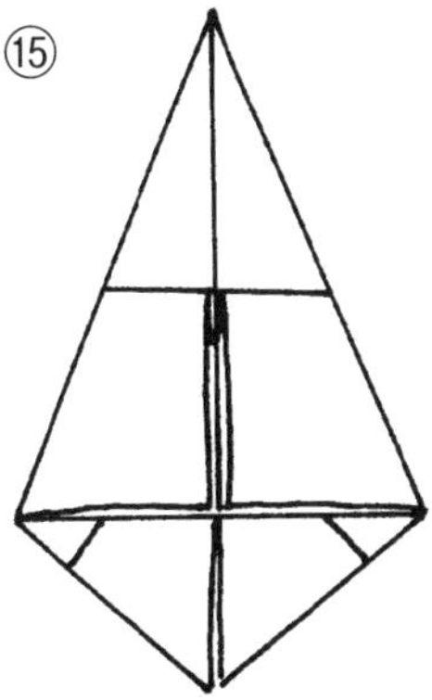

この図になる
次に左から右に裏返す

⑯

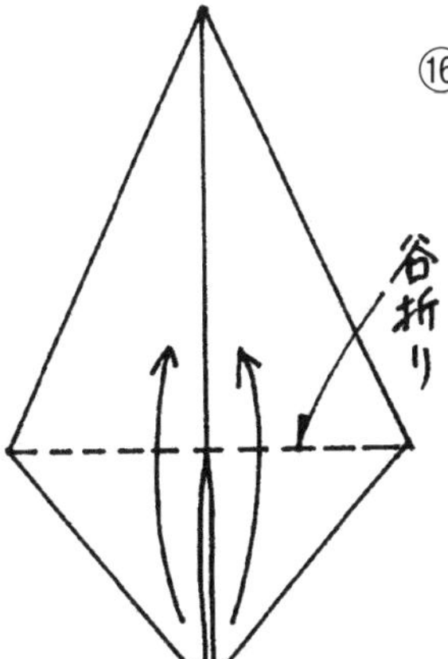

下から上に折り上げる
次に時計回りに180度回転する

⑰

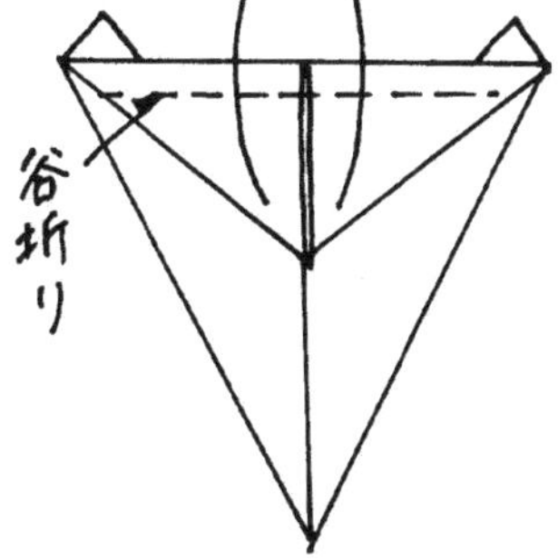

左右の三角を下から上に折り上げる

⑱

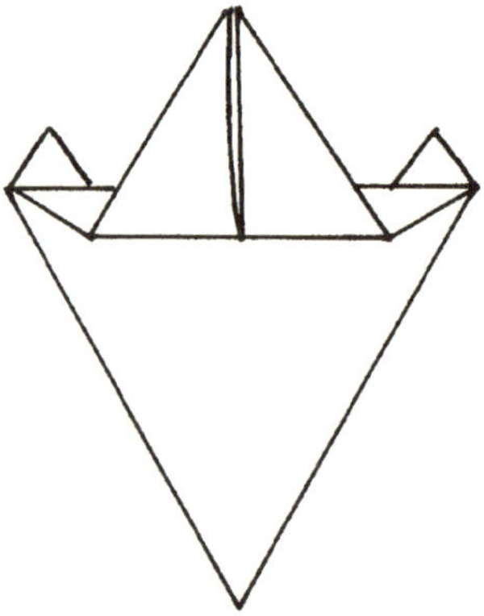

この図になる

全体を時計回りに180度
回転する
次に左から右へ裏返す

⑲

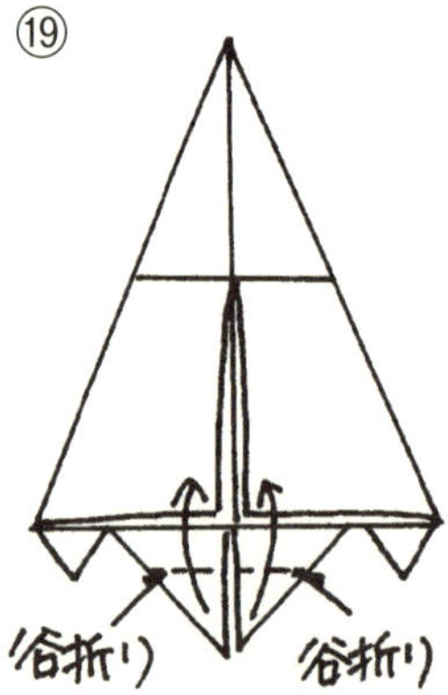

この図になる

次に下から上に三角を
折り上げる

⑳

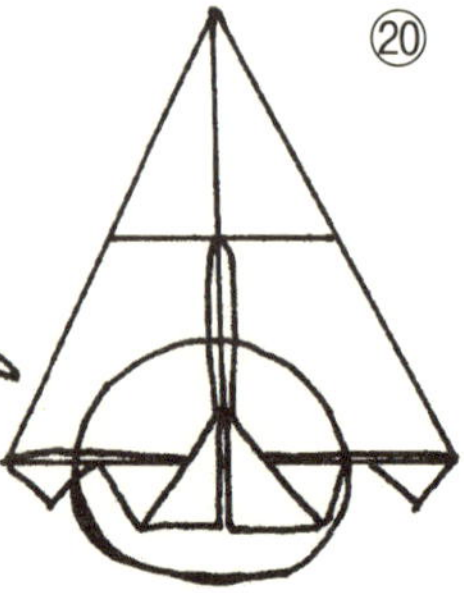

この図になる

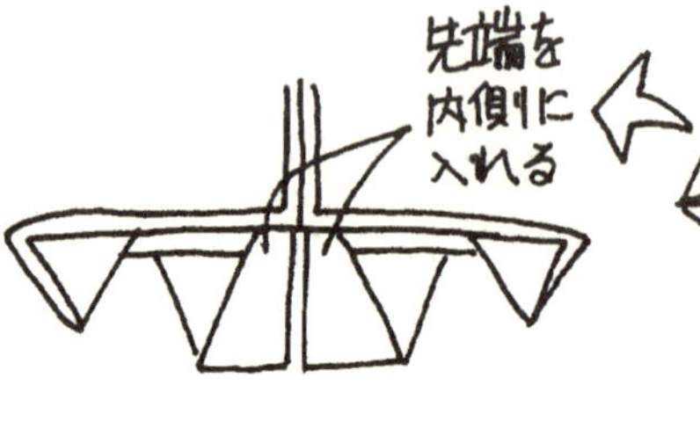

足の拡大図

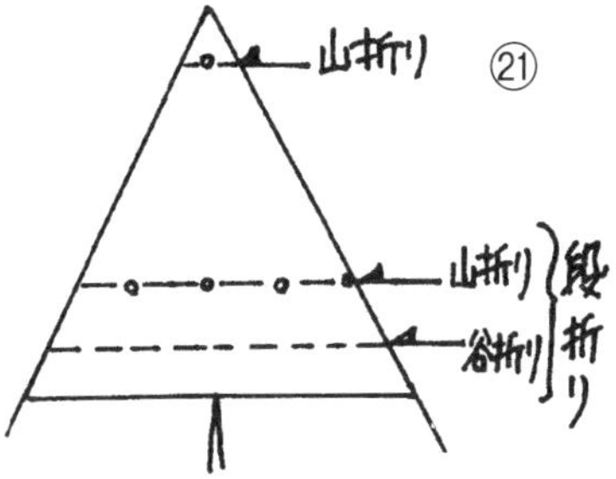

（頭部を折る）
初めに先端の山折りをする
次に首の部分の段折りをする

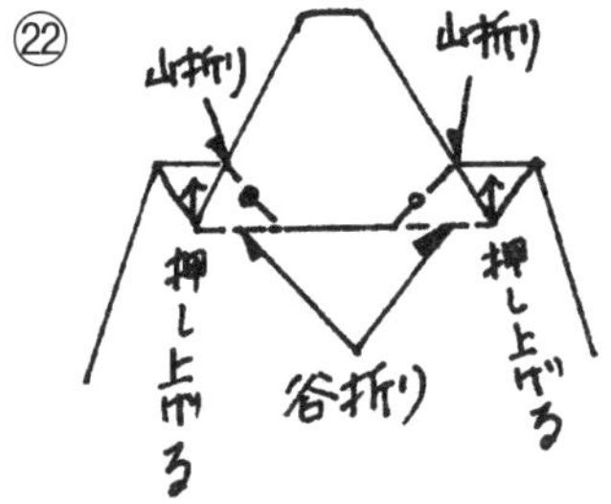

この図になる

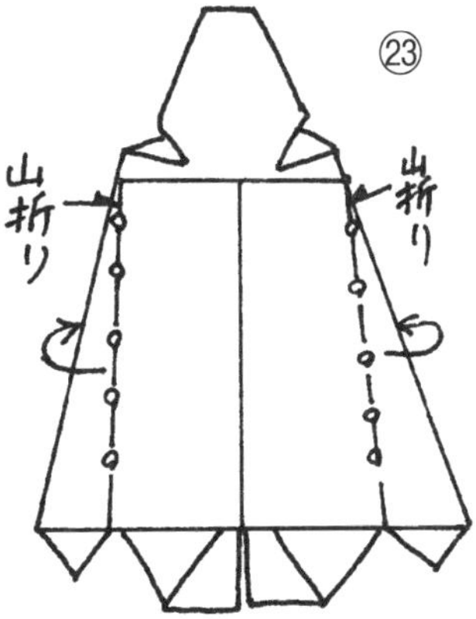

左右を山折りで
裏側に折る

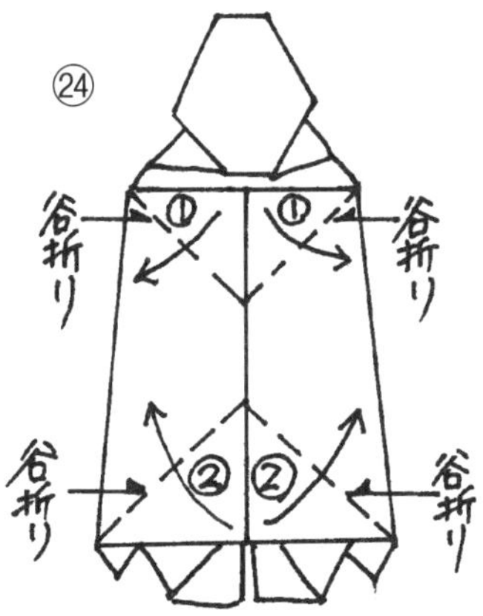

①は左右を斜め下に折る
②は上1枚だけを斜め上に折り上げる

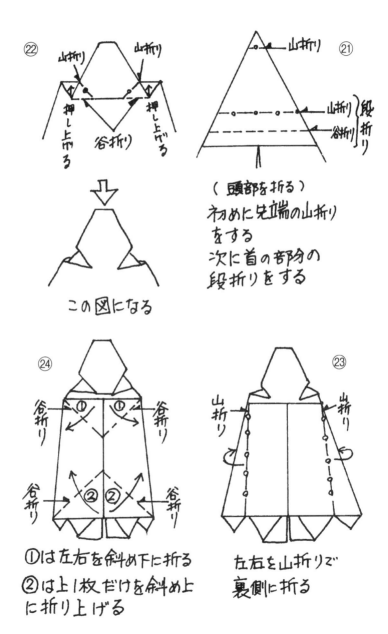

㉕

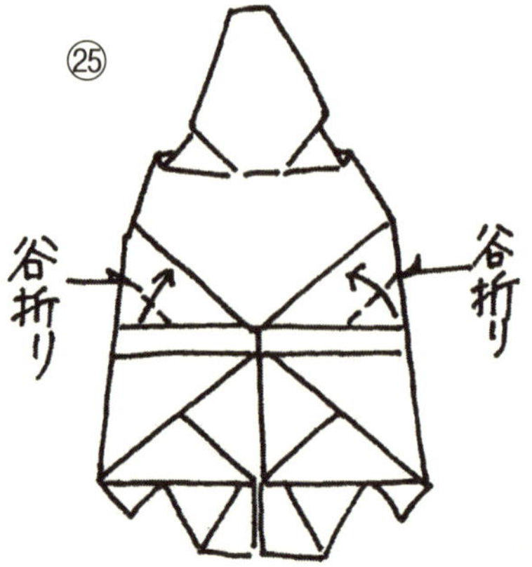

左右の三角を斜め上に
折り上げる

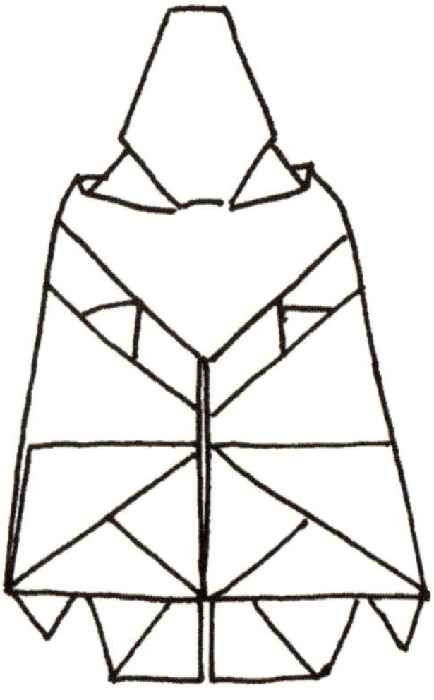

完成図

布袋和尚の折り方

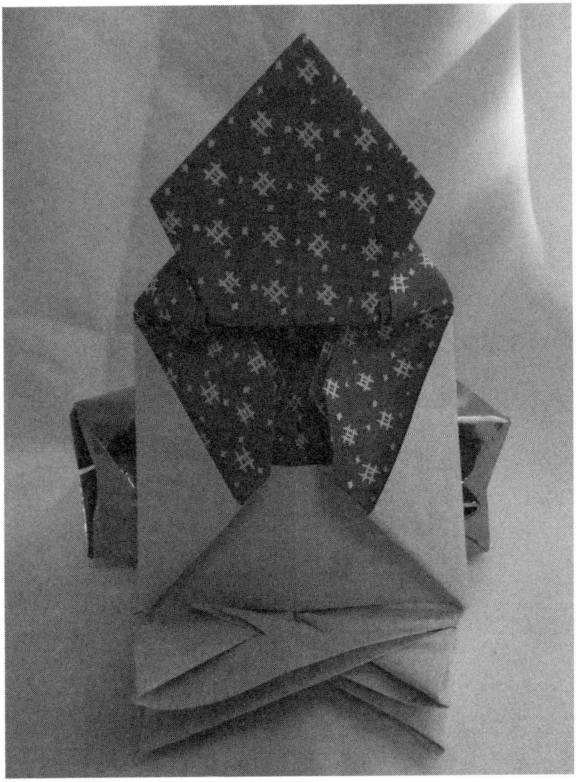

布袋和尚の完成写真

基本形　四角折り①～⑤を折る (61頁参照)

⑥

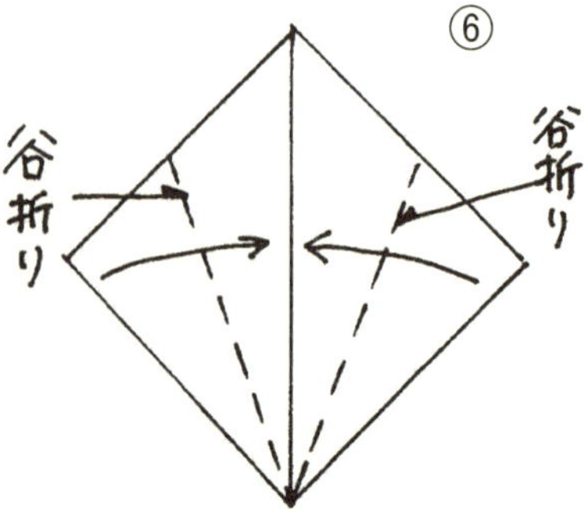

左・右の順で折る

⑦

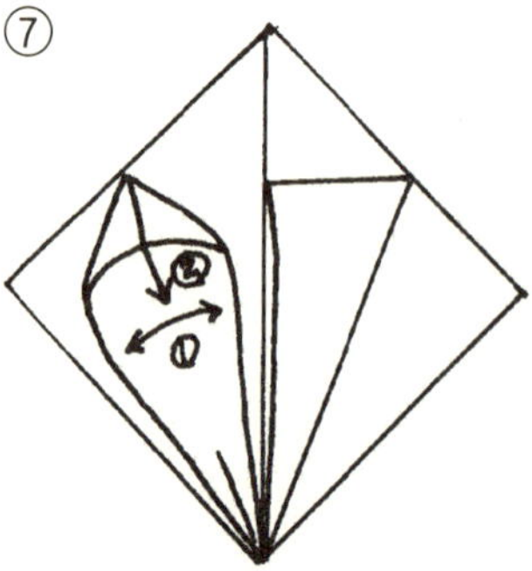

①左側の三角を中心より開く
②上の角を下に向けて折る

⑧

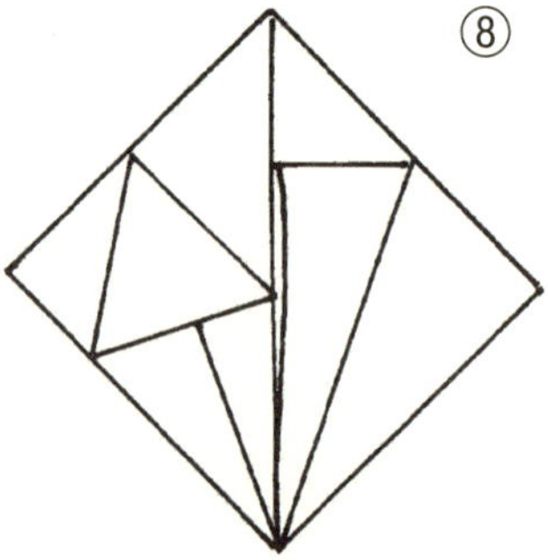

右側も左と同様に折る

⑨

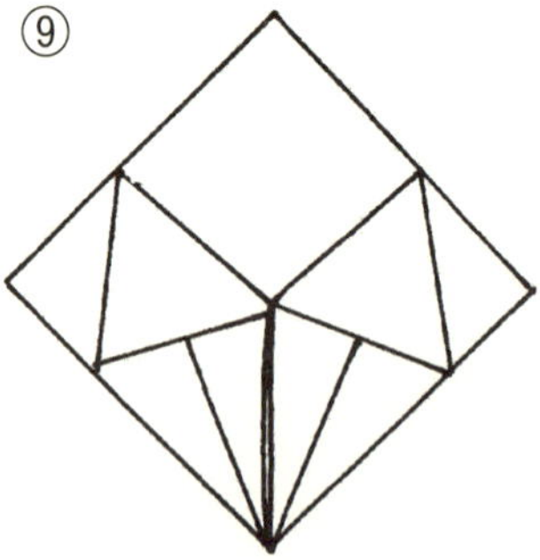

この図になる
次に左から右に裏返す

『祓詞』（はらへことば）

掛《か》けまくも畏《かしこ》き　伊耶那岐大神《いざなぎのおおかみ》

筑紫《つくし》の日向《ひむか》の橘《たちばな》の　小戸《おど》の阿波岐原《あわぎがはら》に

御禊祓《みそぎはら》へ給《たま》ひし時《とき》に生《な》り坐《ま》せる祓戸《はらへど》の大神等《おおかみたち》

諸諸《もろもろ》の禍事《まがごと》　罪《つみ》　穢《けが》れ有《あ》らむをば　祓《はら》へ給《たま》ひ

清《きよ》め給《たま》へと白《まお》す事《こと》を　聞《き》こし食《め》せと

恐《かしこ》み恐《かしこ》み白《まお》す

『大祓詞』（おおはらへのことば）

高天原《たかあまはら》に神留《かむづま》り坐《ま》す　皇親神漏岐神漏美《すめらがむつかむろぎかむろみ》の命《みこと》以《も》ちて
八百萬神等《やほよろずのかみたち》を　神集《かむつど》へに集《つど》へ賜《たま》ひ　神議《かむはか》りに議《はか》り賜《たま》ひて
我《あ》が皇御孫命《すめみまのみこと》は豊葦原瑞穂国《とよあしはらのみづほのくに》を　安国《やすくに》と平《たいら》けく知《し》ろし食《め》せと　事依《ことよ》さし奉《まつ》りき
此《か》く依《よ》さし奉《まつ》りし国中《くぬち》に荒振《あらぶ》る神等《かみたち》をば　神問《かむと》はしに問《と》はし賜《たま》ひ　神掃《かむはら》ひに掃《はら》ひ賜《たま》ひて
語《こと》問《と》ひし　磐根《いわね》樹根《きね》立《た》ち草《くさ》の片葉《かきは》をも　語止《ことや》めて
天《あめ》の磐坐放《いわくらはな》ち　天《あめ》の八重雲《やえぐも》を伊頭《いづ》の千別《ちわき》きに千別《ちわ》きて　天降《あまくだ》し依《よ》さし奉《まつ》りき
此《か》く依《よ》さし奉《まつ》りし　四方《よも》の国中《くになか》と　大倭日高見《おほやまとひだかみ》の国《くに》を安国《やすくに》と定《さだ》め奉《まつ》りて
下津磐根《したついわね》に宮柱太敷《みやはしらふとし》き立《た》て　高天原《たかあまはら》に千木高知《ちぎたかし》りて　皇御孫命《すめみまのみこと》の瑞《みづ》の御殿仕《みあらかつか》へ奉《まつ》りて
天《あめ》の御蔭《みかげ》　日《ひ》の御蔭《みかげ》と隠《かく》り坐《ま》して安国《やすくに》と平《たいら》けく知《し》ろし食《め》さむ
国中《くぬち》に成《な》り出《い》でむ　天《あめ》の益人等《ますひとら》が過《あやま》ち犯《おか》しけむ種々《くさぐさ》の罪事《つみごと》は　天津罪国津罪《あまつつみくにつつみ》　許許太久《ここだく》の罪出《つみい》でむ
此《か》く出《い》でば　天津宮事以《あまつみやごとも》ちて　天津金木《あまつかなぎ》を本打《もとう》ち切《き》り　末打《すえう》ち断《た》ちて　千座《ちくら》の置座《おきくら》に置《お》き足《た》らはして
天津菅麻《あまつすがそ》を本刈《もとか》り断《た》ち　末刈《すえか》り切《き》りて　八針《やはり》に取《と》り辟《さ》きて　天津祝詞《あまつのりと》の太祝詞事《ふとのりとごと》を宣《の》れ

此《か》く宣《の》らば　天津神《あまつかみ》はの磐門《いわと》を押《お》し披《ひら》きて　天《あめ》の八重雲《やへぐも》を伊頭《いづ》の千別《ちわ》きに千別《ちわ》きて　聞《き》こし食《め》さむ
国津神《くにつかみ》は高山《たかやま》の末《すえ》　短山《ひきやま》の末《すえ》に上《のぼ》り坐《ま》して　高山《たかやま》の伊褒理《いほり》短山《ひきやま》の伊褒理《いほり》を掻《か》き別《わ》けて　聞《き》こし食《め》さむ
此《か》く聞《き》こし食《め》しては　罪《つみ》と言《い》ふ罪《つみ》は在《あ》らじと　科戸《しなど》の風《かぜ》の天《あめ》の八重雲《やえぐも》を吹《ふ》き放《はな》つ事《こと》の如《ごと》く
朝《あした》の御霧《みきり》　夕《ゆふべ》の御霧《みきり》を朝風夕風《あさかぜゆうかぜ》の吹《ふ》き払《はら》ふ事《こと》の如《ごと》く
大津邊《おおつべ》に居《お》る大船《おおふね》を　舳解《へと》き放《はな》ち艫解《ともと》き放《はな》ちて　大海原《おおうなばら》に押《お》し放《はな》つ事《こと》の如《ごと》く
彼方《おちかた》の繁木《しげき》が本《もと》を　焼鎌《やきがま》の敏鎌《とがま》以《もち》て　打《う》ち掃《はら》ふ事《こと》の如《ごと》く
遺《のこ》る罪《つみ》は在《あ》らじと　祓《はら》へ給《たま》ひ清《きよ》め給《たま》ふ事《こと》を高山《たかやま》の末《すえ》　短山《ひきやま》の末《すえ》より　佐久那太理《さくなだり》に落《お》ち多岐《たぎ》つ
速川《はやかわ》の瀬《せ》に坐《ま》す　瀬織津比賣《せおりつひめ》と言《い》ふ神《かみ》　大海原《おほうなばら》に持《も》ち出《い》でなむ
此《か》く持《も》ち出《い》で往《い》なば　荒潮《あらしほ》の潮《しほ》の八百道《やほじ》の八潮道《やしほじ》の潮《しほ》の八百会《やほあひ》に坐《ま》す　速開都比賣《はやあきつひめ》と言《い》ふ神《かみ》
持《も》ち加加呑《かかの》みてむ
此《か》く加加呑《かかの》みては　気吹戸《いぶきど》に坐《ま》す気吹戸主《いぶきどぬし》と言《い》ふ神《かみ》　根国底国《ねのくにそこのくに》に気吹放《いぶきはな》ちてむ
此《か》く気吹放《いぶきはな》ちては　根国底国《ねのくにそこのくに》に坐《ま》す速佐須良比賣《はやさすらひめ》と言《い》ふ神《かみ》　持《も》ち佐須良《さすら》ひ失《うしな》ひてむ
此《か》く佐須良《さすら》ひ失《うしな》ひては　罪《つみ》と言《い》ふ罪《つみ》は在《あ》らじと　祓《はら》へ給《たま》ひ清《きよ》め給《たま》へと白《まを》す事《こと》を
天津神国津神《あまつかみくにつかみ》　八百萬《やほよろづ》の神達共《かみたちとも》に　聞《き》こし食《め》せと白《まを》す

⑩

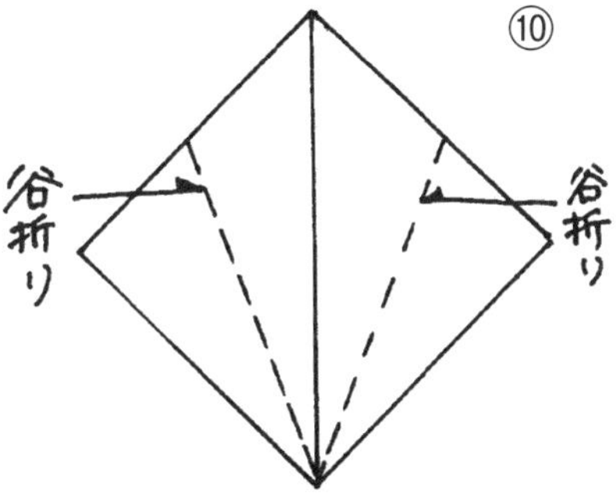

左・右の順で折る
（折り方⑥〜⑨をくり返す）

⑪

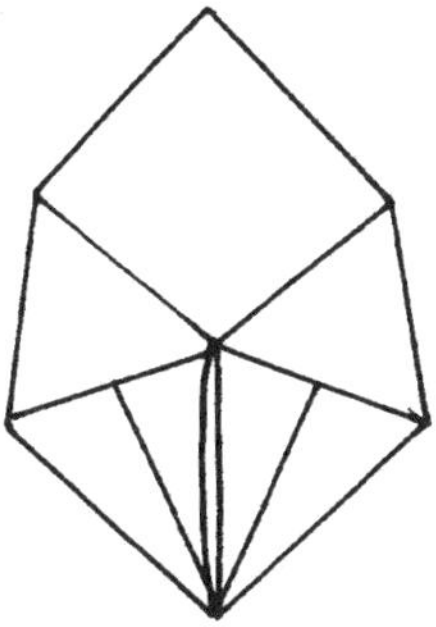

この図になる

⑫

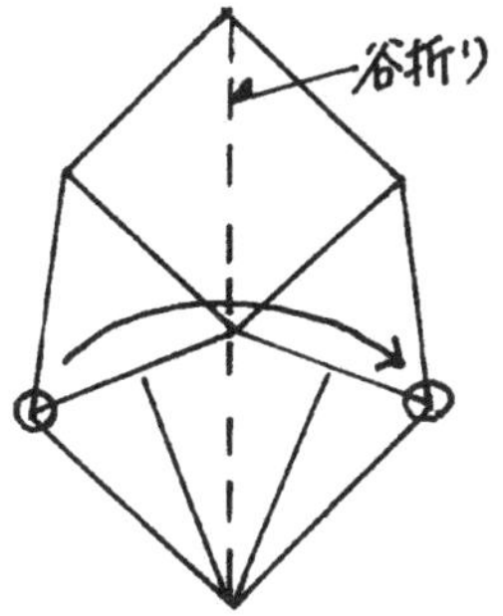

上1枚を左から右へ返す
（○印と○印を合わせる）

⑬

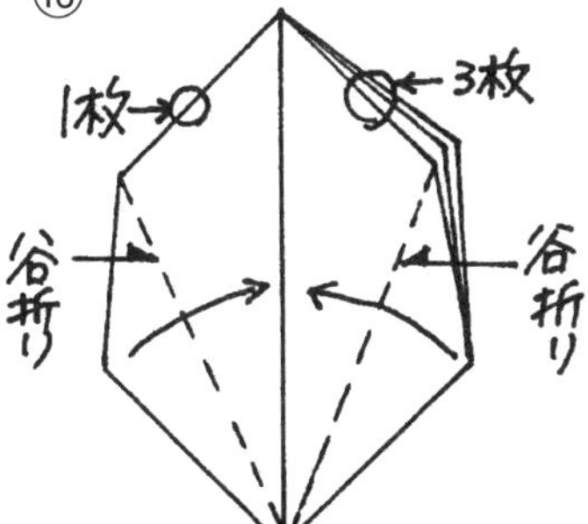

この図になる

次に左・右の順で折る

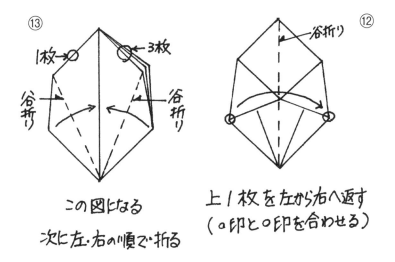

⑭

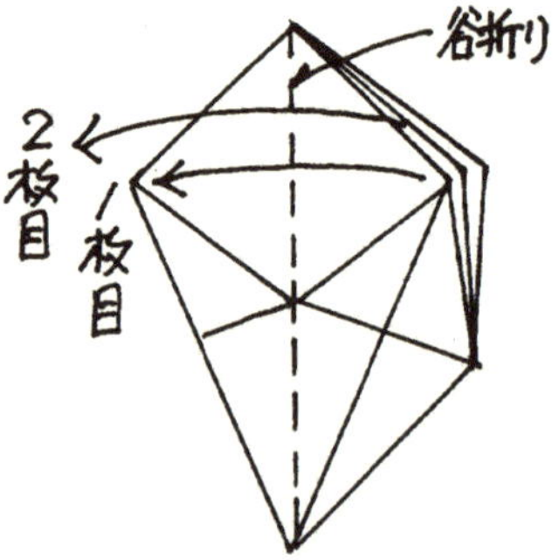

この図になる
次に上2枚を左に返す

⑮

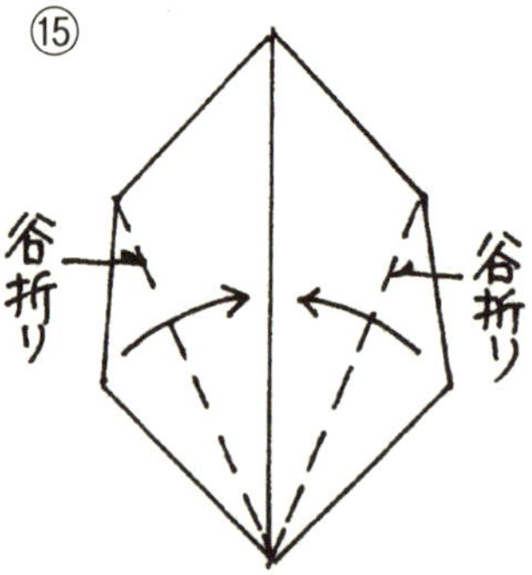

この図になる
次に中心と合わせて
左右の順で折る

⑯

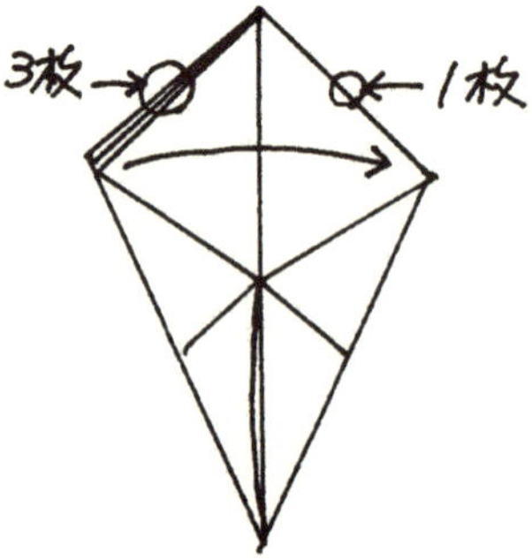

この図になる
次に上1枚を左から右へ
折り返す

⑰

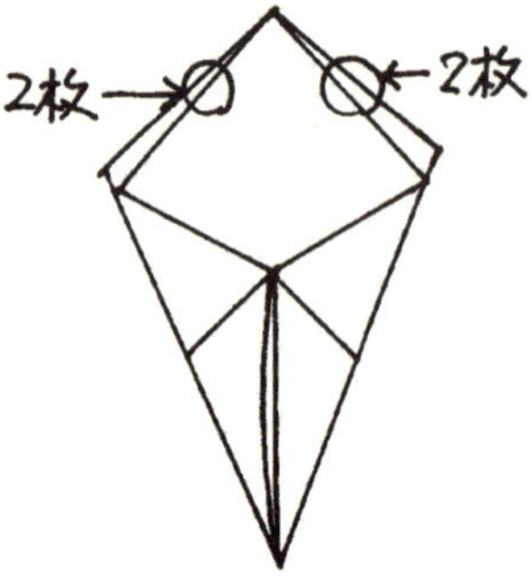

この図になる

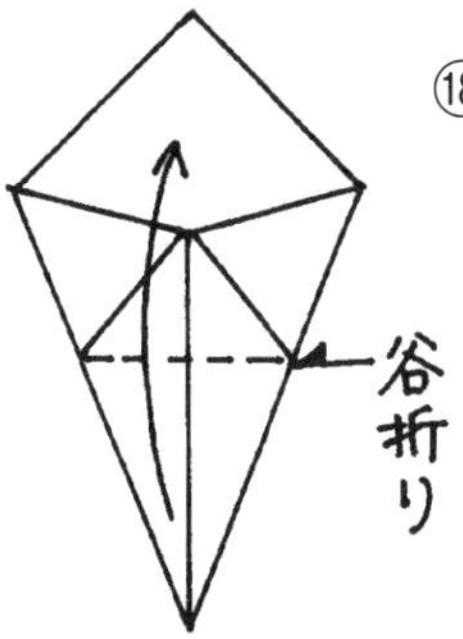

三角部分の上1枚を
下から上に折り上げる

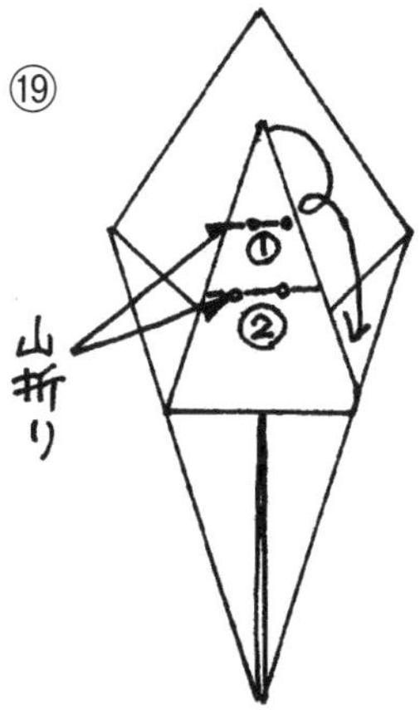

①を先に山折りして
次に②を山折りする
②は下にある三角の
内側に折り込む

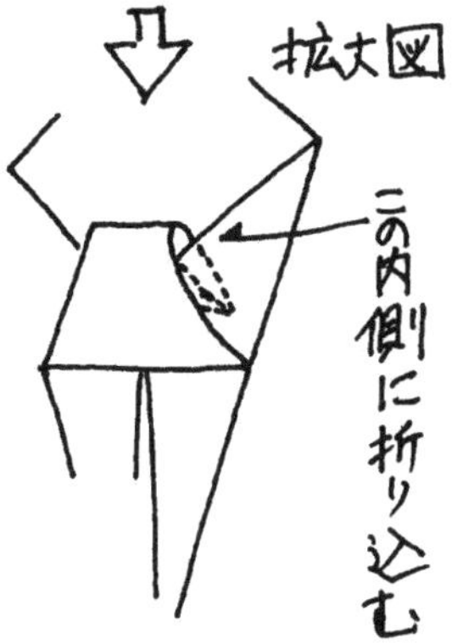

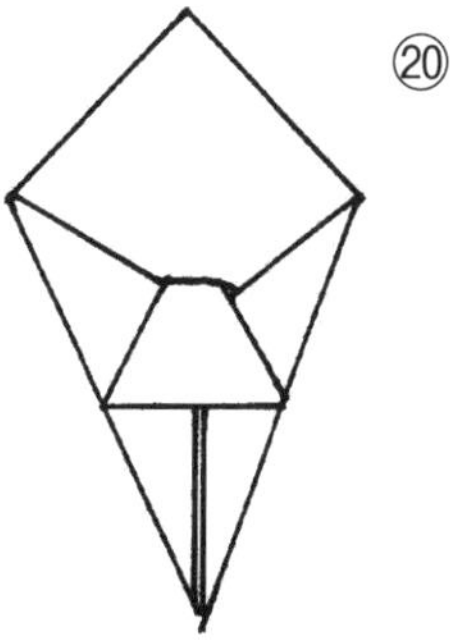

この図になる
次に全体を左から右に
裏返す

㉑

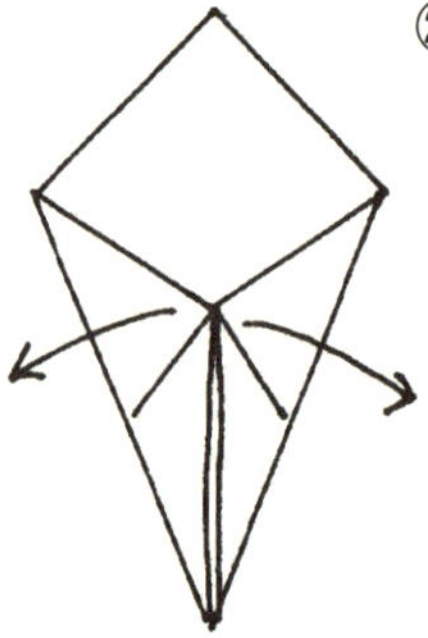

裏返したら、左右の三角を外側に返す

㉒

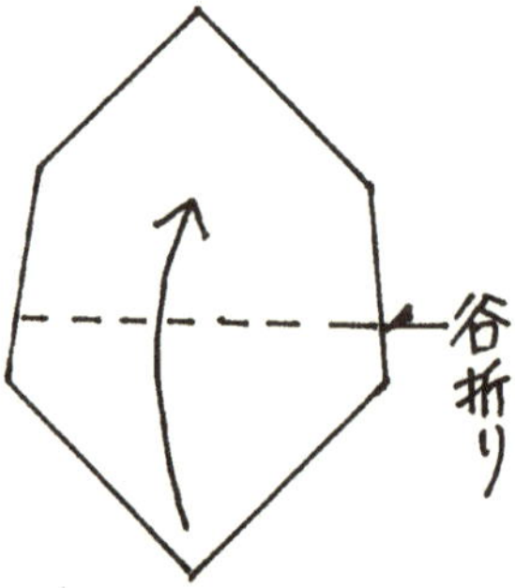

この図になる
次に下から上に折り上げる

㉓

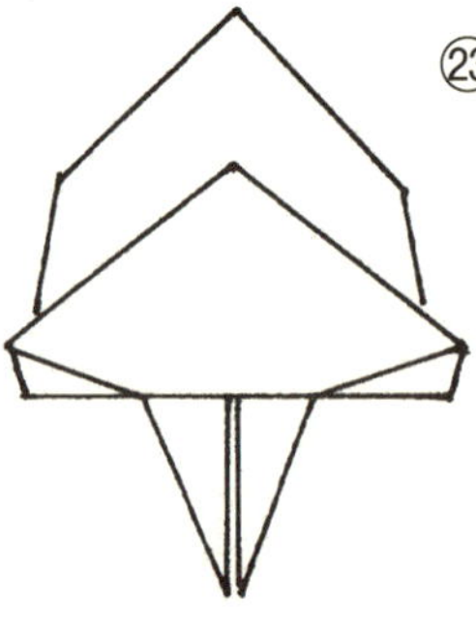

この図になる
次に全体を左から右に裏返す

㉔

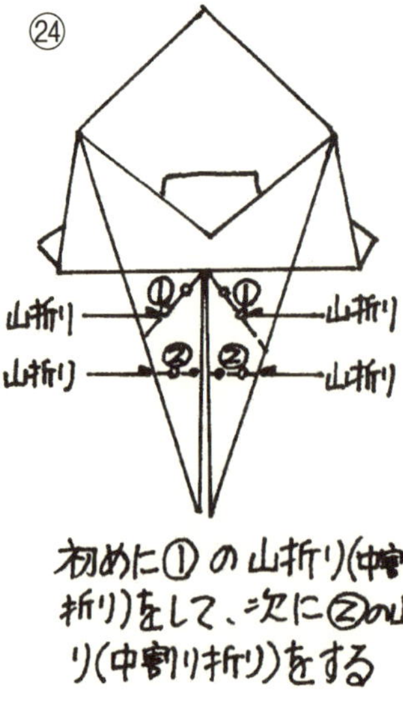

初めに① の 山折り(中割り折り)をして、次に②の山折り(中割り折り)をする

㉕

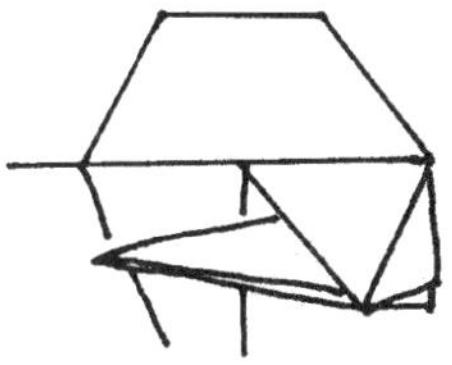

㉔の拡大図

㉖

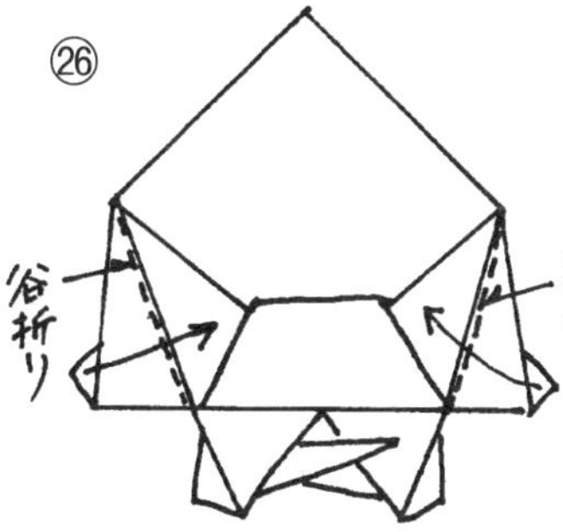

この図になる

左右の飛び出た部分を点線で内側に折り上げる

㉗

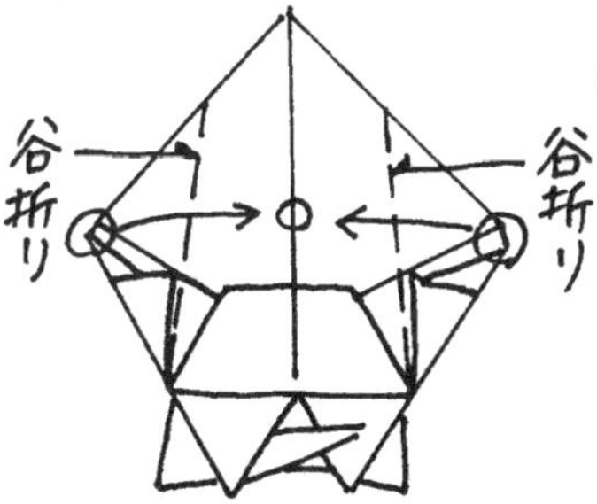

この図になる

次に左右の角を中心に合わせて谷折りする（○印を合わせる）

㉘

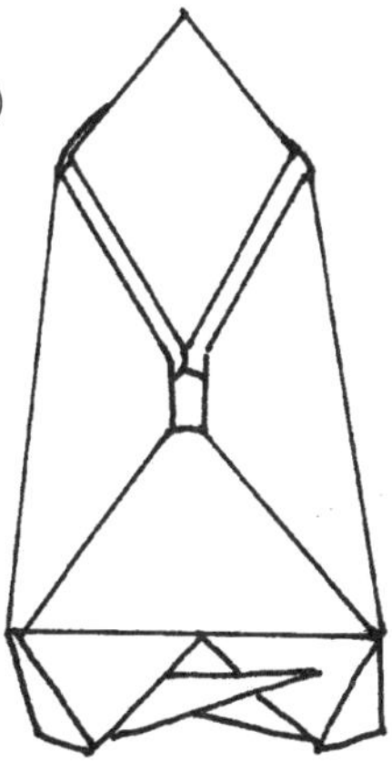

この図になる

㉙

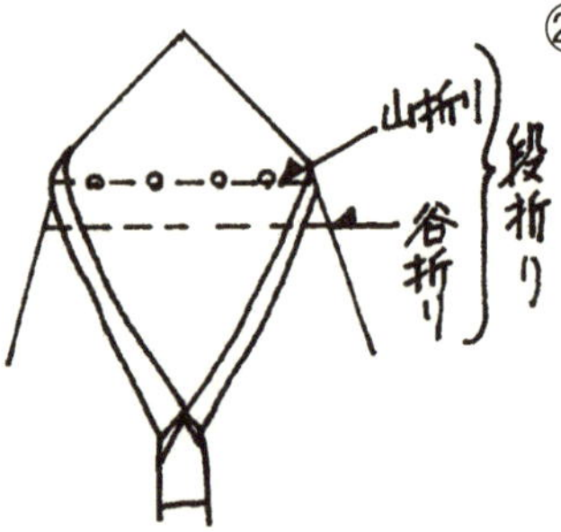

首になる部分を折る
(段折りをする)

㉚

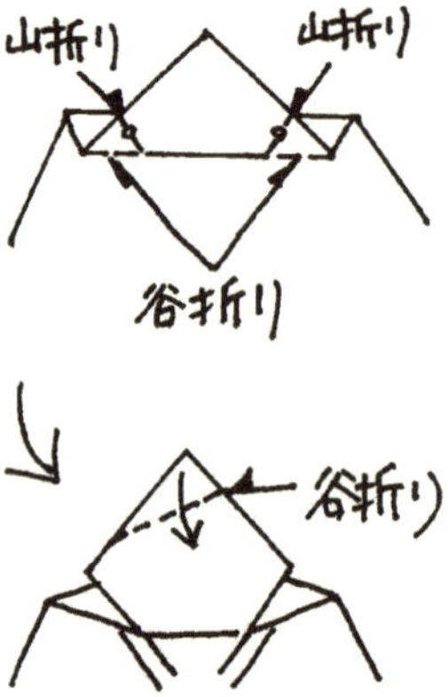

この図になったら
上部を三角に
折り下げる

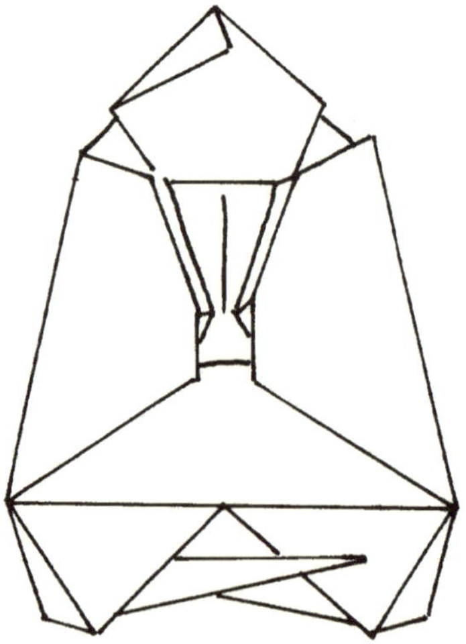

完成図

きつね(稲荷神)の折り方①

きつね(稲荷神)①の完成写真

基本形　ダイヤ折り①～⑰を折る（62頁参照）

⑱

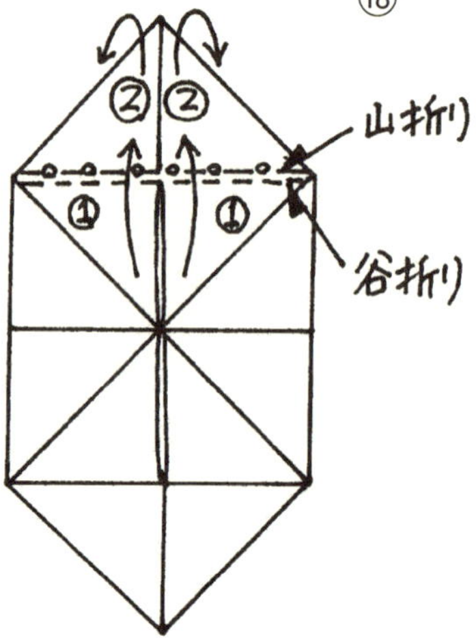

①の三角は上に折り上げる
②の三角は裏側に倒す

⑲

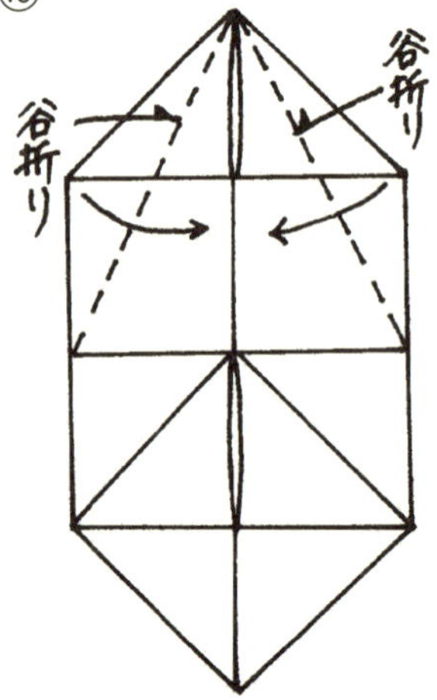

左・右の順に谷折りする

⑳

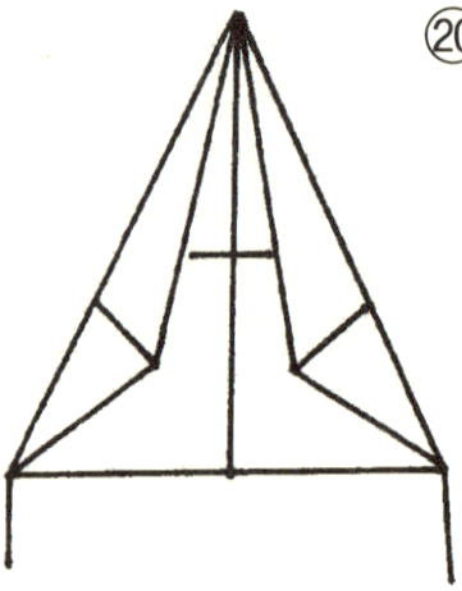

⑳を時計回りに180度回転する

㉑

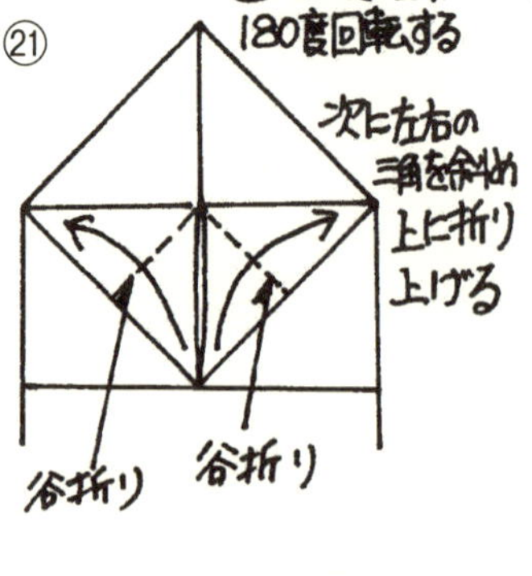

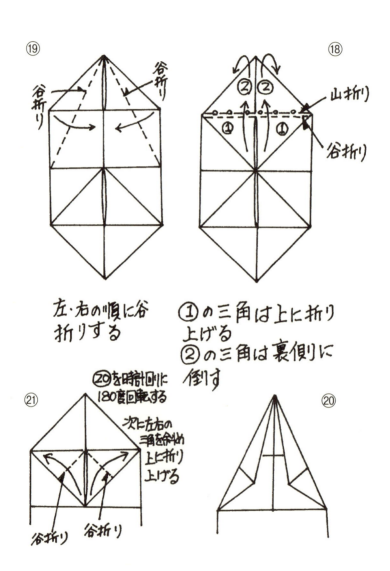

㉒

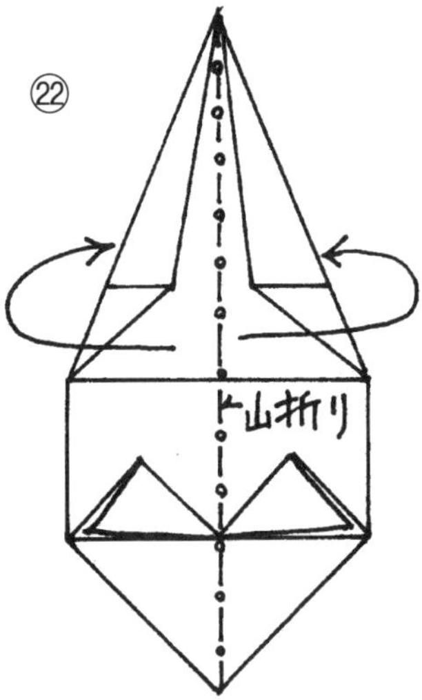

㉑を時計回りに180度
回転する

次に中心線で山折り
しながら全体を半分
に折る

㉓

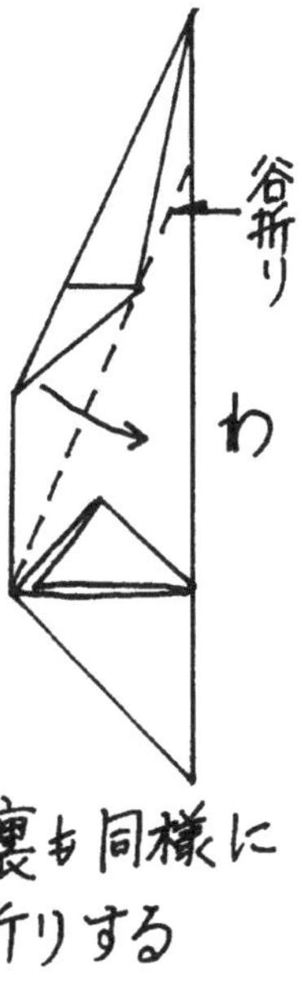

表も裏も同様に
谷折りする

㉔

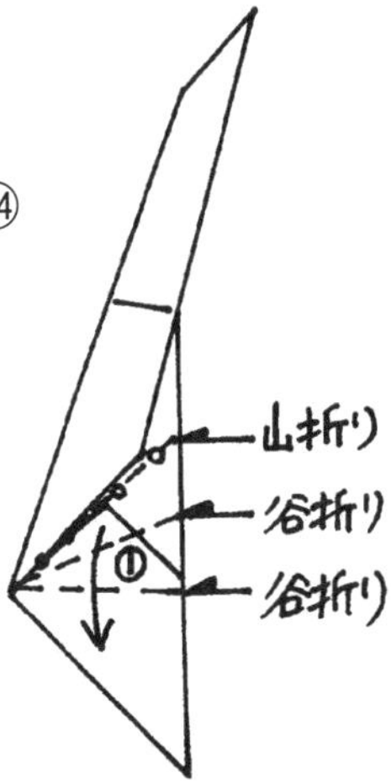

①の三角を下に倒す
次に谷折り、山折りをする
裏面も同様に折る

㉔を一度中心から開き
谷折り・山折りの
折り線で折りながら
②の顔を手前に引き
出し半分に折る

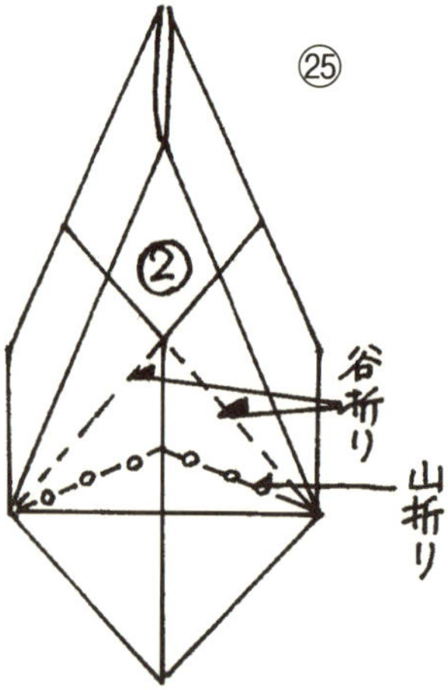

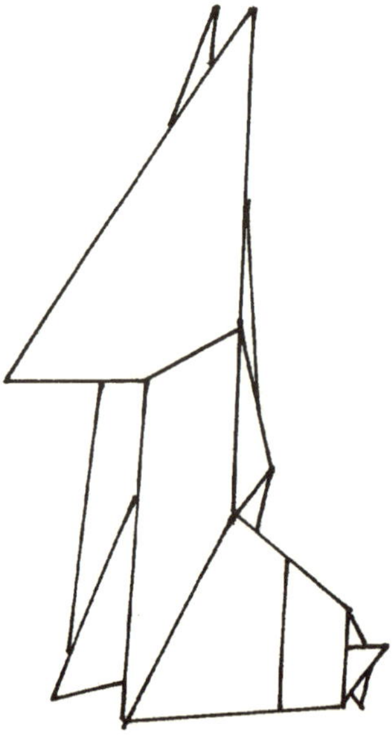

完成図

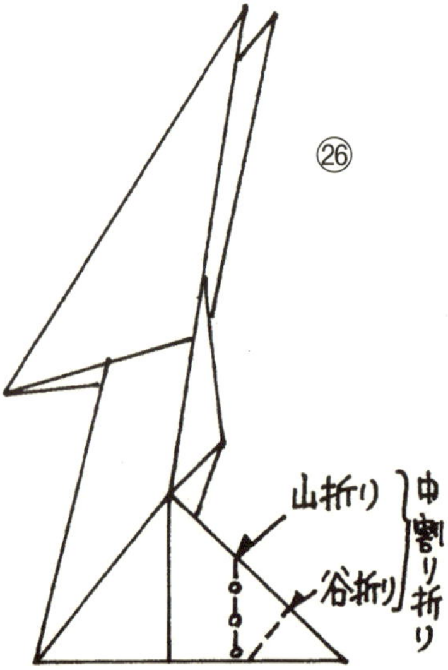

㉕を折るとこの図になる
次にしっぽは中割り折りをする

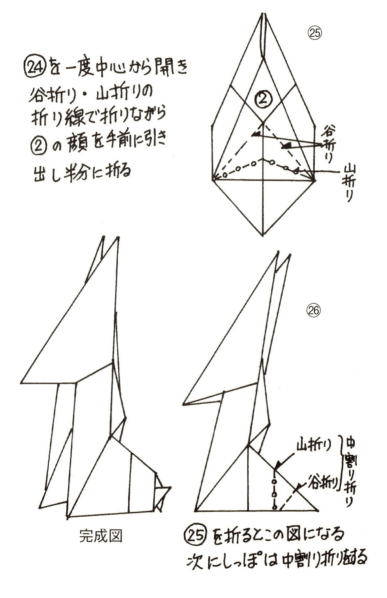

きつね（稲荷神）の折り方②

きつね（稲荷神）②の完成写真

①

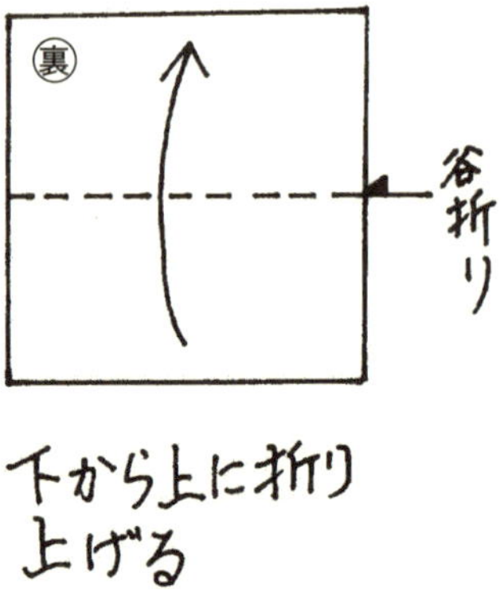

②

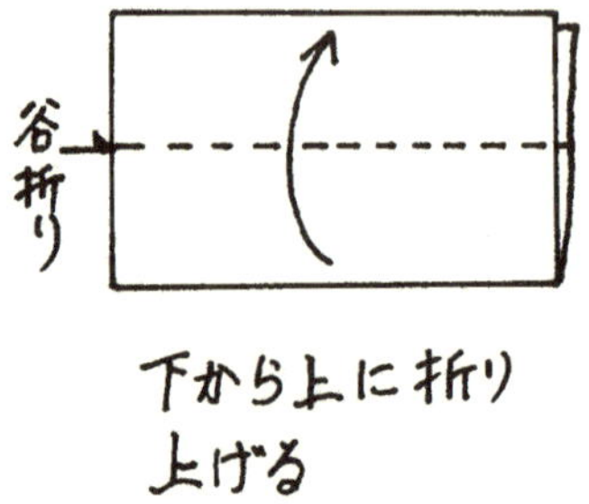

③

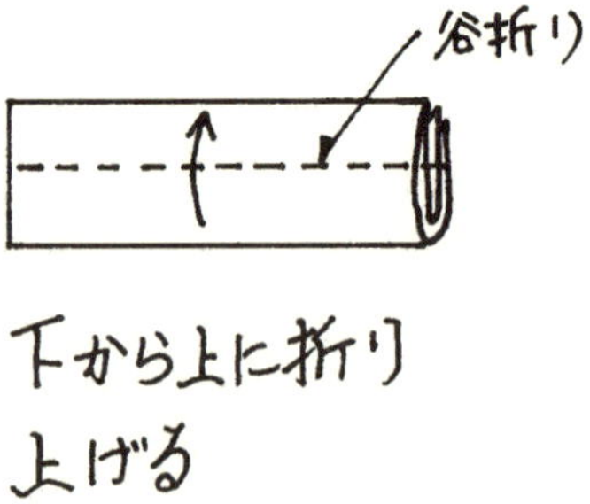

④

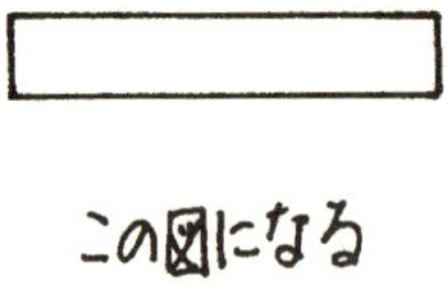

⑤

④まで折れたら、一度全部
開らくと、この図になる

⑥

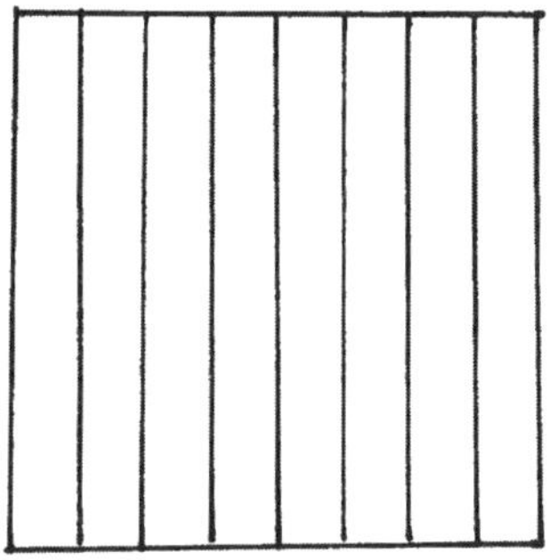

⑤を時計回りに
90度回転する
次に①〜⑤の作業
をくり返す

⑦

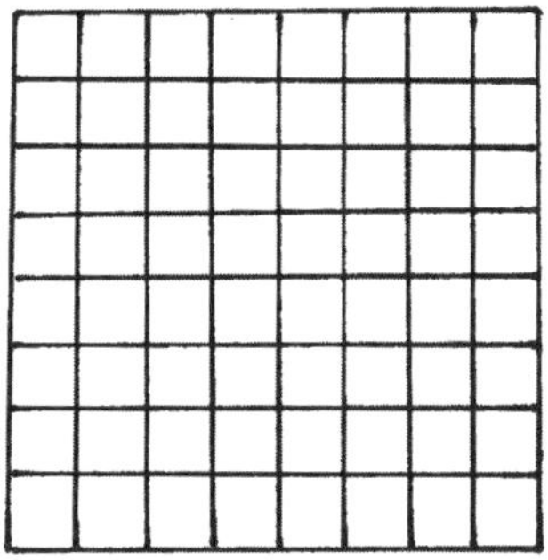

全部折り終えて開くと
この状態になる

⑧

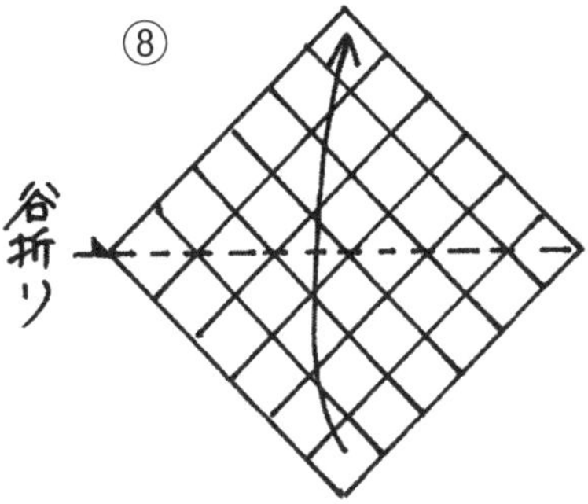

⑦を時計回りに45度
回転する
次に下から上に折り
上げる

⑨

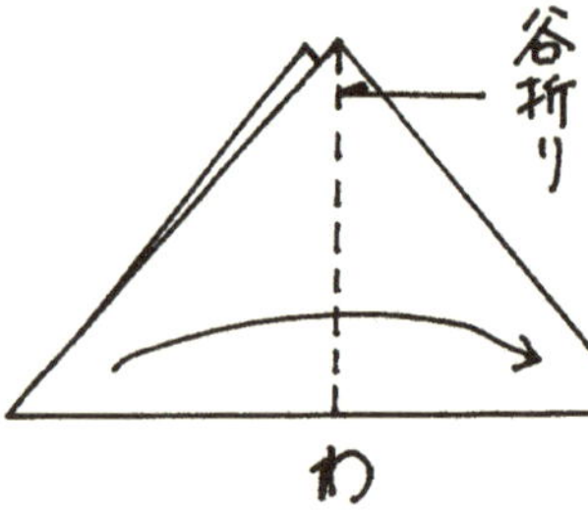

左から右へ折る

⑩

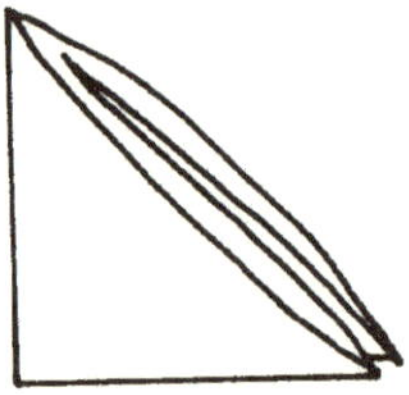

この図になる
折り目をつけて
全部開く

⑪

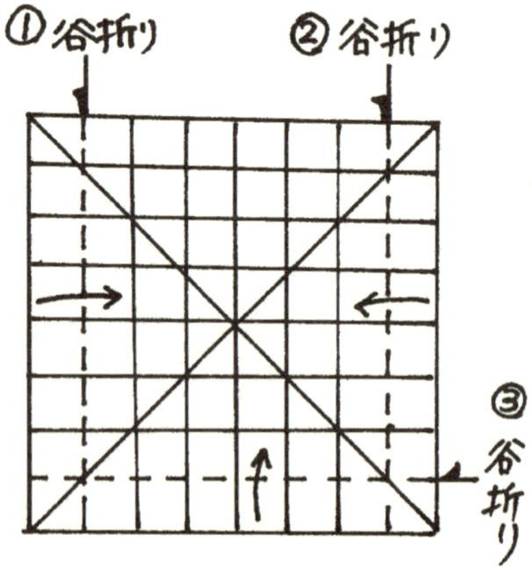

この図になる
次に①②③の順で
谷折りをする

⑫

四角に折った
内側の角を
手前に引き出
して三角にする

拡大図

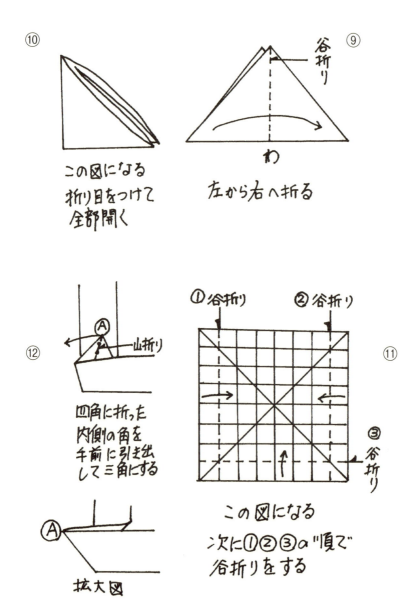

⑬

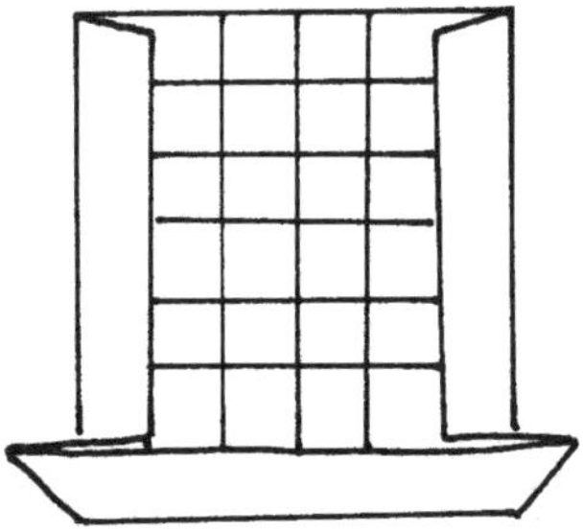

⑫の角の折り方で
右側も折る
この図になる

⑭

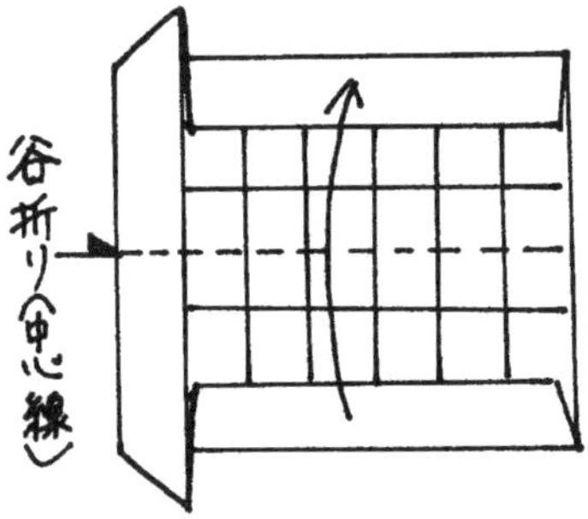

⑬図を時計回りに90度
回転させる
次に中心線で下から
上に折り上げる

⑮

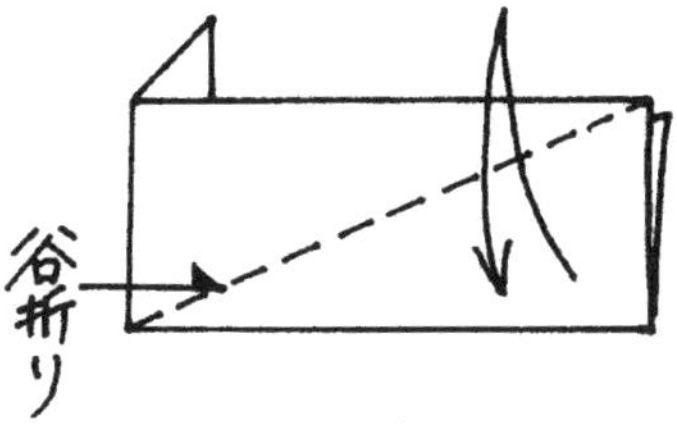

下から上へ折り上げて
折り目を付けたらもどす

⑯

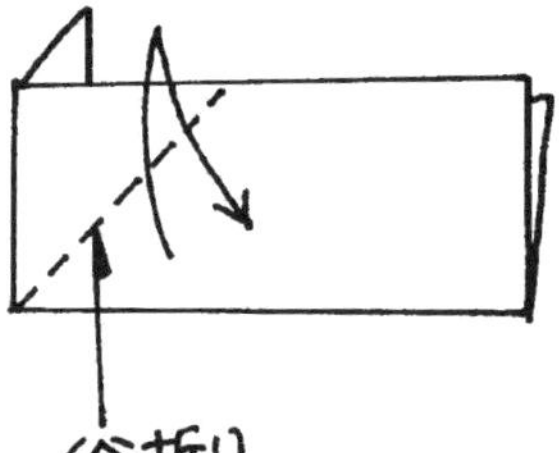

下から上へ折り上げ
折り目を付けたらもどす

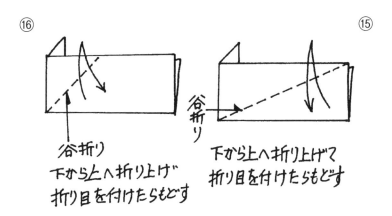

⑰

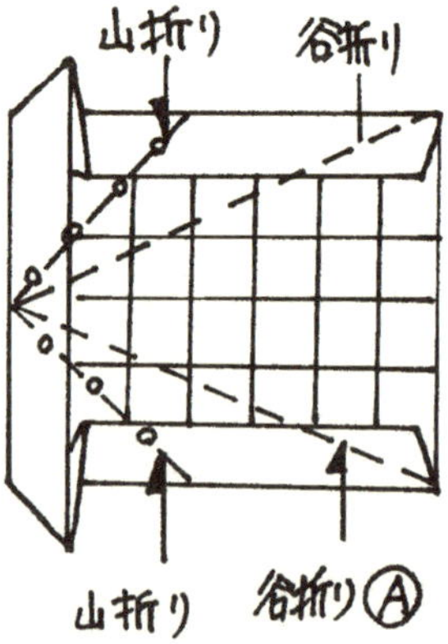

⑮⑯で折り目をつけたら
一度全部開いて折り目を
確認する

⑱

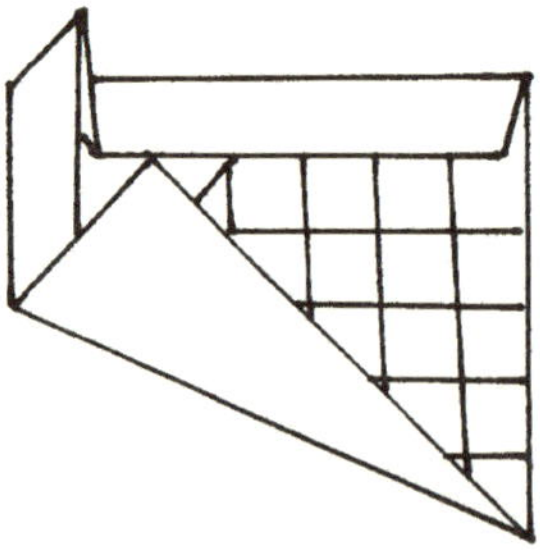

谷折りⒶをする

⑲

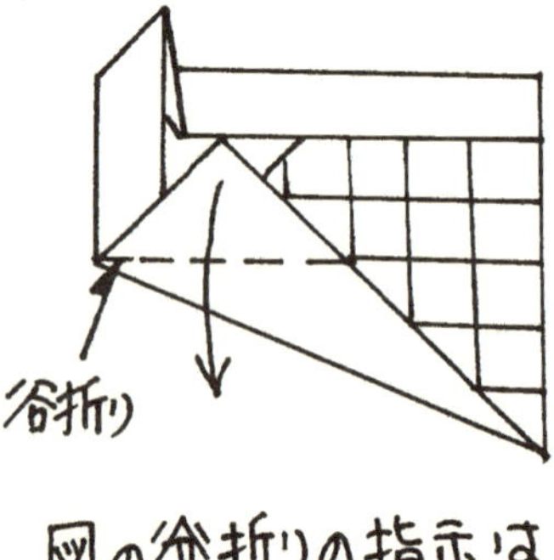

図の谷折りの指示は
⑰図の山折りの部分です
⑲図は⑰図の裏側に
なるので折り方が逆に
なっています

⑳

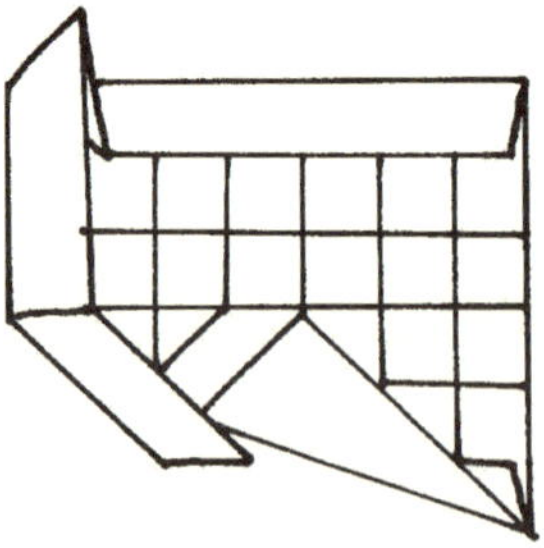

この図になる

㉑

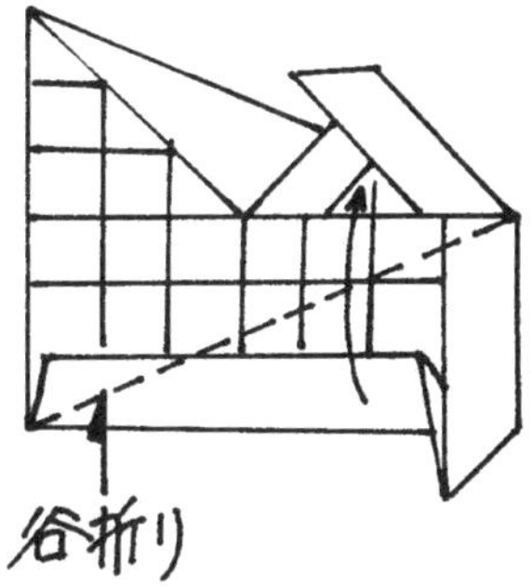

⑳を時計回りで180度回転する
次に下から上に谷折りする

㉒

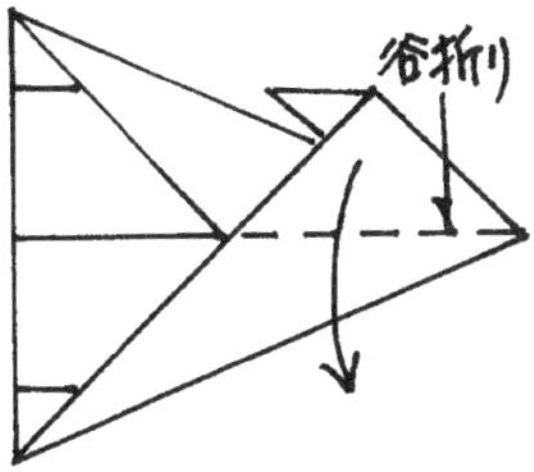

この図になる

この図の谷折りも⑰図の山折りの部分です

㉓

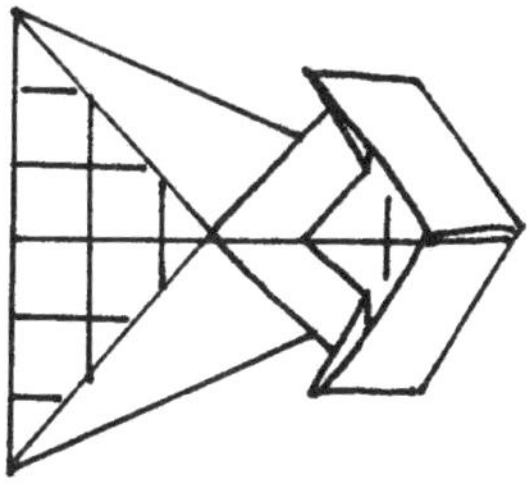

この図になる

㉔

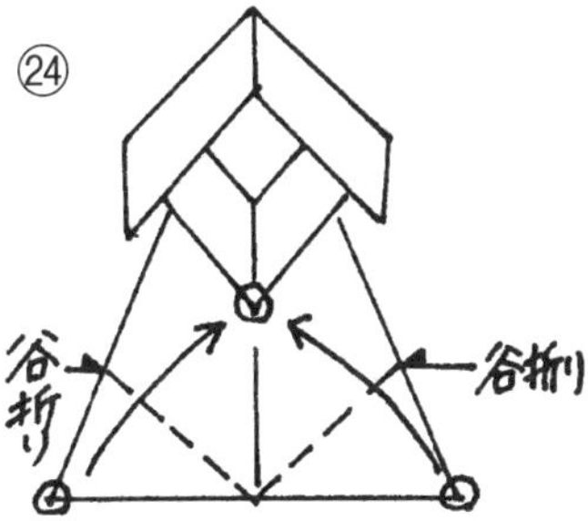

㉓を時計回りに270度回転させる
次に○印と○印を合わせる様に下から上に折り上げる

㉕

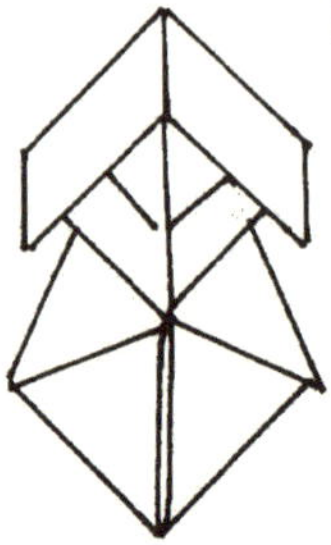

この図になる

次にこれを左から右へ裏返す

㉖

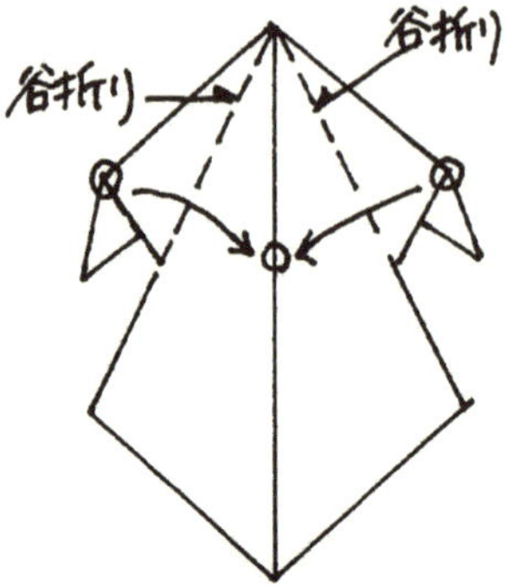

左・右の順で○印と○印が合うように谷折りする

㉗

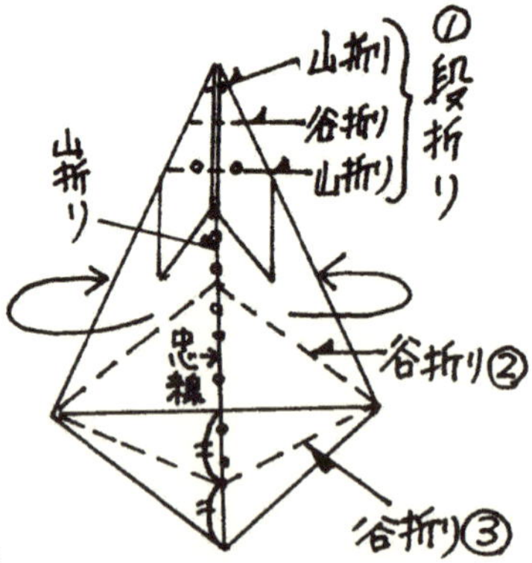

初めに①で顔を折る

次に②③を折りながら中心線で半分に折る

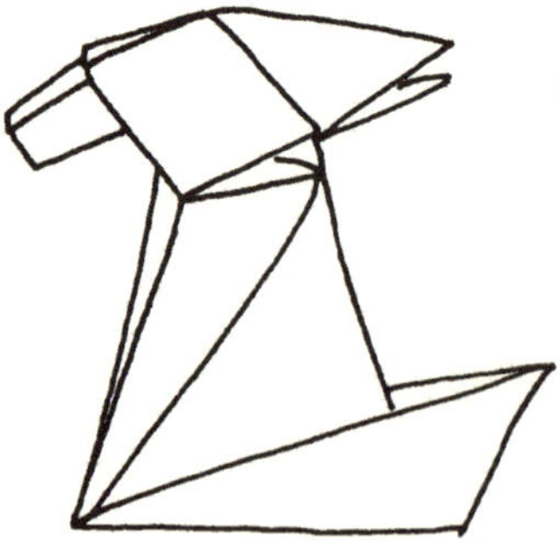

完成図

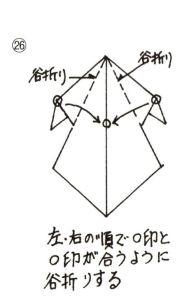

子の折り方

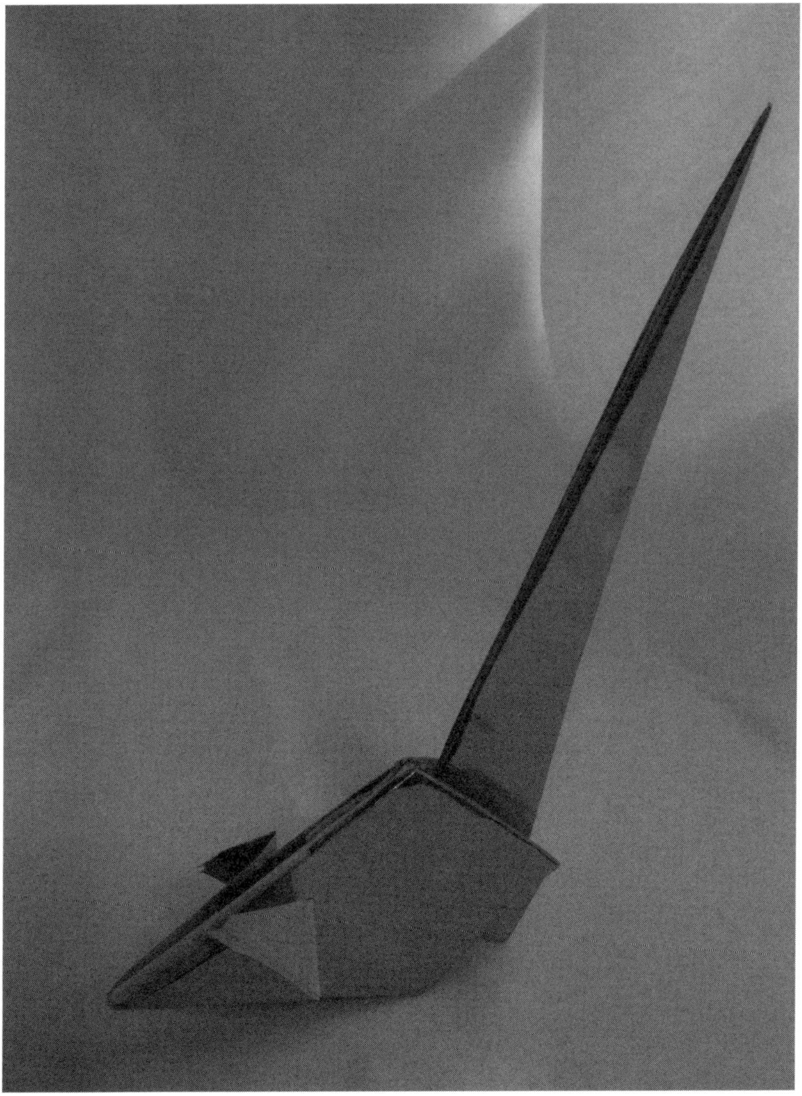

子の完成写真

①

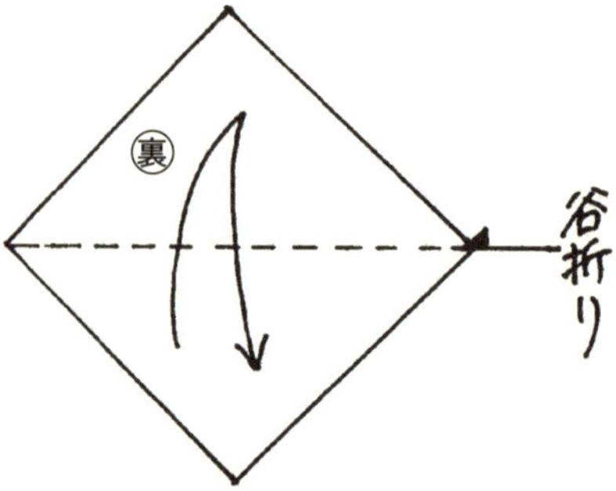

下から上に折り上げて
折り目をつけてもどす

②

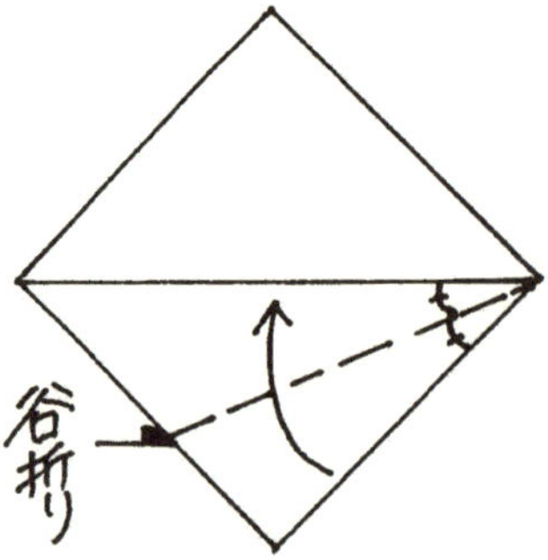

下から上に折り上げる
次に時計回りに180度
回転する

③

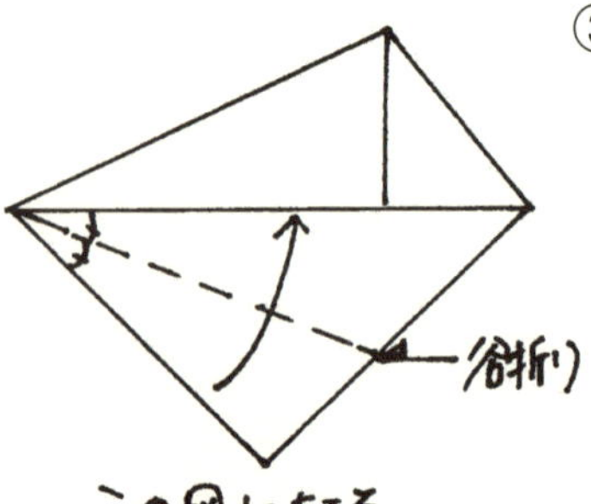

この図になる
次に下から上に折り上
げる

④

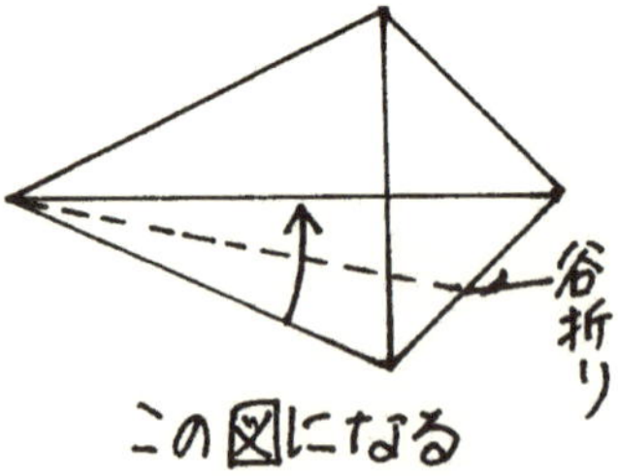

この図になる
下から上に折り上げる
次に時計回りに180度
回転する

⑤

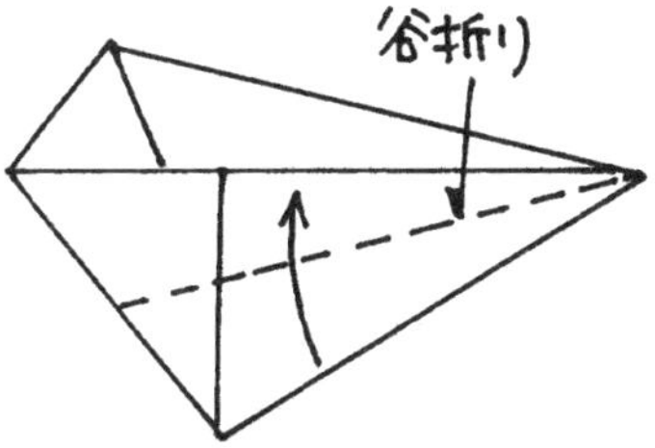

この図になる
下から上に折り上げる

⑥

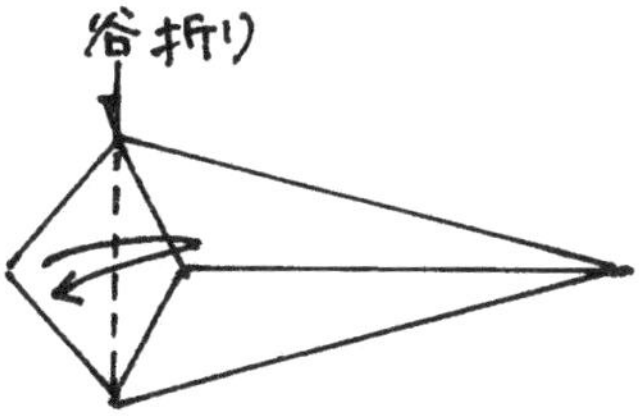

左から右へ折り、折り目を
つけたらもどす.
次に時計回りに270度
回転する

⑦

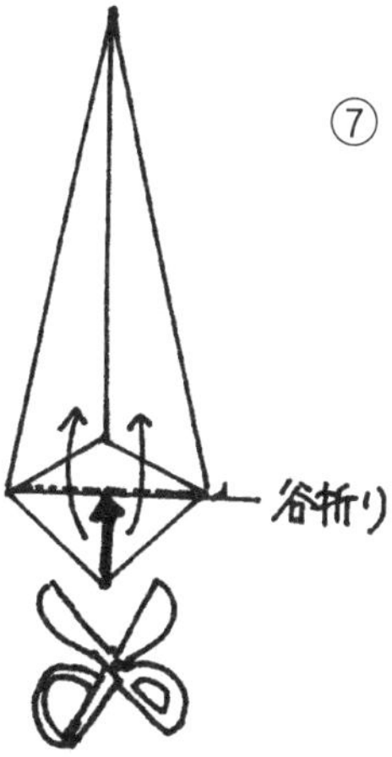

↑の所まで切り込みを
入れて、下から上に折り
上げる

⑧

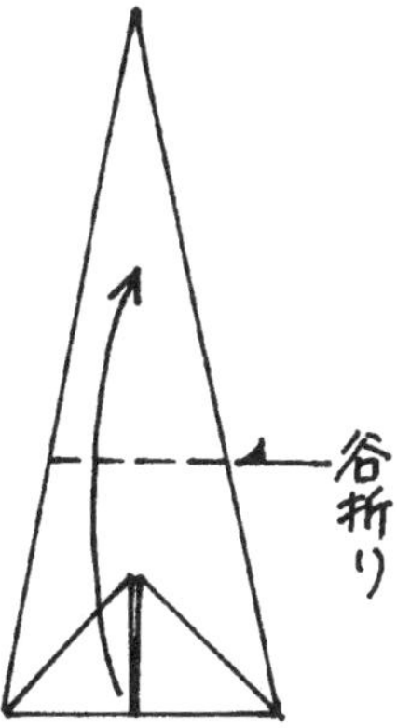

下から上に折り上げる
次に時計回りに180度
回転する

⑨

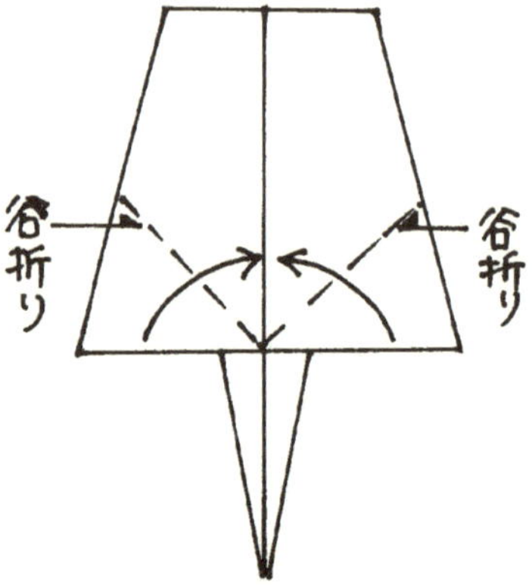

この図になる

左右の角を斜め上に
折り上げる
次に時計回りに180度
回転する

⑩

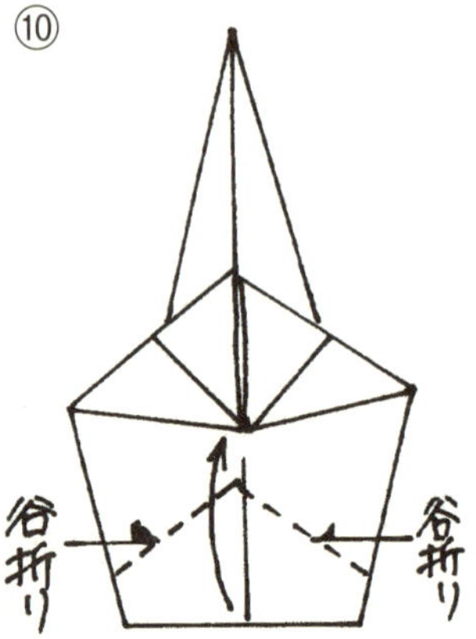

この図になる

中心部分を上に折り上げる
様に左右を谷折りする
同時に全体を半分に折る

⑪

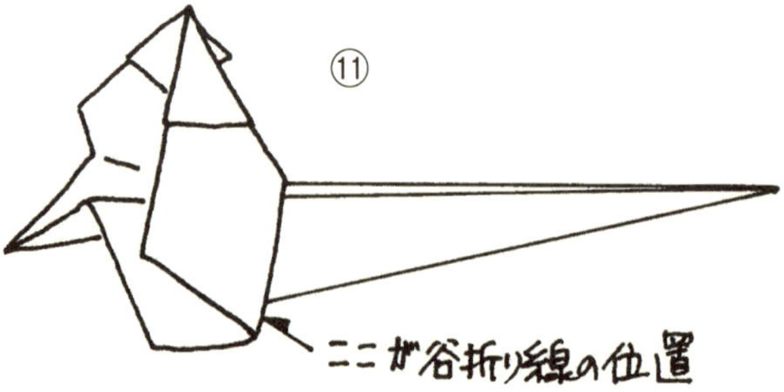

折り方立体図

⑫

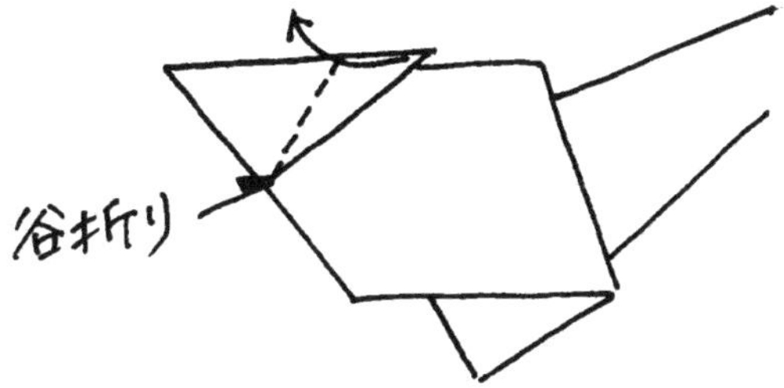

この図になる
次に耳になる部分の三角を
谷折りで斜め上に折り上げる
（反対側も同様に折り上げる）

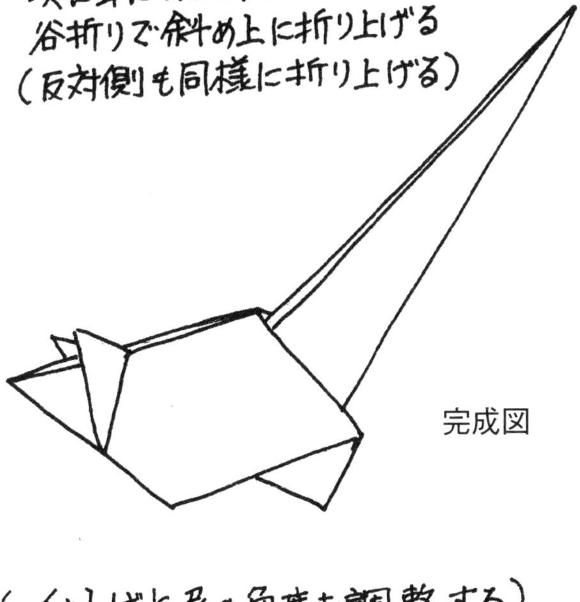

完成図

（仕上げに尾の角度を調整する）

丑の折り方

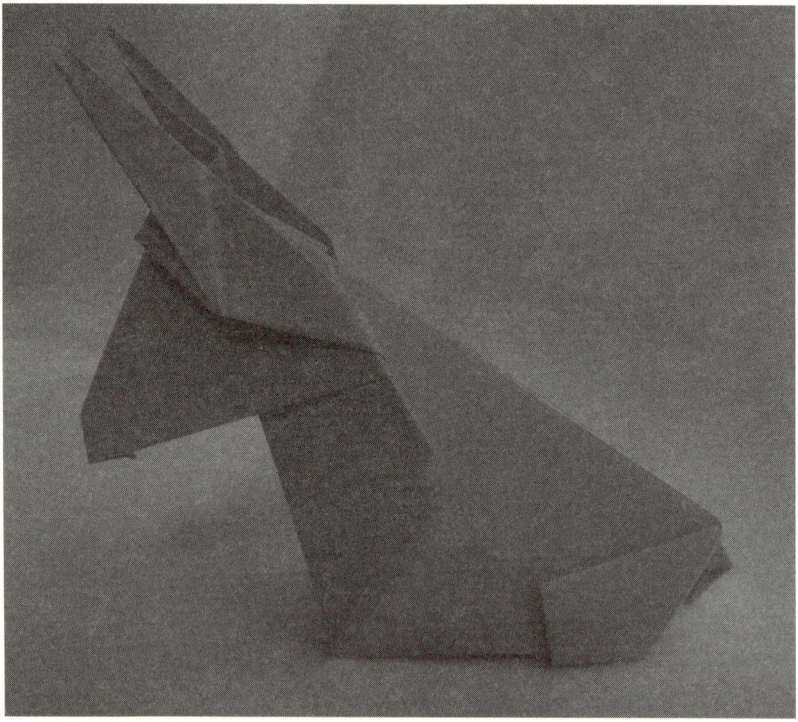

丑の完成写真

基本形　ダイヤ折り①～⑰を折る（62頁参照）

⑱

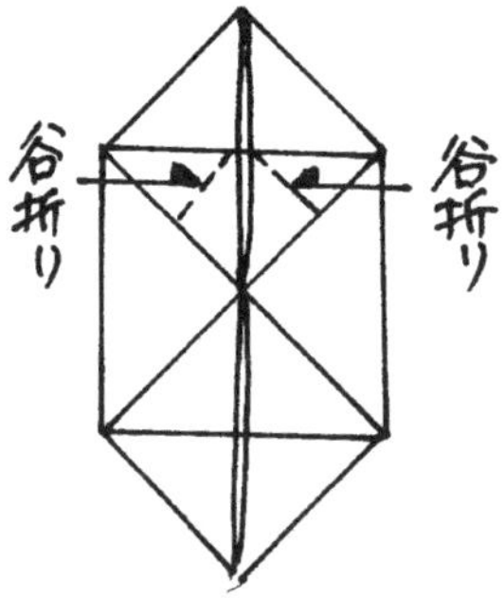

左右の順で折り上げる

⑲

この図になる
次に左から右に裏返す

⑳

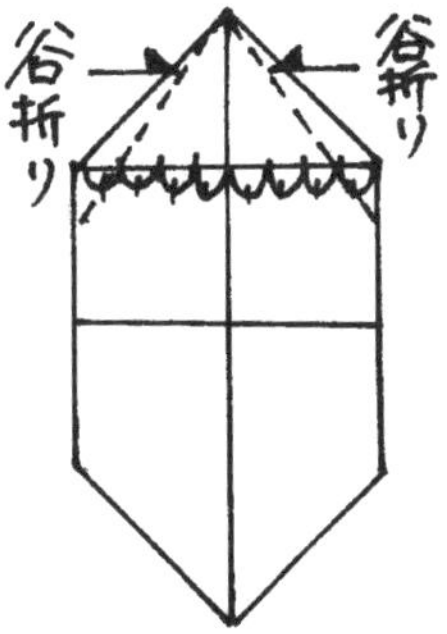

左右とも1/4の所を谷折りする

㉑

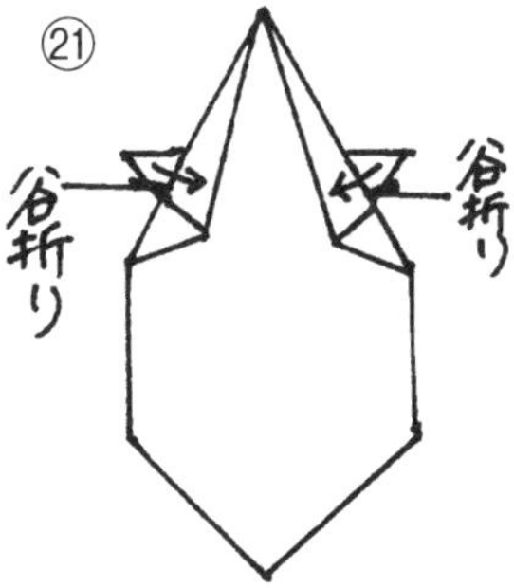

この図になる
次に左右に出ている角を内側に倒す

㉒

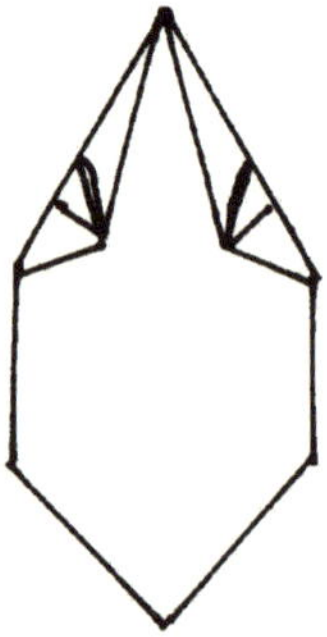

この図になる
次に全体を左から右へ
裏返し、時計回りに
180度回転する

㉓

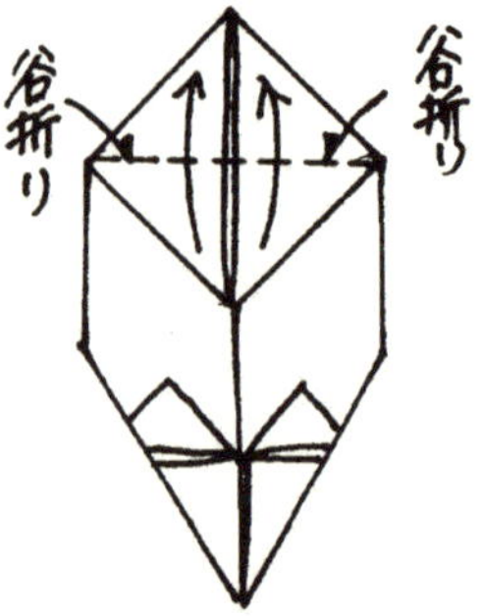

この図になる
三角の部分を下から上に
折り上げる

㉔

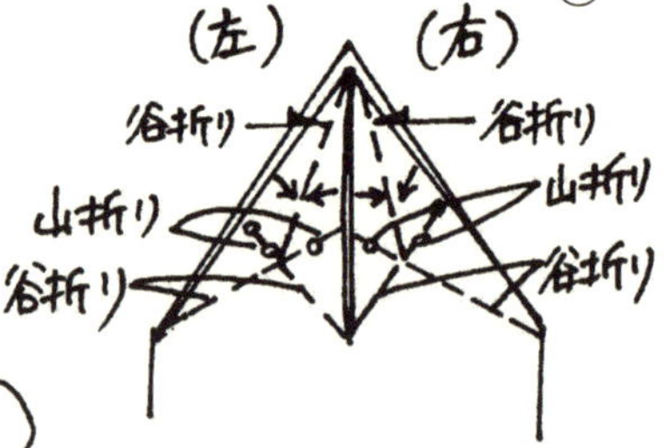

㉓で折り上げた三角部分の
拡大図

(左)(右)の三角部分で角を作る
谷折り、山折りで中心に
折り合わせる
折った角はそれぞれ左右に倒す

初めに①の谷折り
をする
両サイドを指で
つまむと折りや
すい

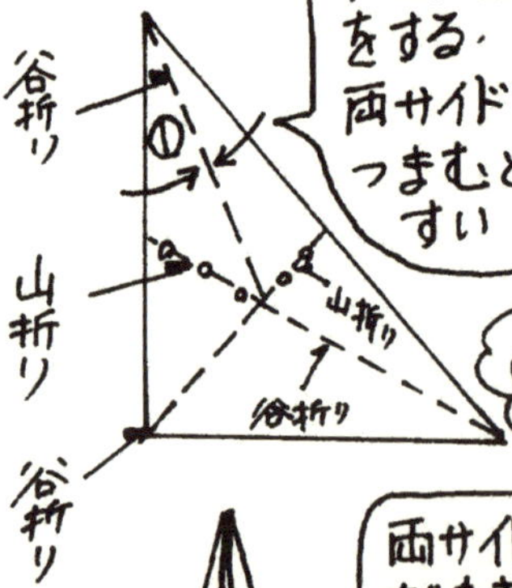

㉔(右)の図解

両サイドをつまん
だまま、その指を
下にずらしてその
まま角を下へ押え
込む

折り方図

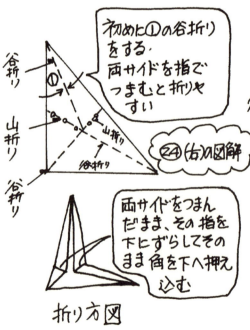

㉕

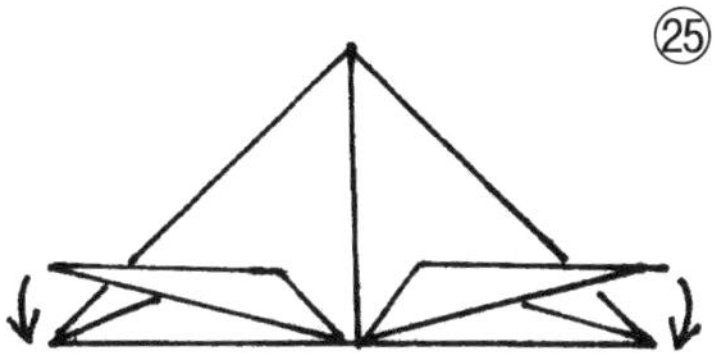

(↓) 角を重ねる

㉖

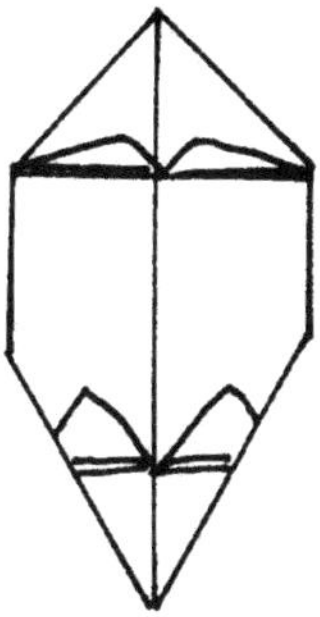

全体はこの図になる

㉗

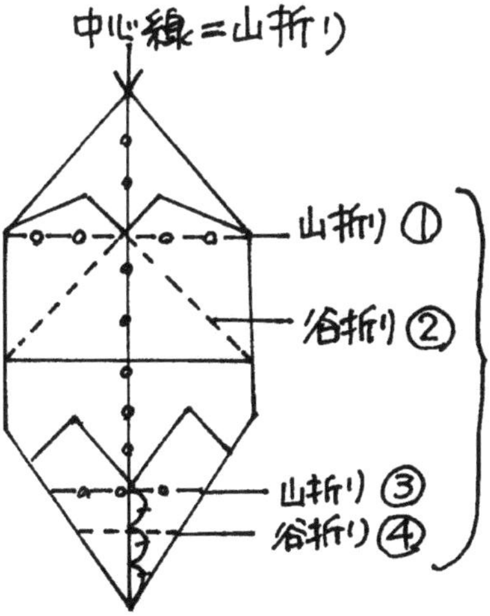

先に①②③④の折り目をしっかりつけておくと、折りやすい.

中心線で半分に山折りをしながら、同時に①②③④を折る

㉘

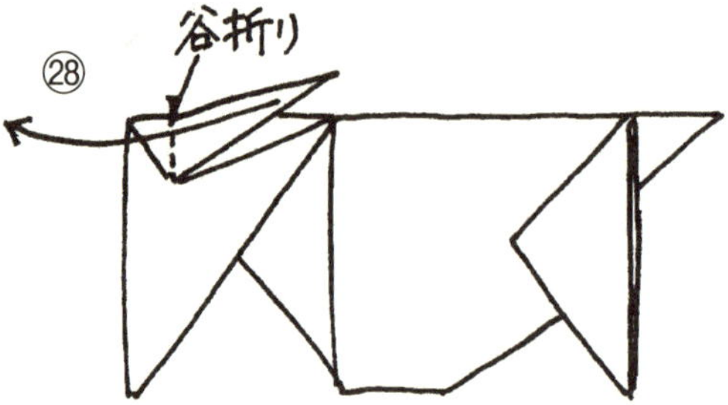

この図になる
次に角の部分を前に倒す

㉙

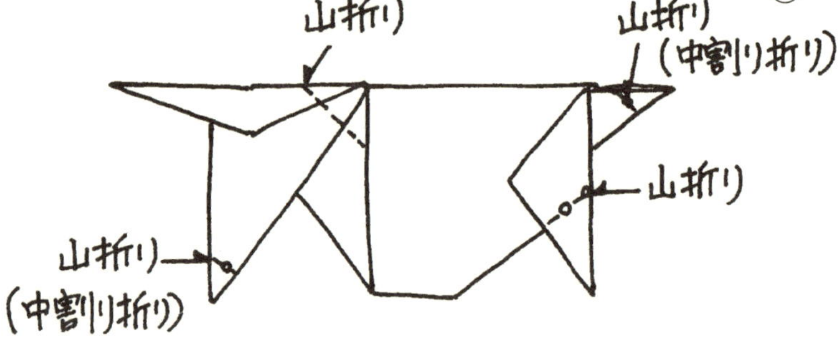

最後に各パーツを完成させる

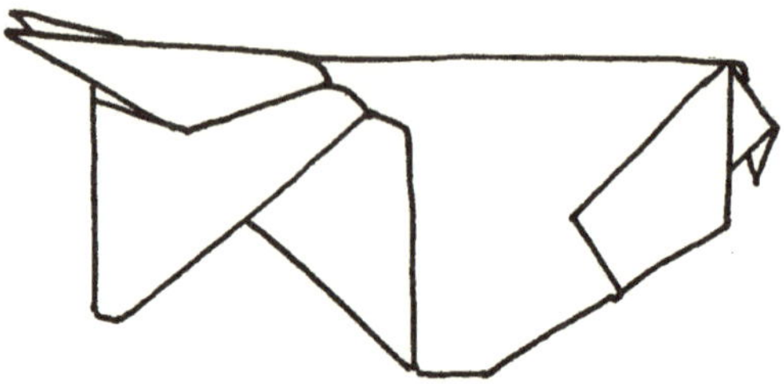

完成図

寅の折り方

寅の完成写真

―頭部を作る―

はじめに縦10cm×横10cmの折り紙を用意します

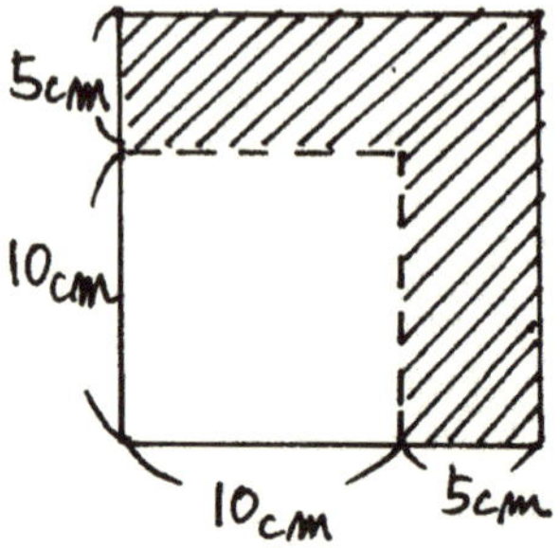

------で切り取る

基本形　四角折り①～⑤を折る（61頁参照）

⑥

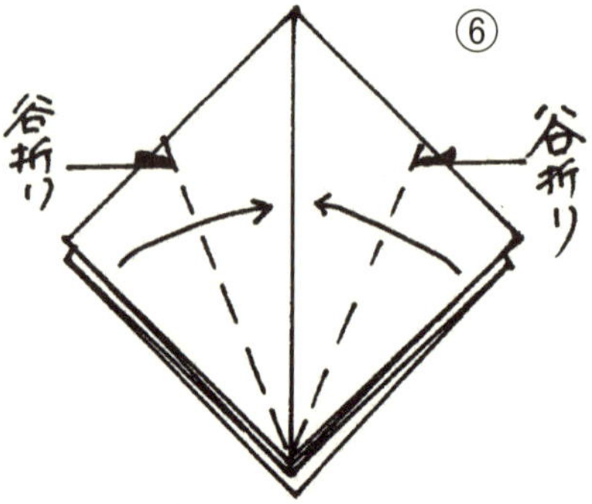

左右の上1枚を中心に合わせ折る

⑦

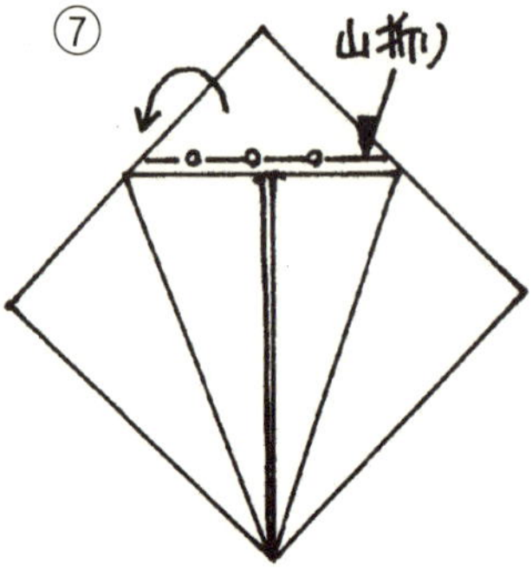

上の三角を山折りする

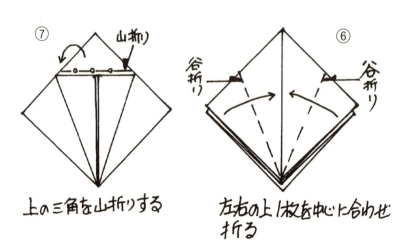

⑧

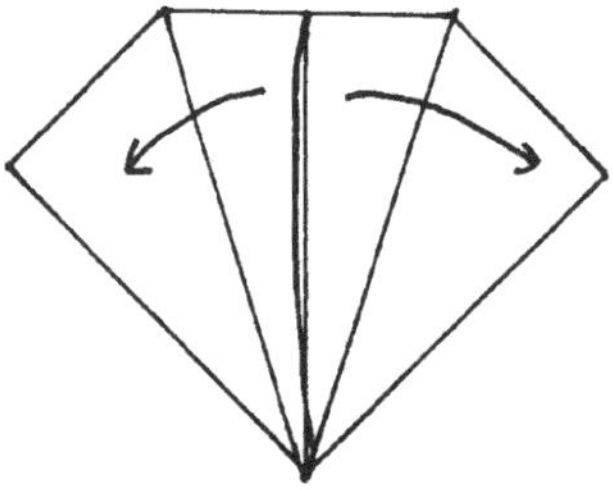

⑥で折った三角の部分を一度左右にもどす

⑨

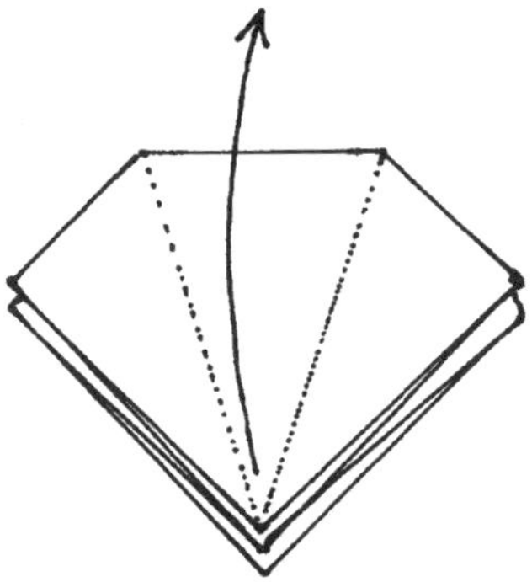

この図になる
次に一番上の1枚を
上に引き上げる

⑩

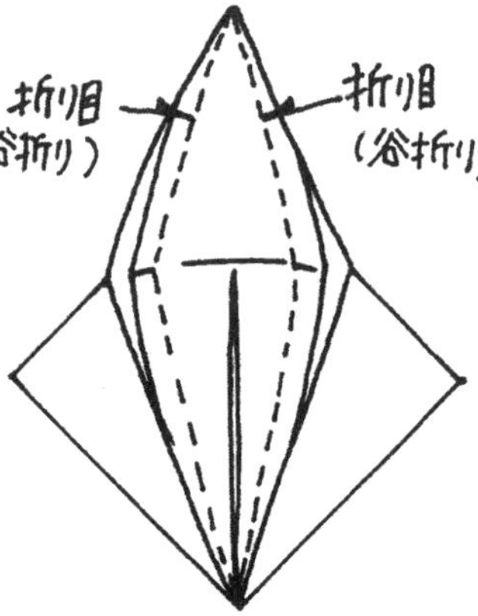

上に引き上げた状態
次に折り目に合わせて
折る

⑪

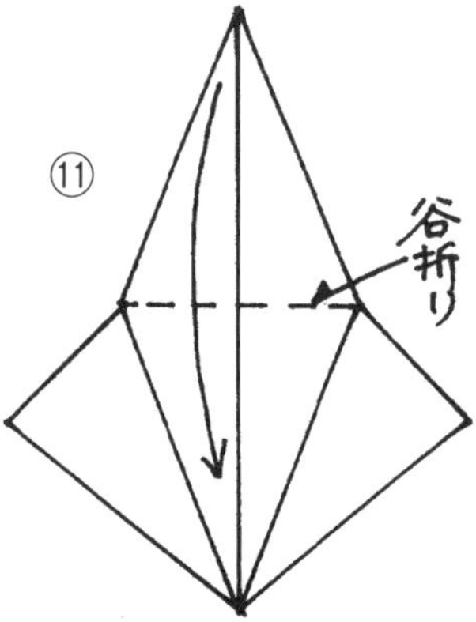

折り上げた三角を
谷折りで重ねる
次に左から右に
裏返す

⑫

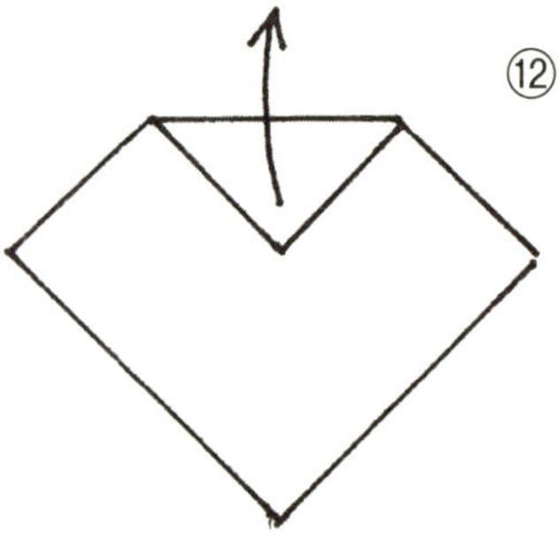

上の三角を下から上に
折り上げる

⑬

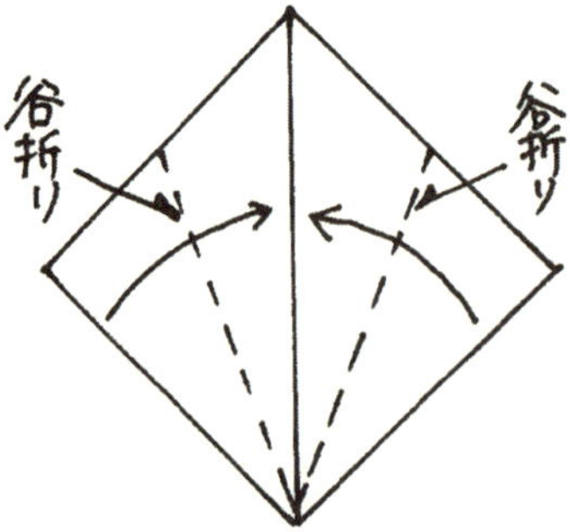

左右の三角を中心に
折り合わせる
⑥～⑫の折りをくり返す

⑭

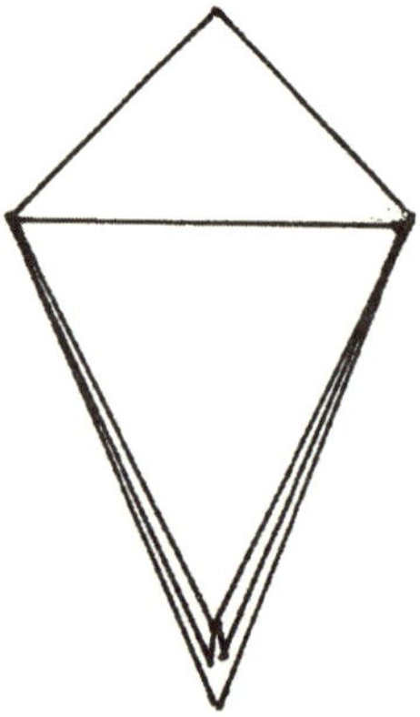

この図になる
次に時計回りで180度回転する

⑮

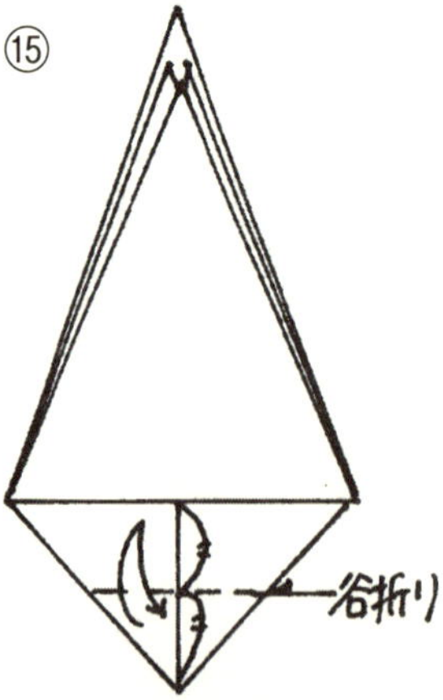

三角を下から上に折り上げ
もどす、次に時計回りに
180度回転する

⑯

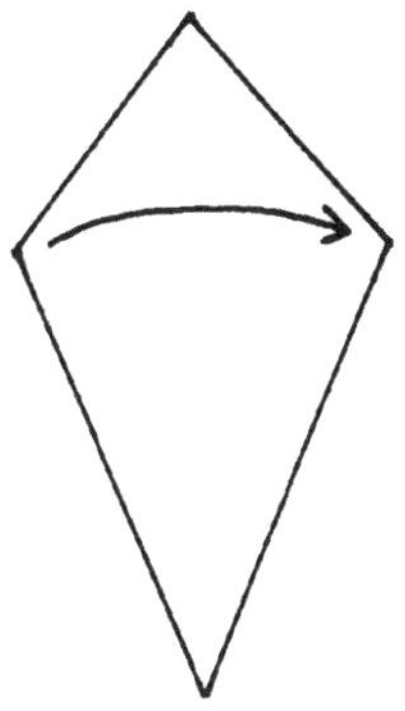

上1枚を左から右に返す

⑰

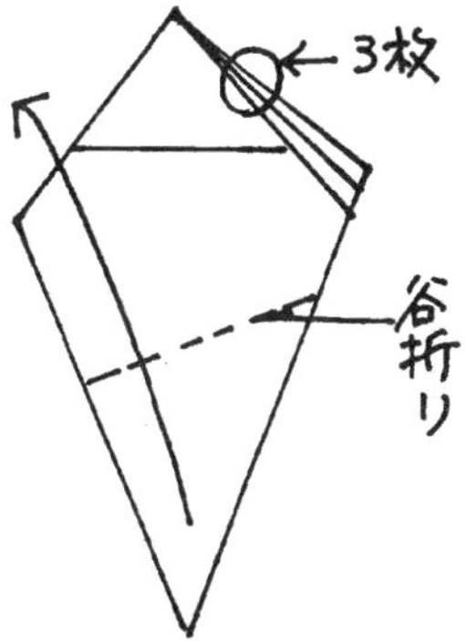

下から斜め左上に上1枚を折り上げる

⑱

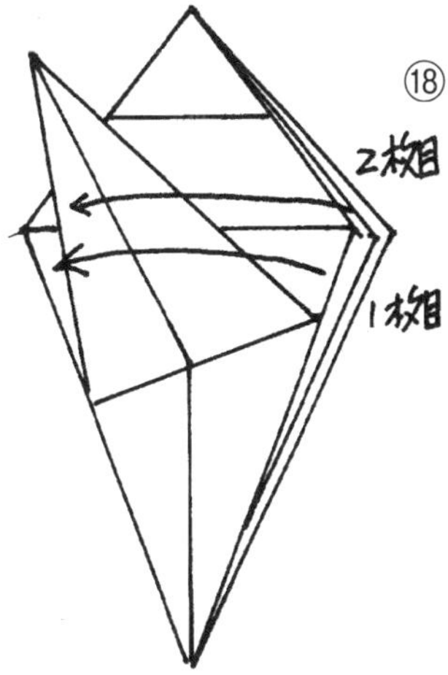

この図になる
右から左に上2枚を返す

⑲

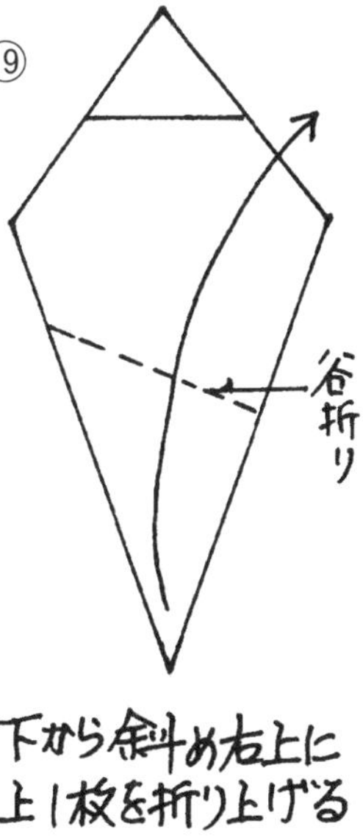

下から斜め右上に上1枚を折り上げる

⑳

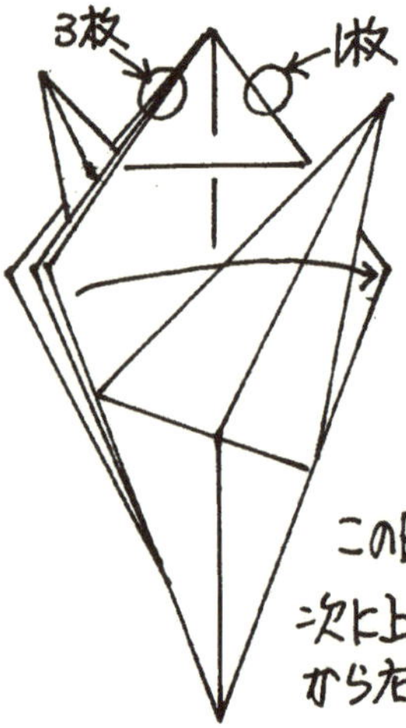

この図になる
次に上1枚を左から右へ返す

㉑

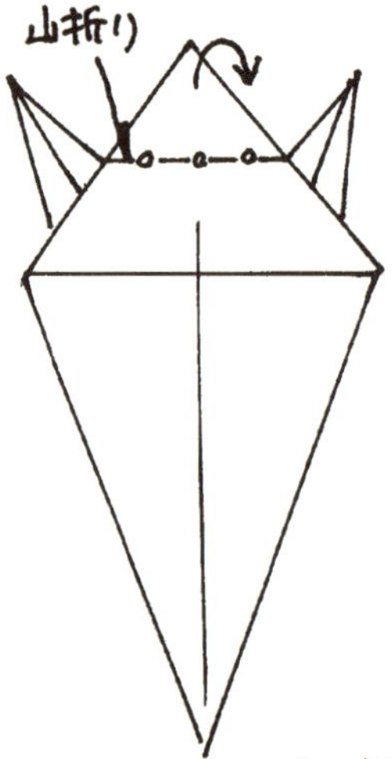

上の三角を山折りする

㉒

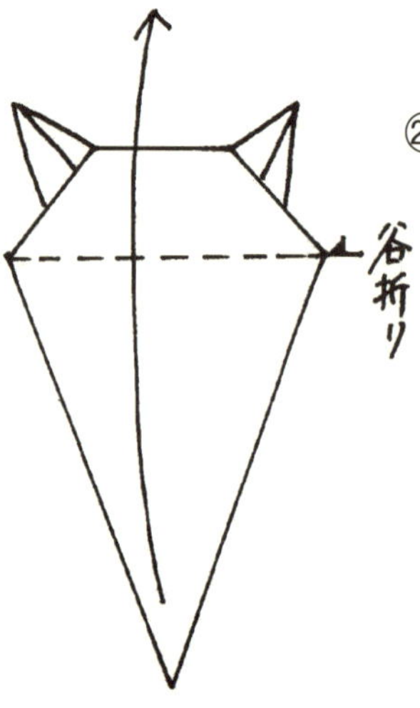

上1枚を下から上に折り上げる

㉓

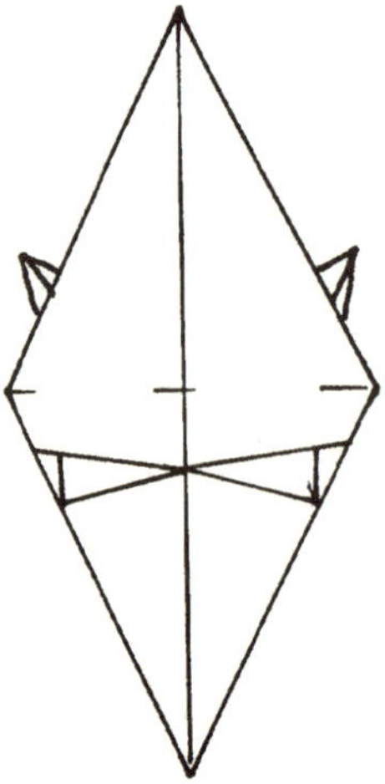

この図になる
次に時計回りに180度回転する

㉔

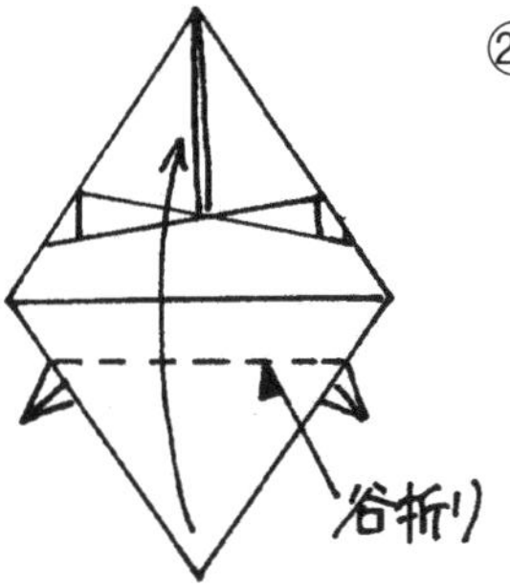

下から上に折り上げる

㉕

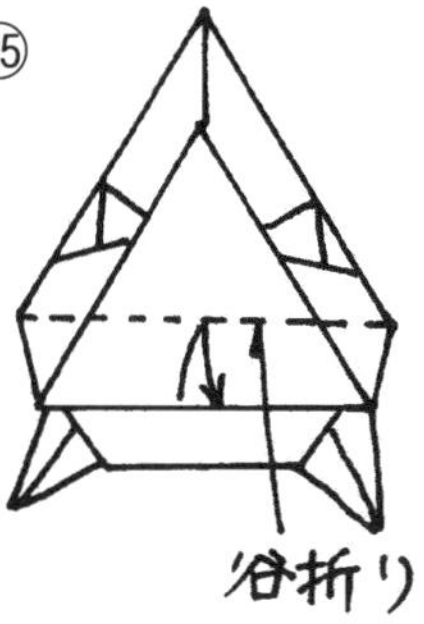

下から上に折り上げて
もどす
次に時計回りに180度
回転する

㉖

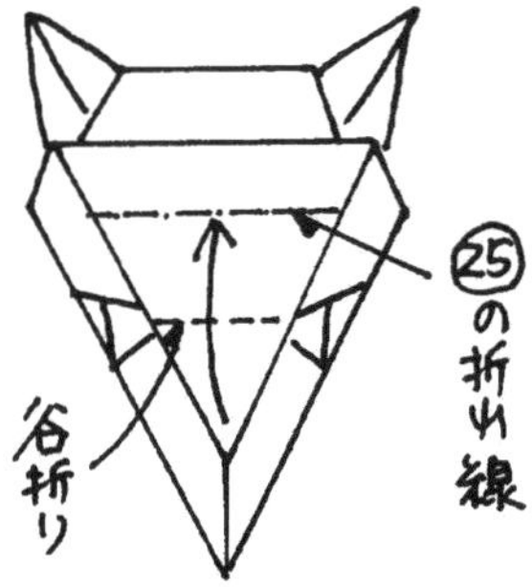

㉕でつけた折れ線まで
下から上に折り上げる
次に時計回りに180度
回転する

㉗

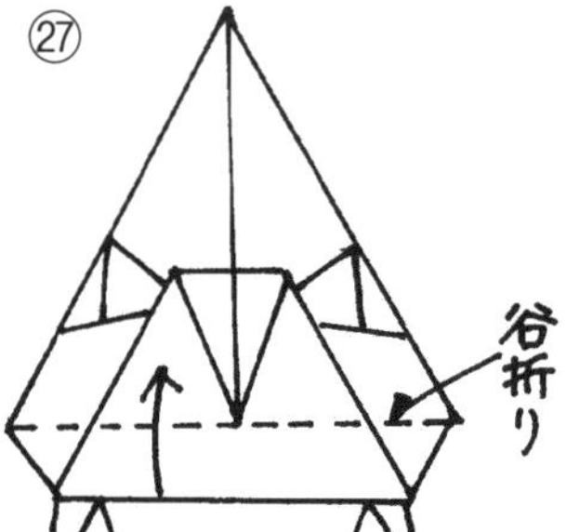

下から上に折り上げて
三角の先端にかぶせる
次に時計回りに180度
回転する

㉘

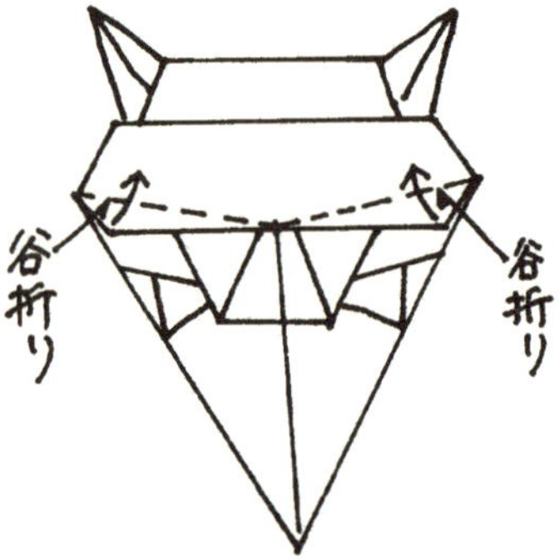

この図になる
次に左右の三角を折り上げる

㉙

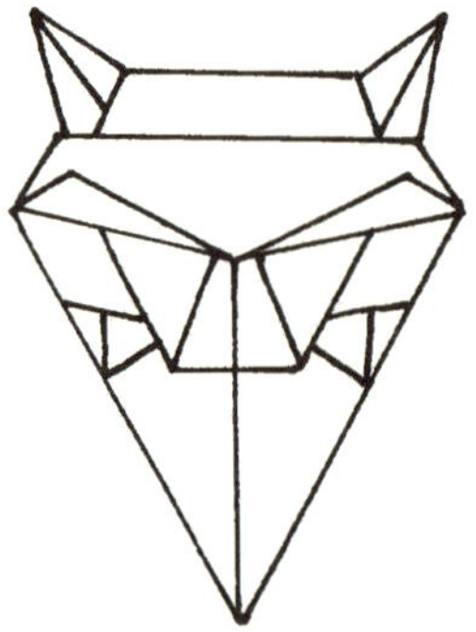

この図になる
次に左から右に裏返す

㉚

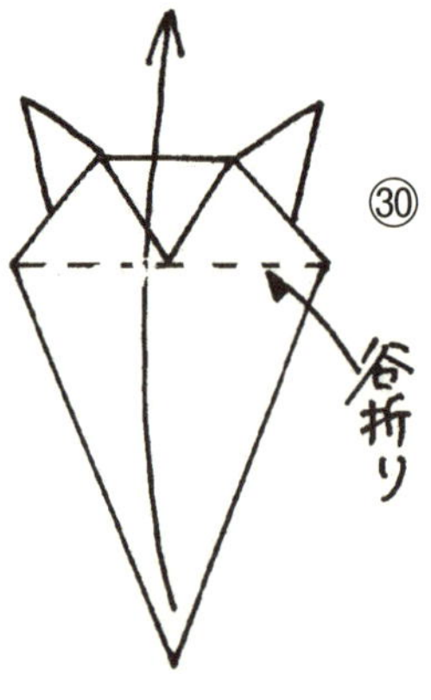

この図になる
下から上に折り上げる
次に時計回りに180度
回転する

㉛

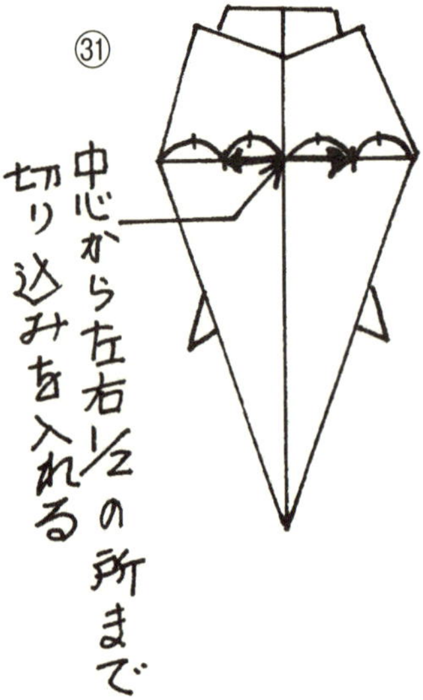

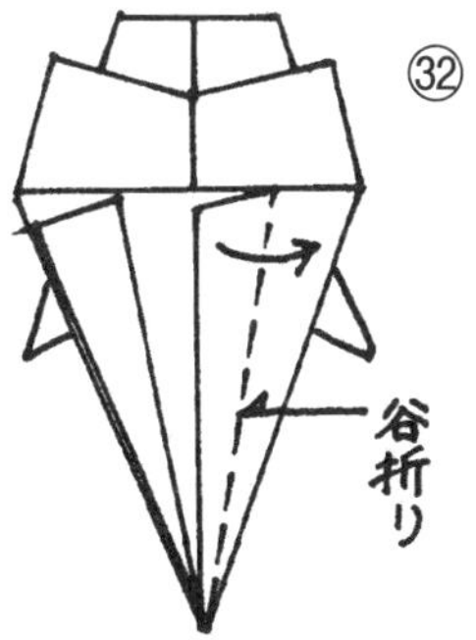

左右の順で切り込みを入れた部分を左右に折り開く

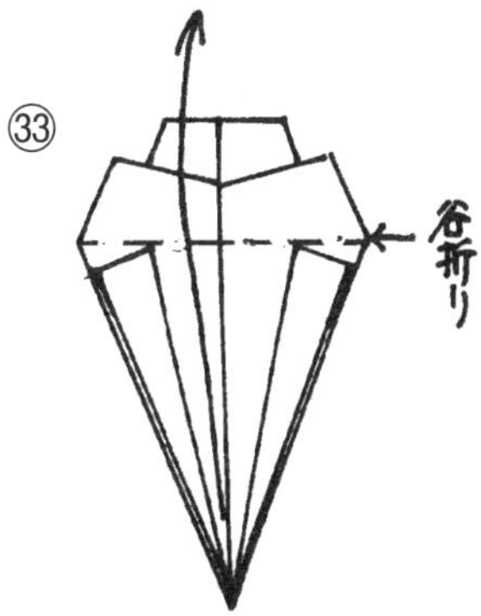

この図になる
下から上に折り上げる
次に全体を下から上に裏返す

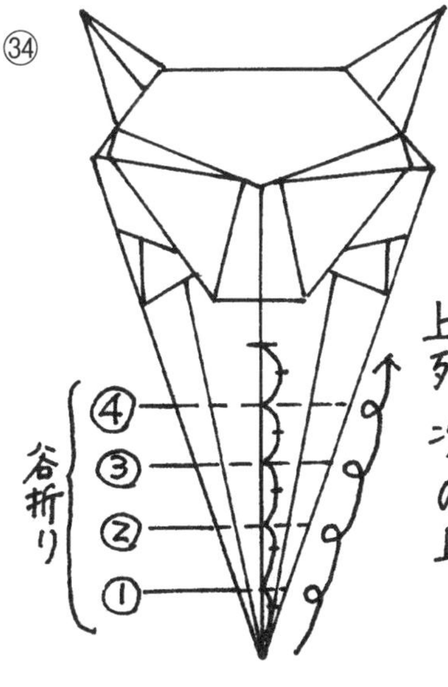

上に口の部分を少し残して残りを５等分にする
次に①→②→③→④の順で下から上に折り上げる

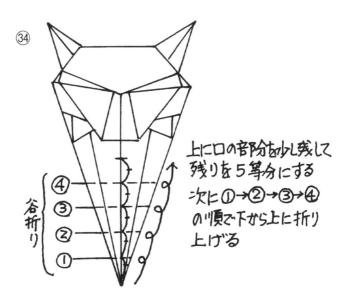

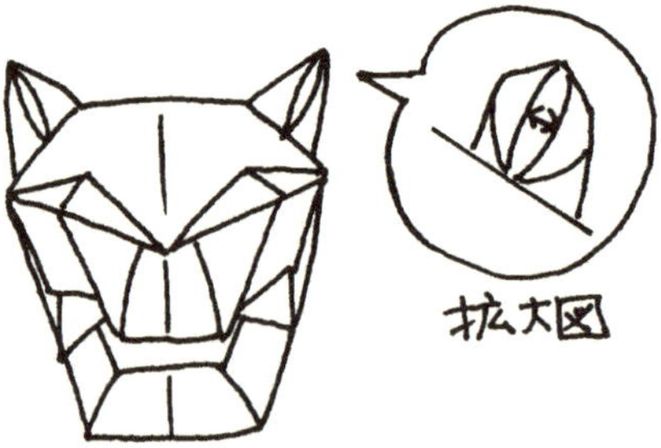

最後に左右の耳を中心
より左右に開く

頭部完成図

—胴体を作る—

①

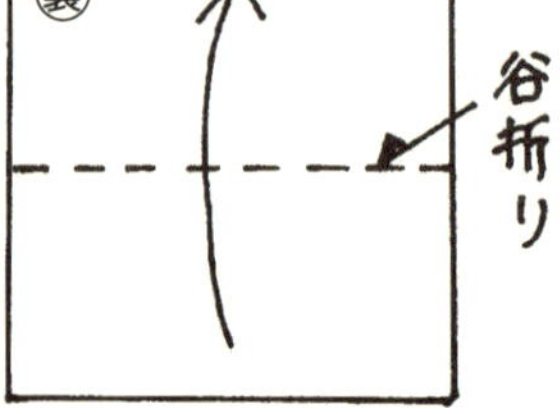

下から上に折り上げる

②

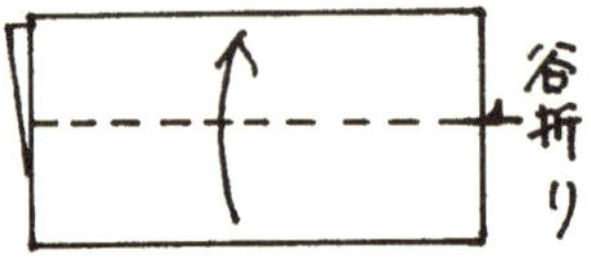

下から上に折り上げる

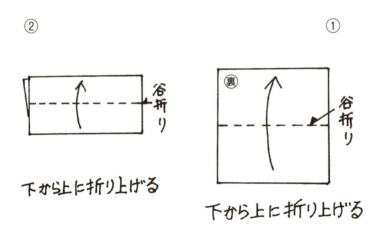

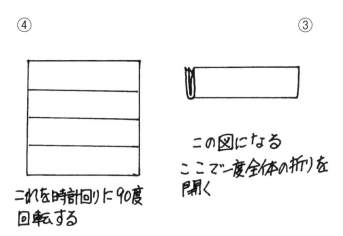

③

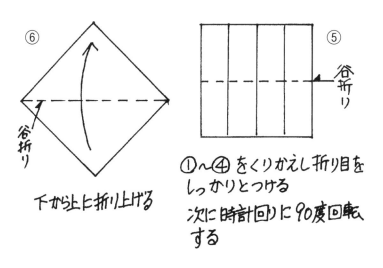

この図になる

ここで一度全体の折りを開く

④

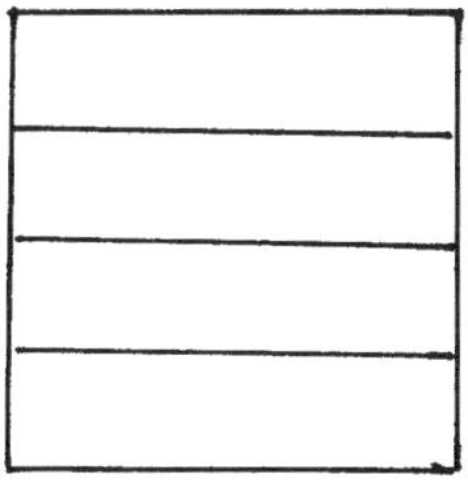

これを時計回りに90度回転する

⑤

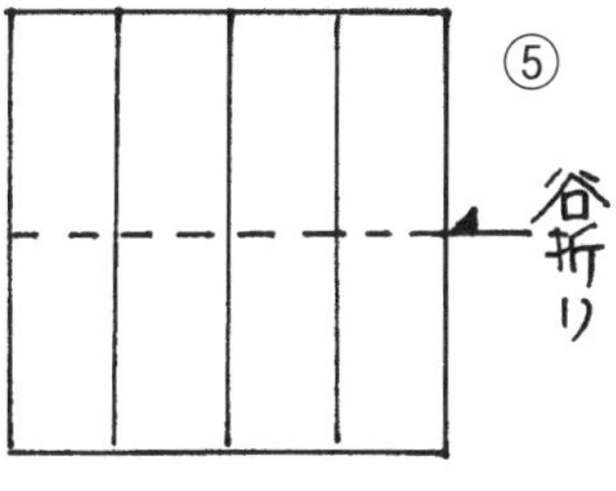

①〜④をくりかえし折り目をしっかりとつける

次に時計回りに90度回転する

⑥

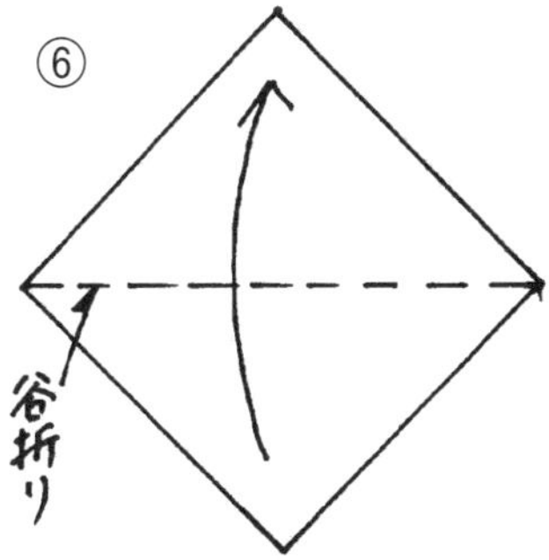

下から上に折り上げる

⑦

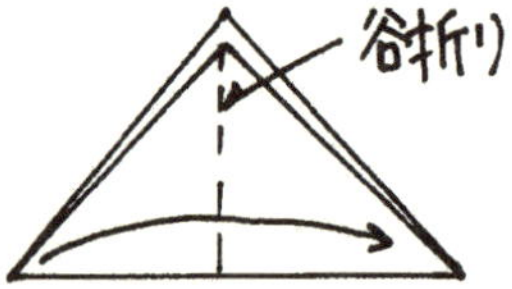

この図になる
次に左から右に折る

⑧

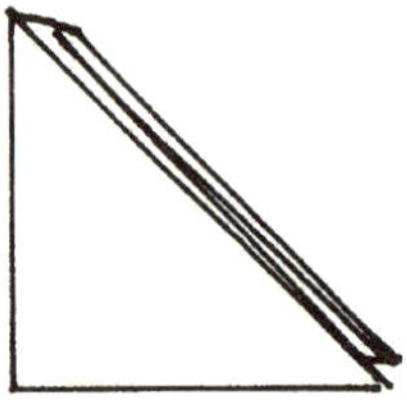

この状態になったら
全部開いてもどす

⑨

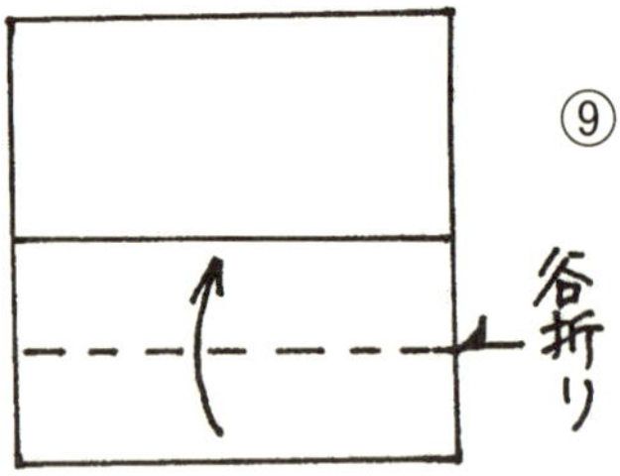

下から上に折り上げる
次に時計回りに180度
回転する

⑩

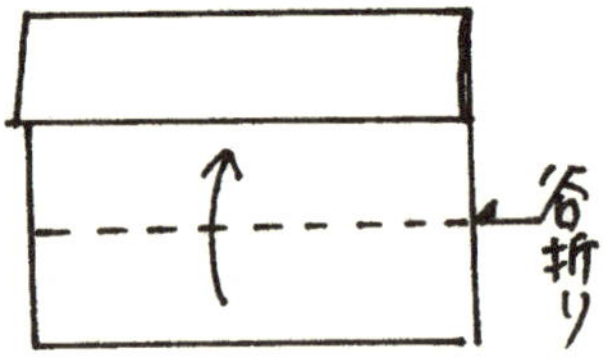

下から上に折り上げる

⑪

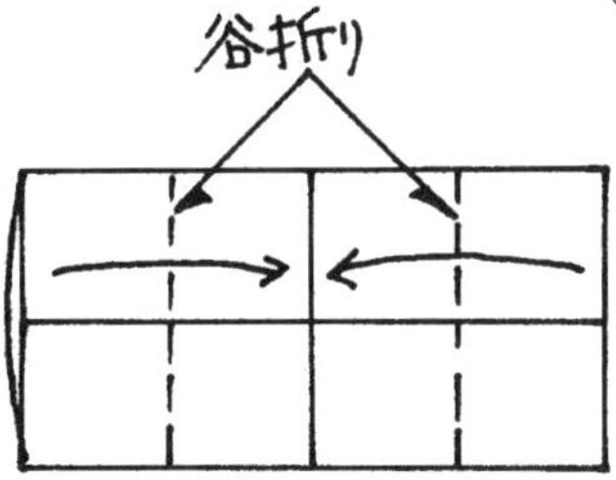

左右の順で中心に
向けて折る

⑫

この図になる

⑬

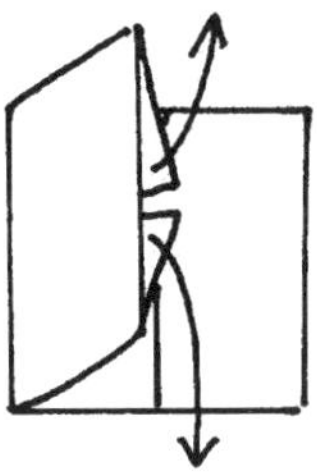

折りたたんだ部分を
立てて内側の角を
左右に開く

⑭

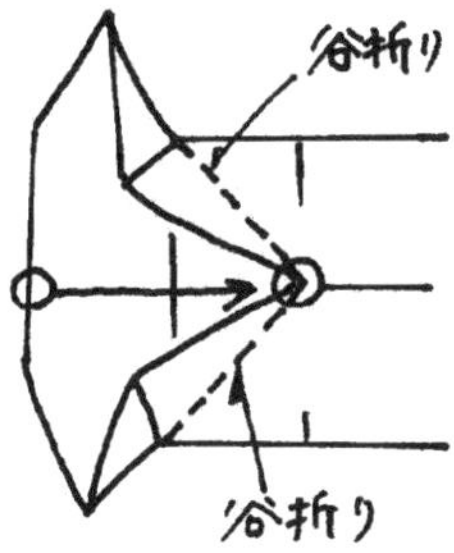

○印を合わせる為に
○印の部分を内側に
折りたたむ

⑮

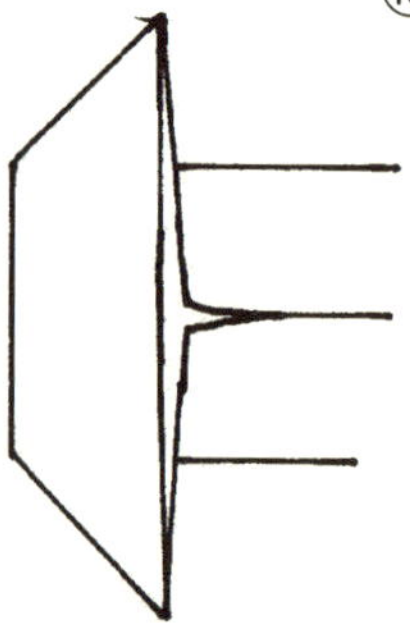

この図になる
右側も同様に折る

⑯

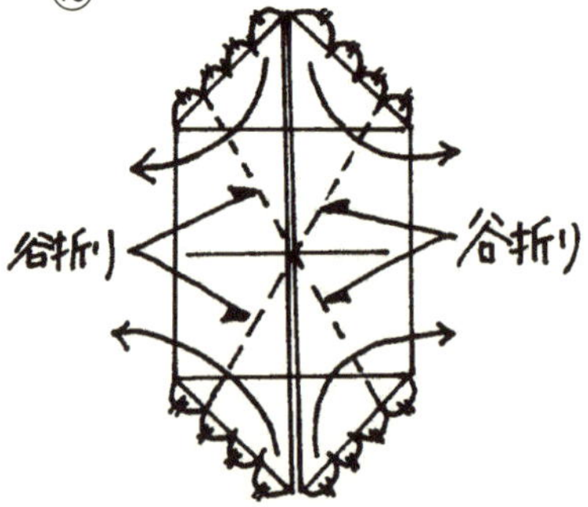

それぞれの角を
折る

⑰

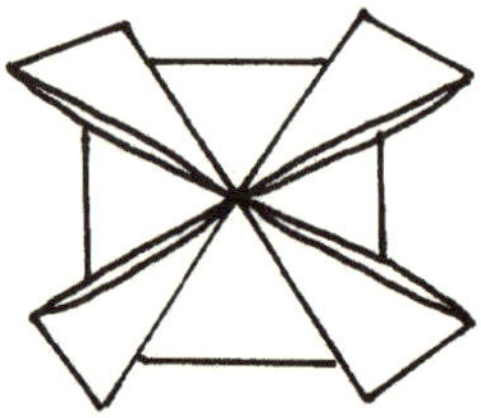

この図になる
次に左から右へ裏返す

⑱

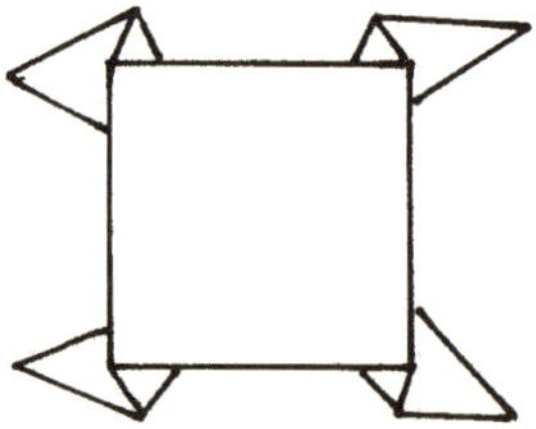

この図になる

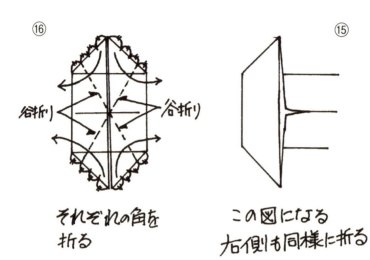

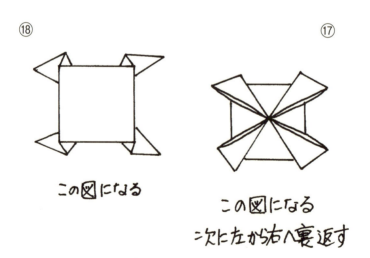

⑲

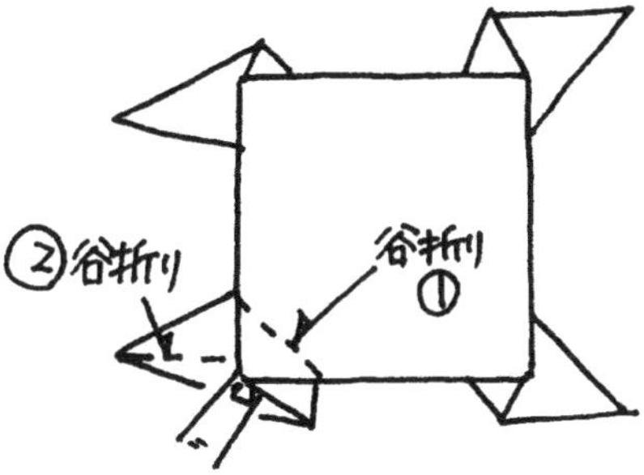

四角の角のすきまに指を入れそのまま谷折り①を折ると、手前から三角が上に上がってくる, 指を抜いて外側から押えると谷折り②が出来る
4ヶ所とも同様に折る

⑳

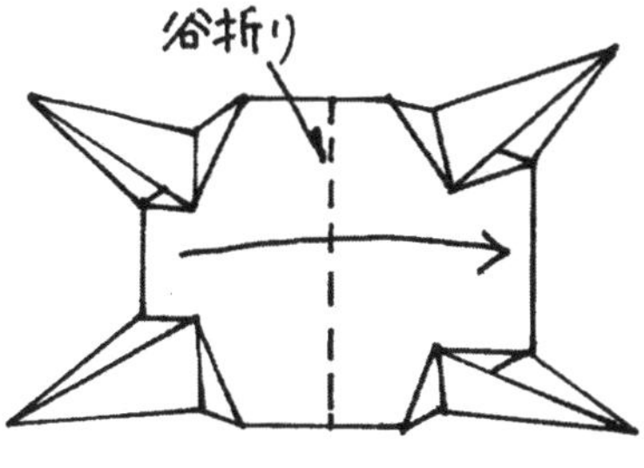

この図になる

左から右へ全体を半分に折る
次に時計回りに90度回転する

㉑

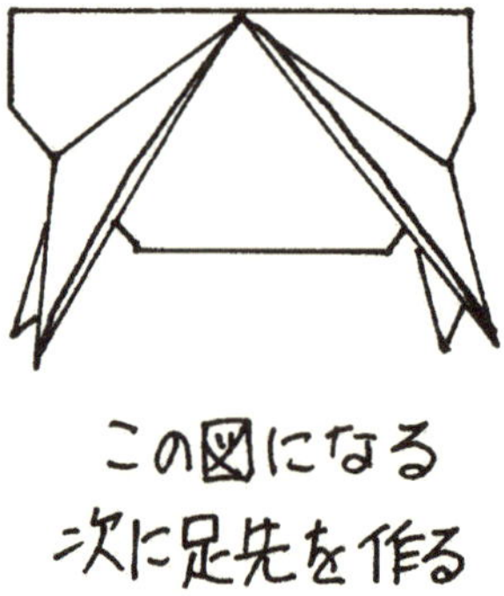

㉒

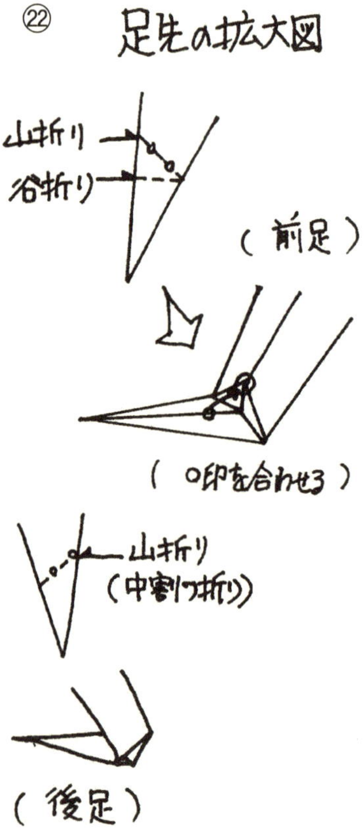

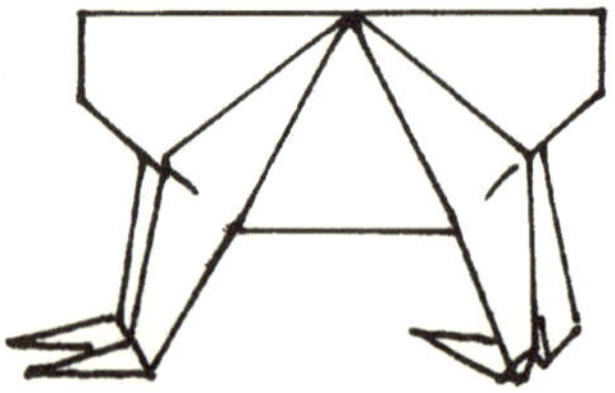

胴体部完成図

—しっぽを作る—

はじめに色紙１枚の¼を用意します

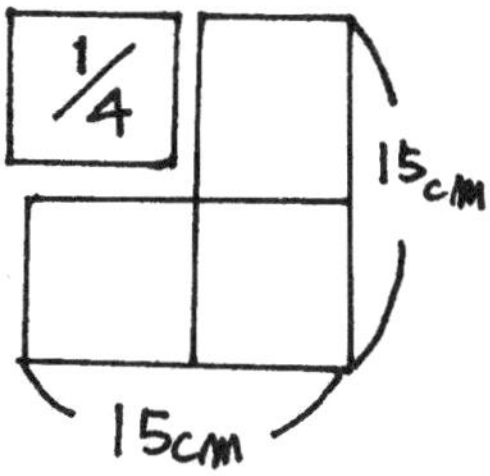

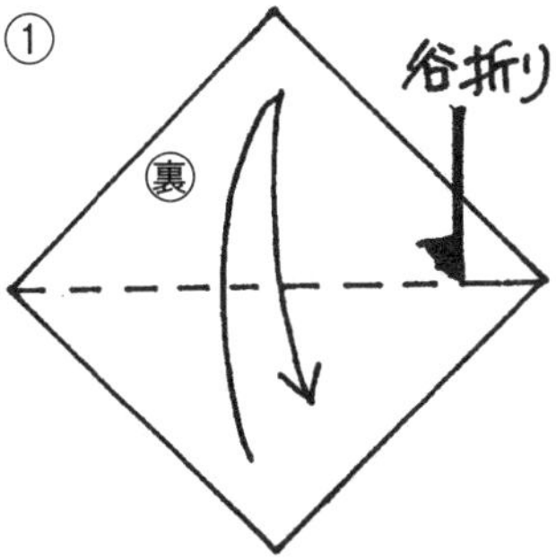

下から上に折り上げて
折り目をつけてもどす
次に時計回りに90度
回転する

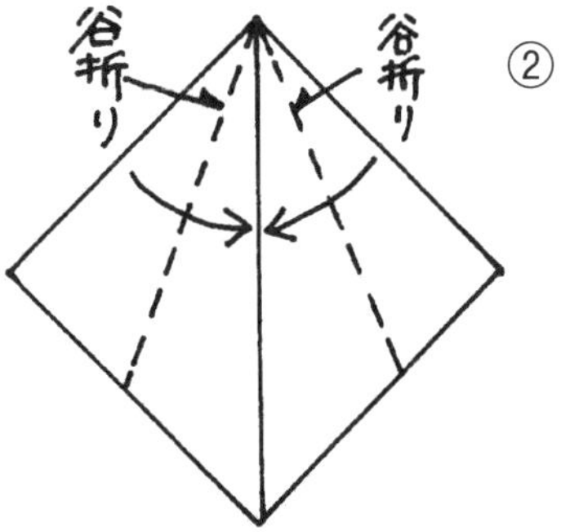

左右の順で谷折りする

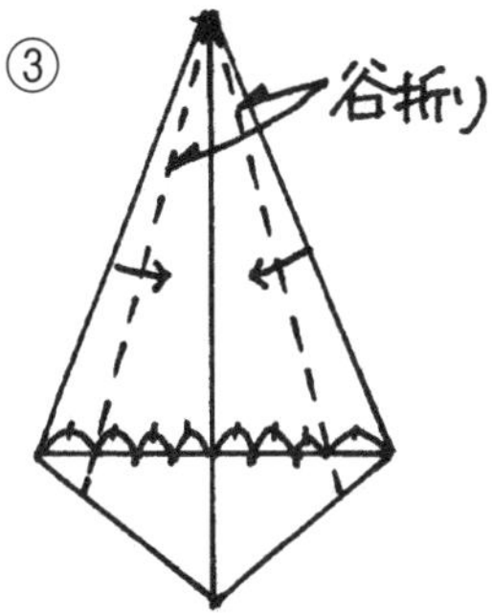

左右を谷折りする

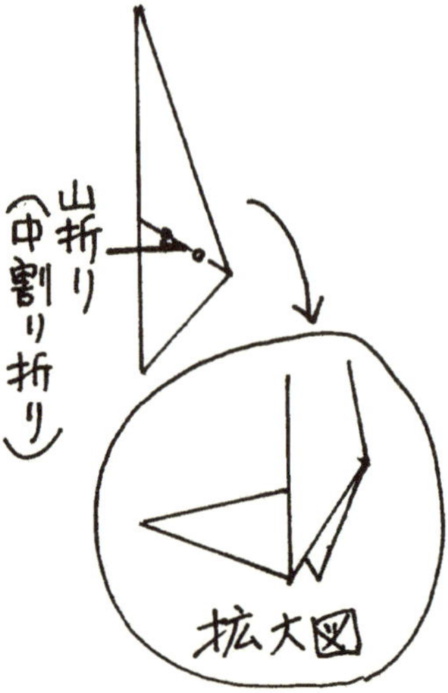

④

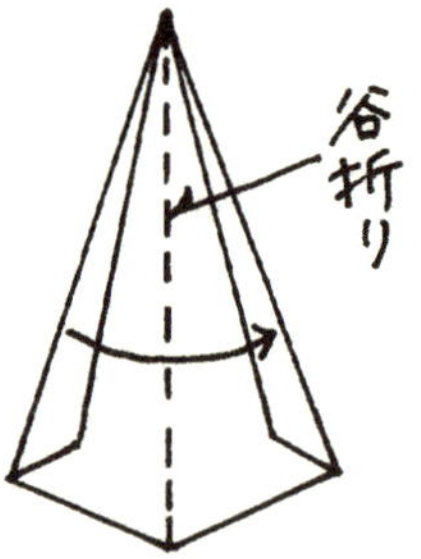

左右を中心で谷折りして
合わせる

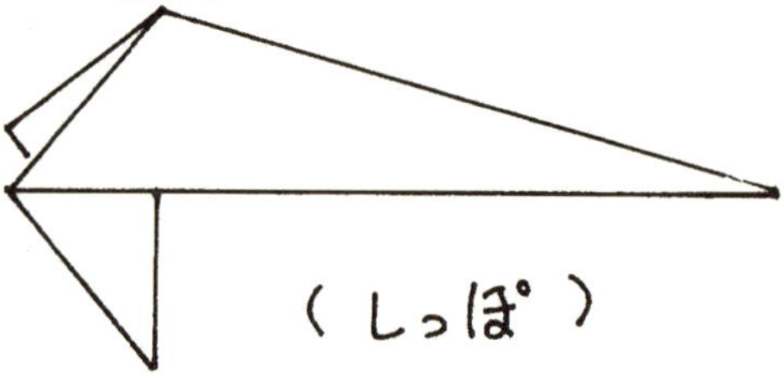

（しっぽ）

頭・胴・しっぽの各パーツを
組み合わせる

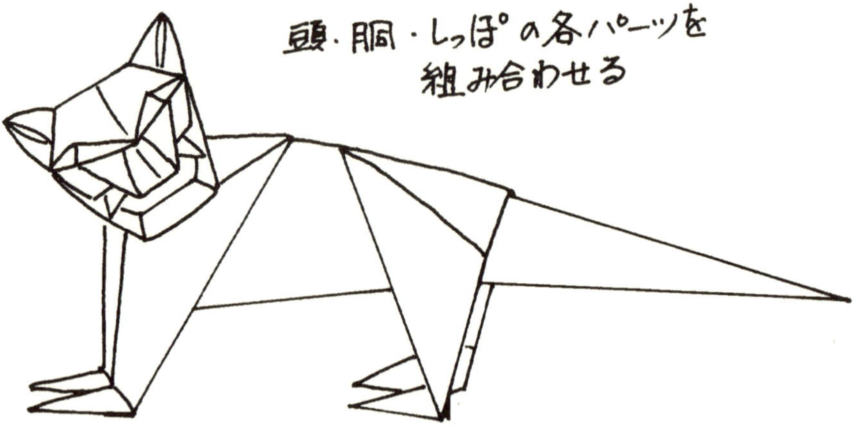

完成図

卯の折り方

卯の完成写真

卵の折り方 ①

①

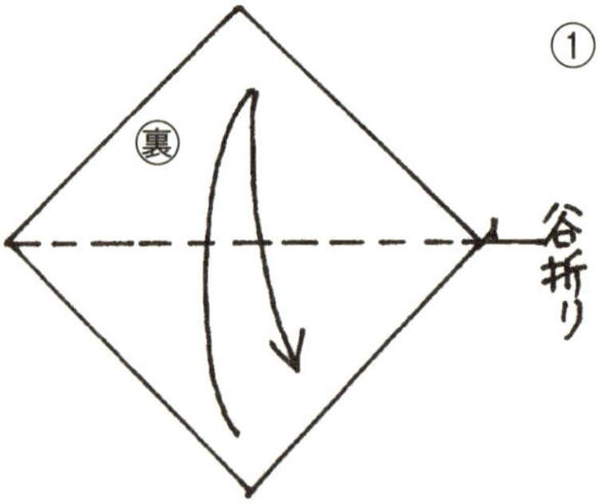

下から上に折り上げて
折り目をつけてもどす

②

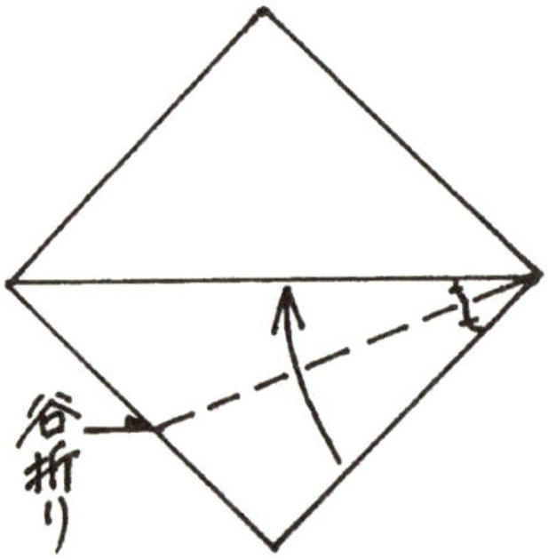

下から上に折り上げる
次に時計回りに180度
回転する

③

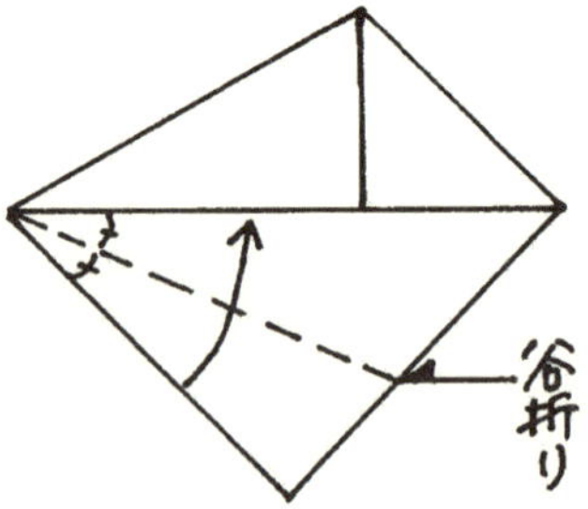

下から上に折り上げる
次に時計回りに90度
回転する

④

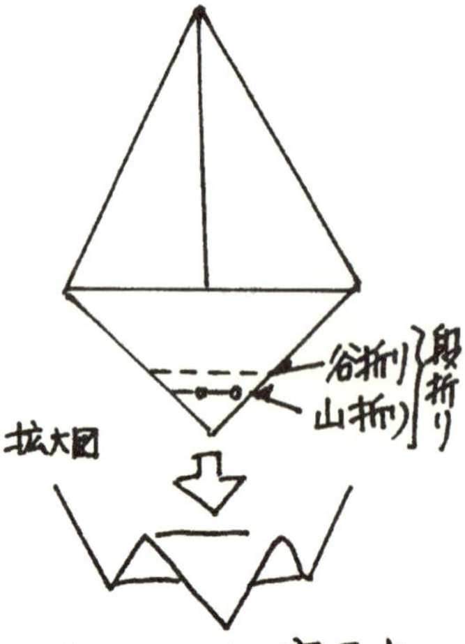

次に下から上に裏返す

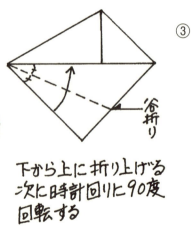

⑤

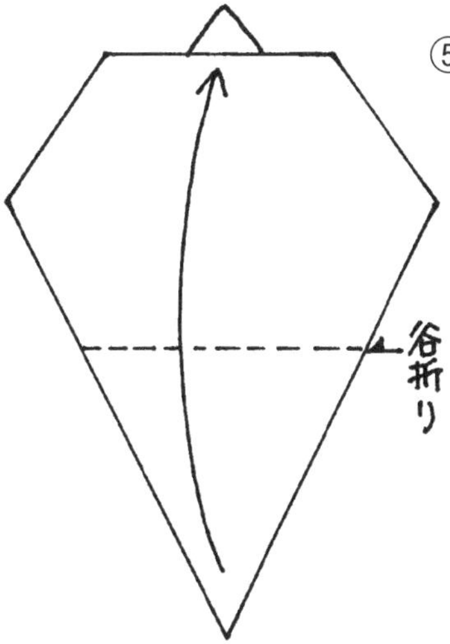

下から上に折り上げる

⑥

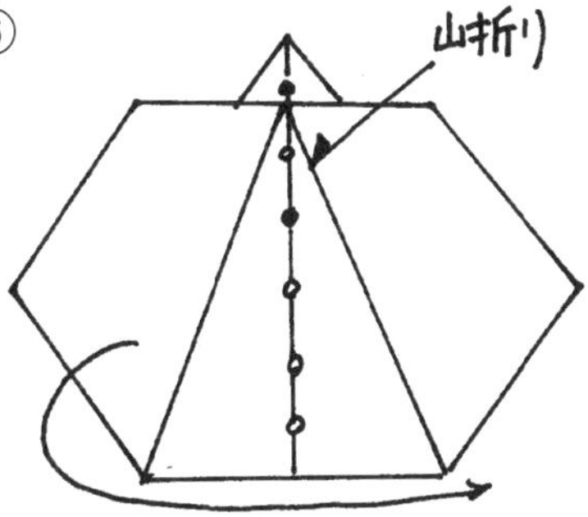

この図になる

左から右へ中心で
山折りする
次に時計回りに90度
回転する

⑦

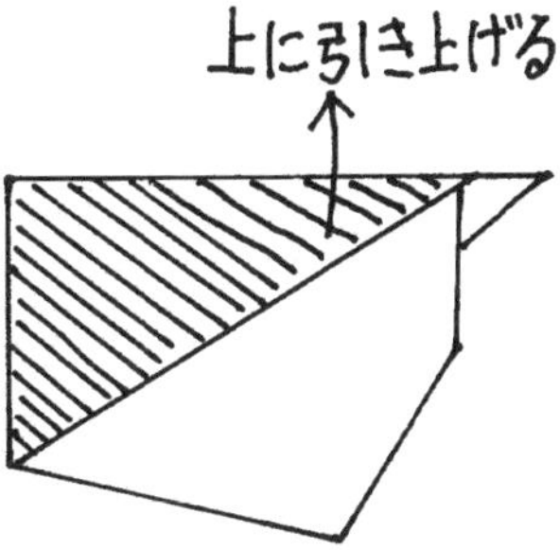

▨の部分を持って上に引き
上げる

⑧

もとの折れ線より
2cm程上に引き
上げる

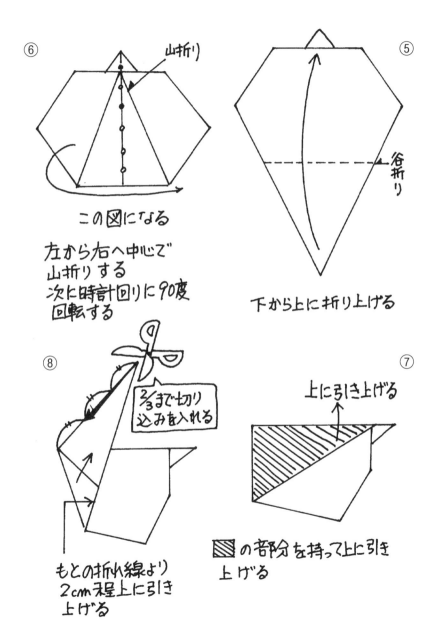

⑨

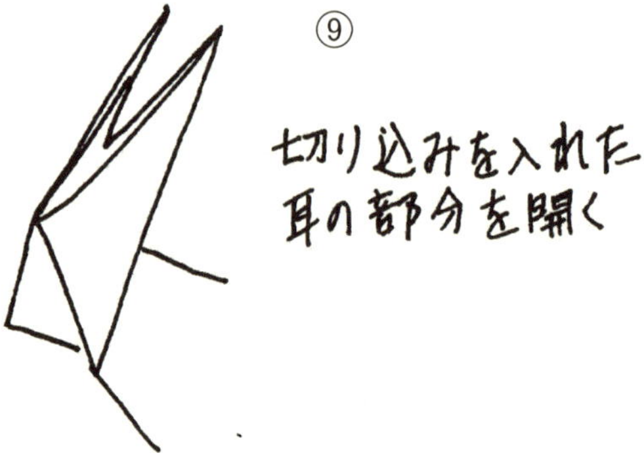

完成図

卵の折り方 ②

①

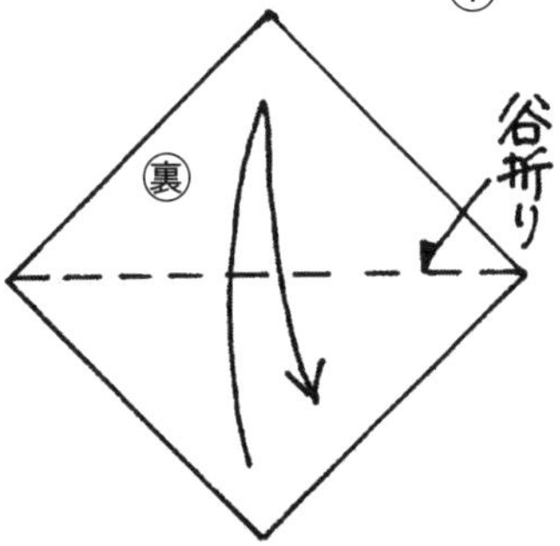

下から上に折り上げ
折り目をつけたら
もどす

②

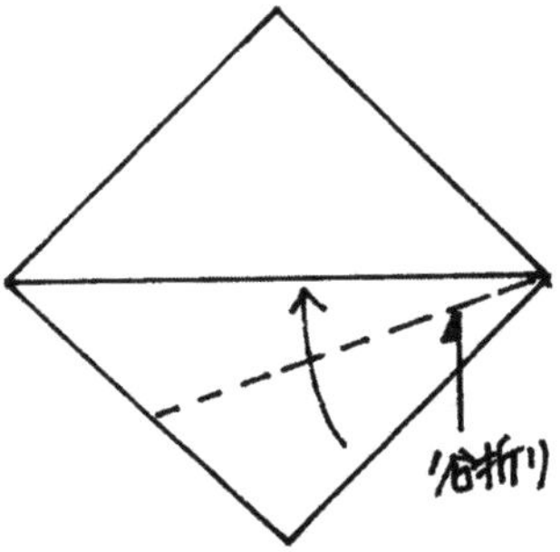

下から上に折り上げる
次に時計回りに180度
回転する

③

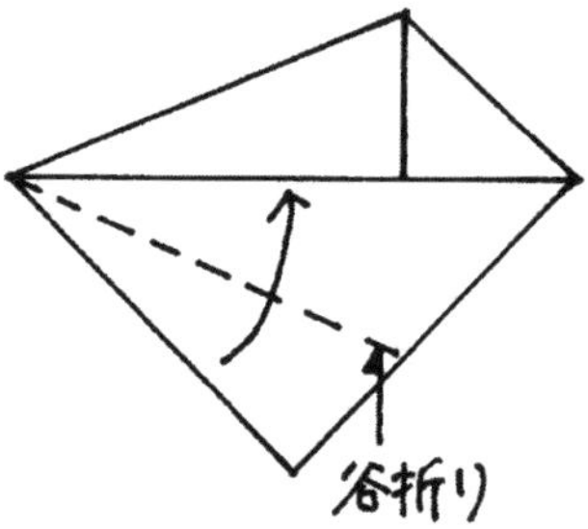

下の三角を下から上に
折り上げる

④

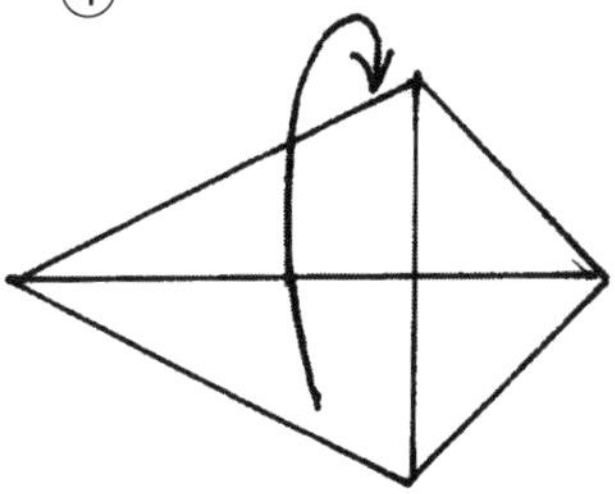

この図になる
次に下から上に裏返す

⑤

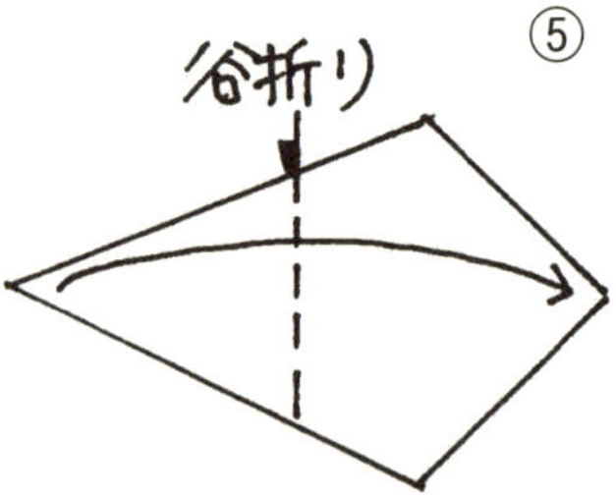

この図になる
左から右へ谷折りする
次に下から上に裏返す
時計回りに90度回転する

⑥

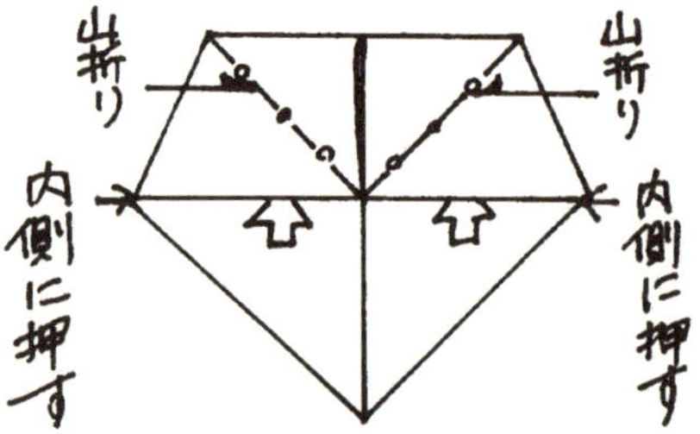

この図になる
次に⇧の所を上に開いて左右の角を軽く内側に押す

⑦

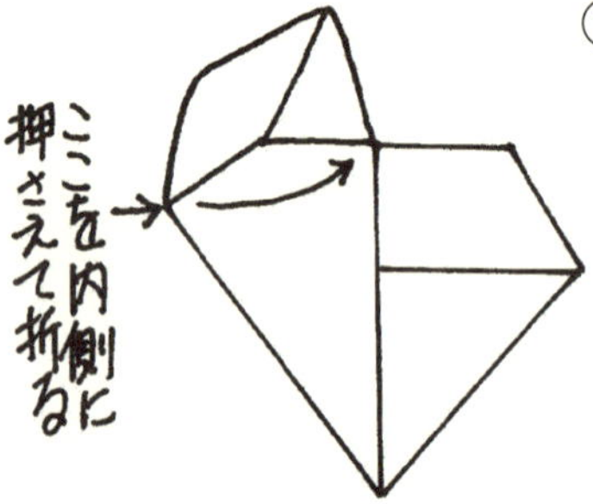

この図になる
次に左から上の図のように折る

⑧

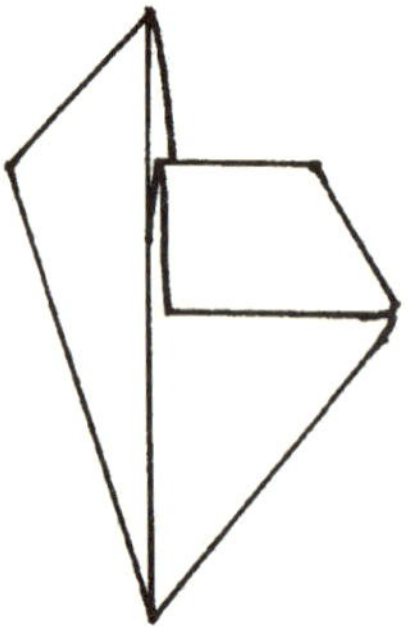

この図になる
右側も同様に折る

⑨

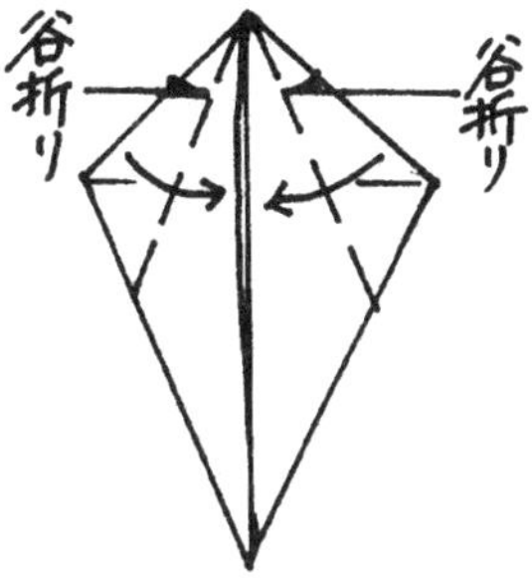

左右を中心に向けて
谷折りする

⑩

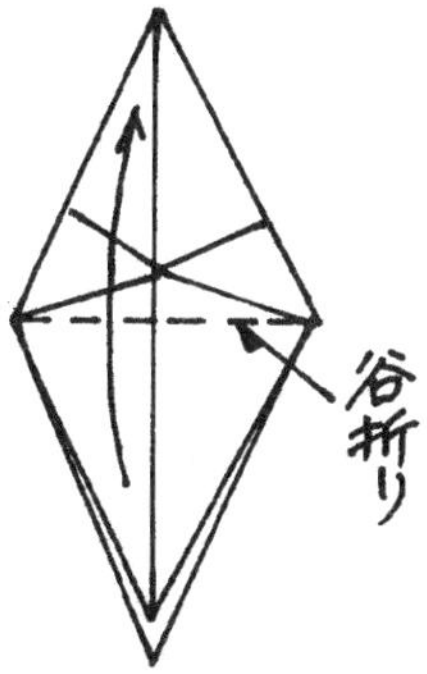

上の1枚を下から上に
折り上げる

⑪

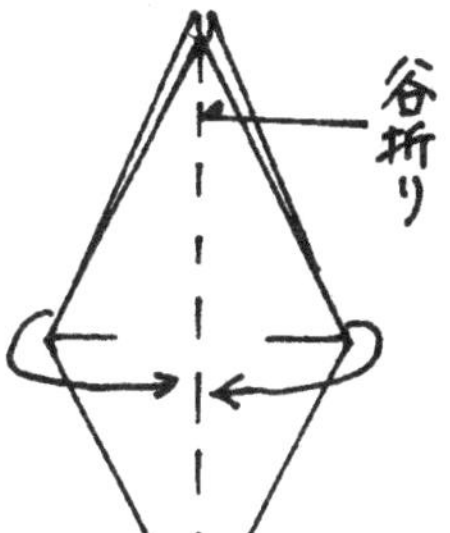

左右を中心に向けて
谷折りして半分にする

⑫

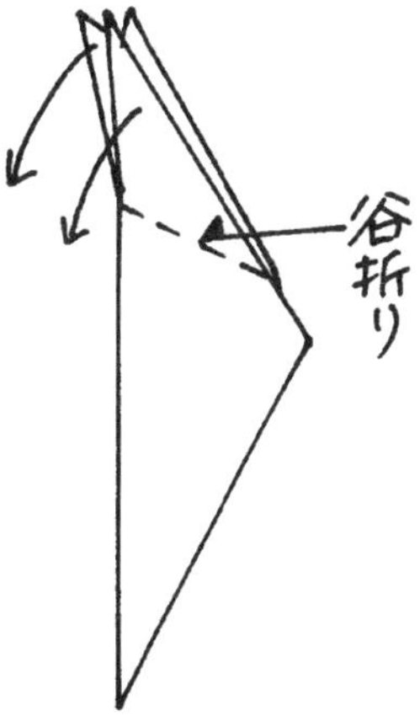

この図になる
次に2つに別れている三角を
両方とも谷折りする

⑬

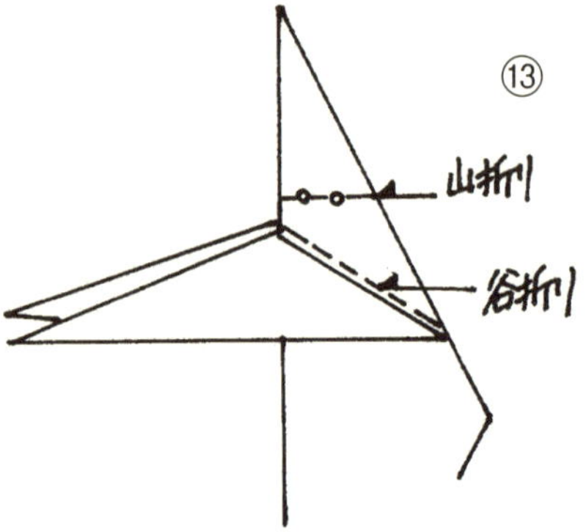

この図になる

次に残った三角の部分を
図の様に谷折り・山折り
をする

⑭

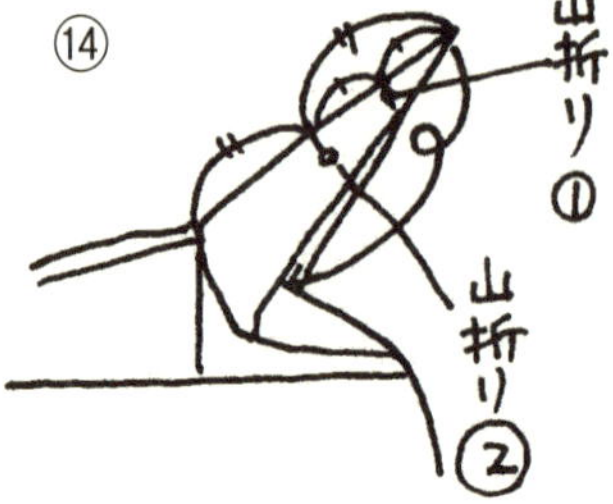

この図になる

次に先端から山折り①
山折り②とくるくる折
り込む

⑮

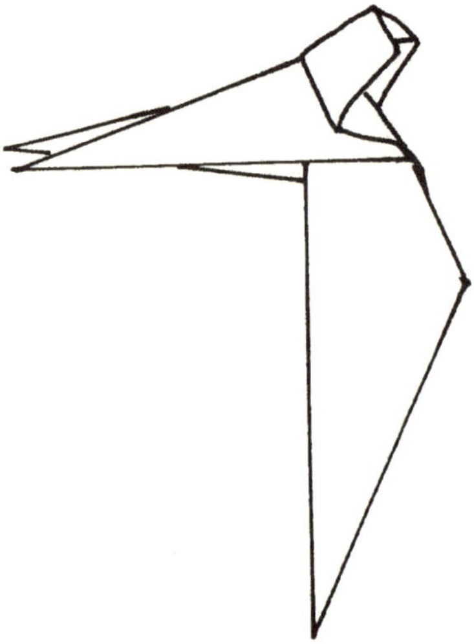

左の図になる

次に時計回りに270度
回転させて、最後に下
から上に裏返す

⑯

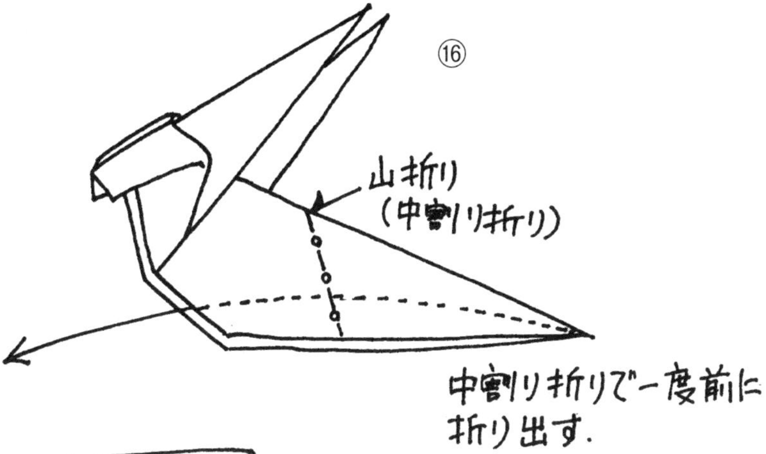
山折り
（中割り折り）
中割り折りで一度前に
折り出す.

⑰

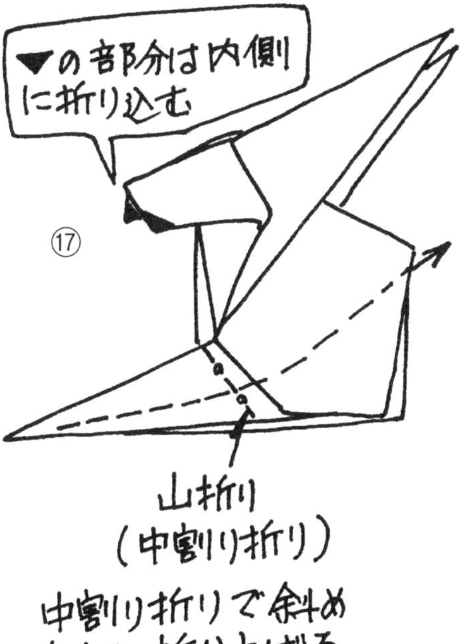
▼の部分は内側
に折り込む
山折り
（中割り折り）
中割り折りで斜め
右上に折り上げる
最後に耳を開く

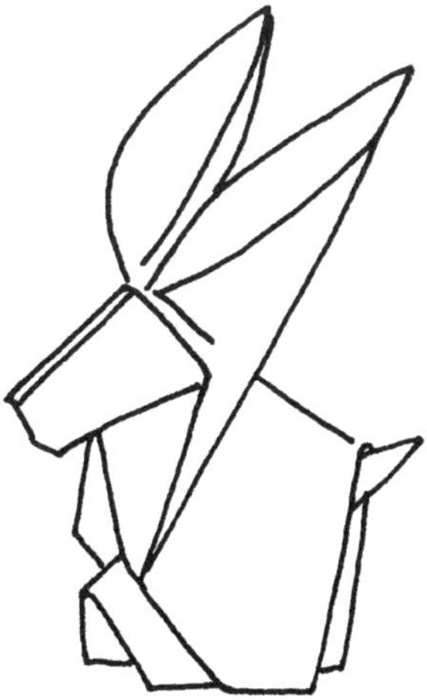

完成図

辰の折り方

辰の完成写真

基本形　ダイヤ折り①～⑰を折る（62頁参照）

⑱

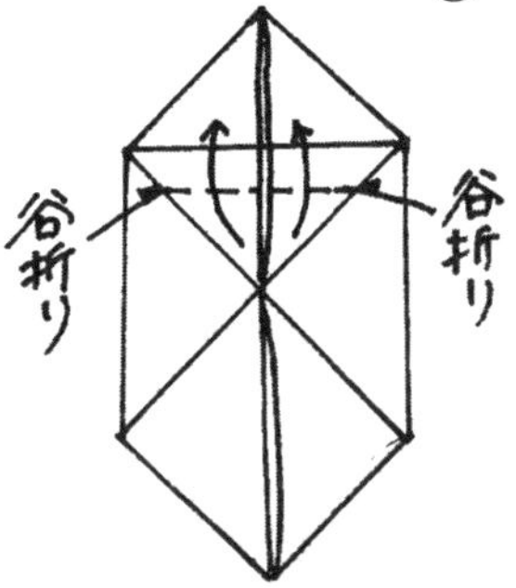

左右の三角を下から上に折り上げる
次に時計回りに180度回転する

⑲

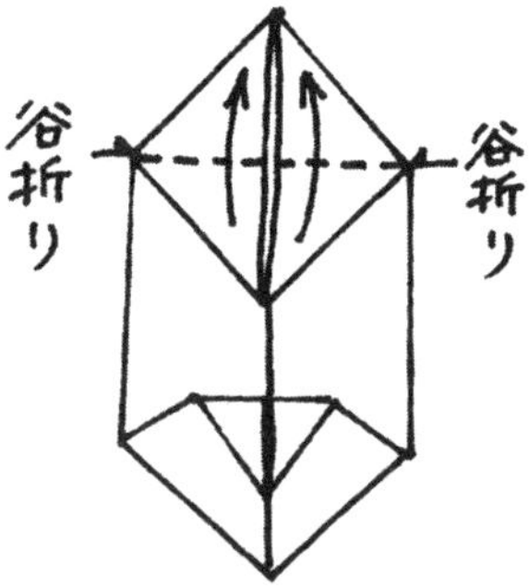

三角部分を下から上に折り上げる
次に時計回りに180度回転する

⑳

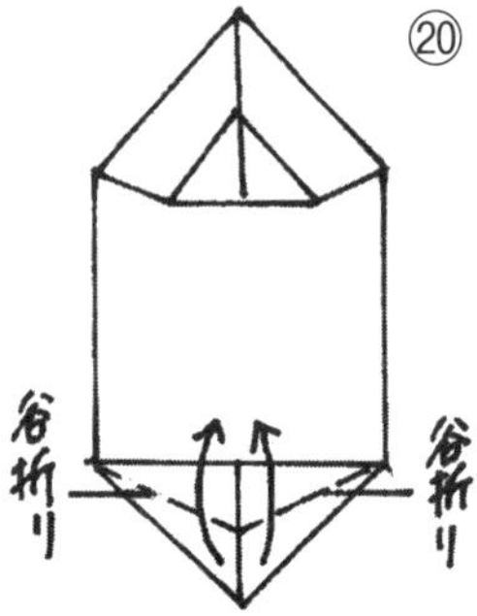

下の三角の部分の上1枚を左右の順で折り上げる

㉑

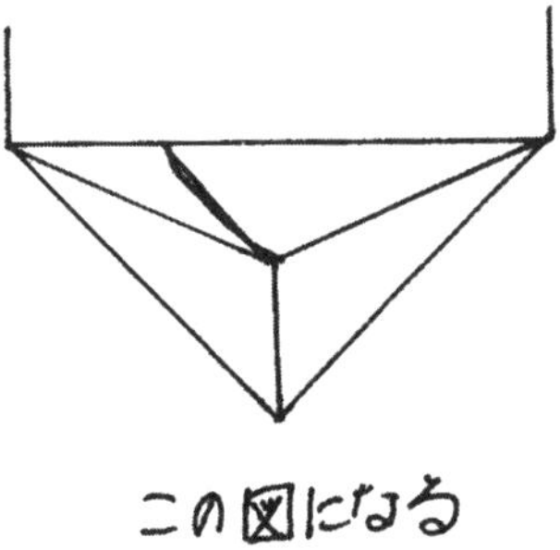

この図になる

㉒

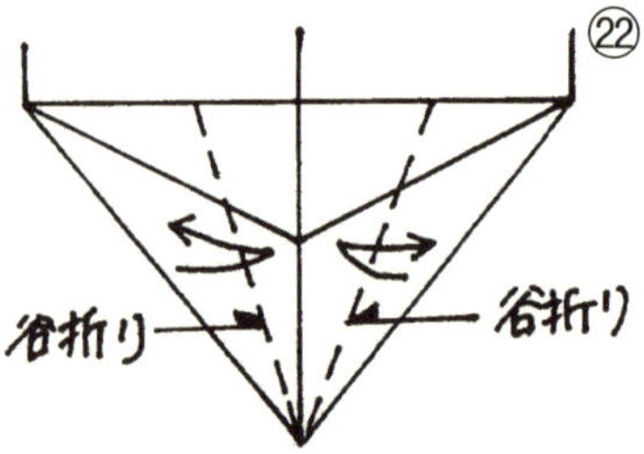

㉑図の折りを一度開く
開いた三角の部分に
谷折りの折り線をしっかりとつけてもどす

㉓

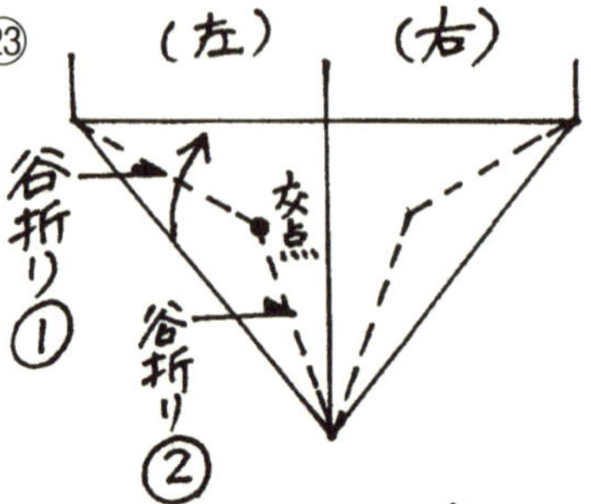

初めに谷折り①を
↗の様に外側から
押え込むように折る

㉔

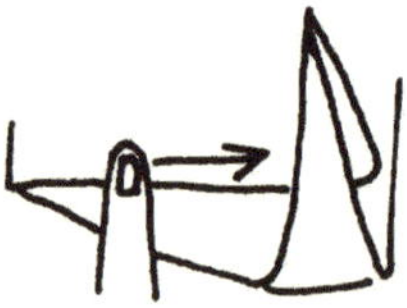

㉓図のように外側から
押えて折ると、谷折り②
の折り目がしっかりと
ついていれば自然に
谷折り②は立ち上がって
くる

次に押えた指を→の方向
に左から右へ㉓図の交点、
まですべらせる

㉕

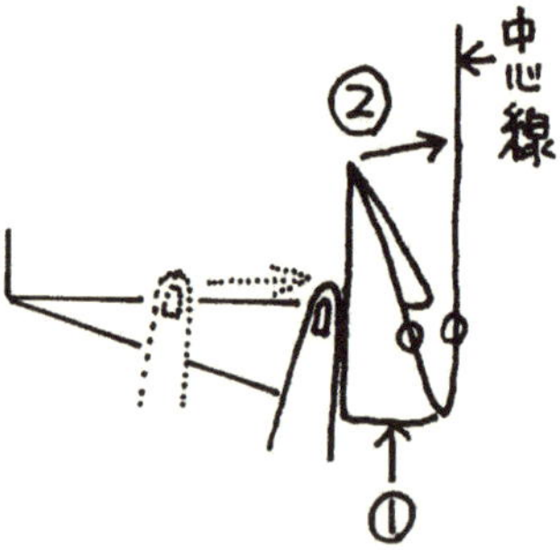

㉕で交点で止めた指は
そのままにして↑①を
上から押える、この時
しっかりと押える事が大切

次に↗②のように三角の
先端を中心線にそわせ
るように押し倒す
（○印と○印を合わせる）

㉖

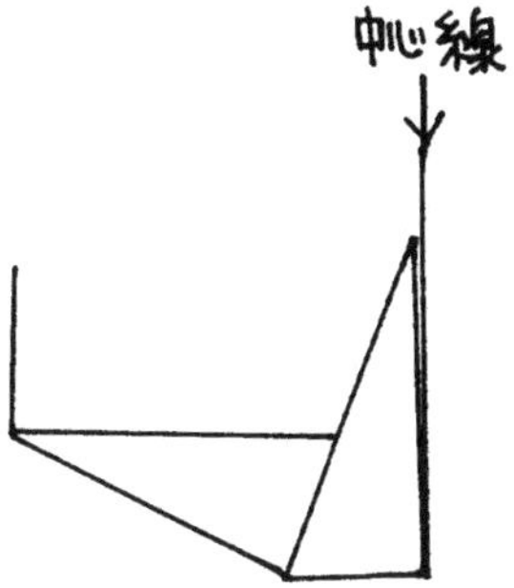

この図になる
同様に右側も折る

㉗

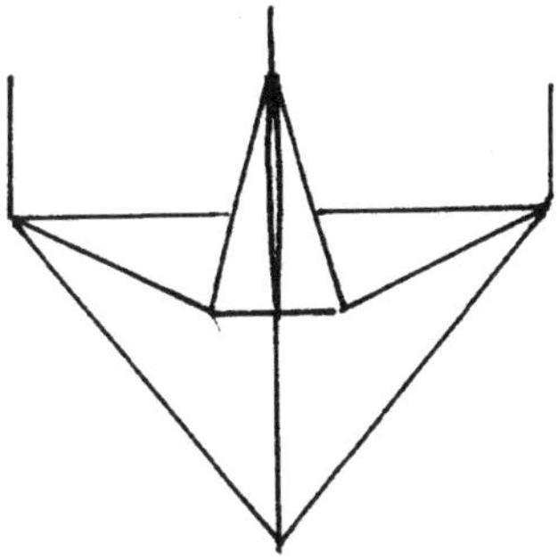

この図になる
次に時計回りに180度回転する

㉘

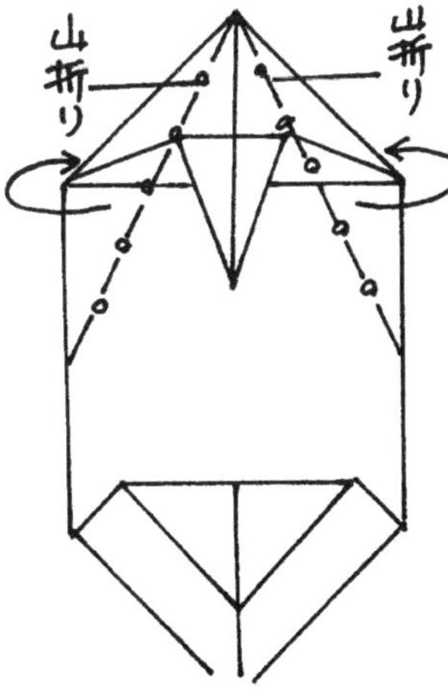

この図になる
次に上の左右の三角を
山折りする

㉙

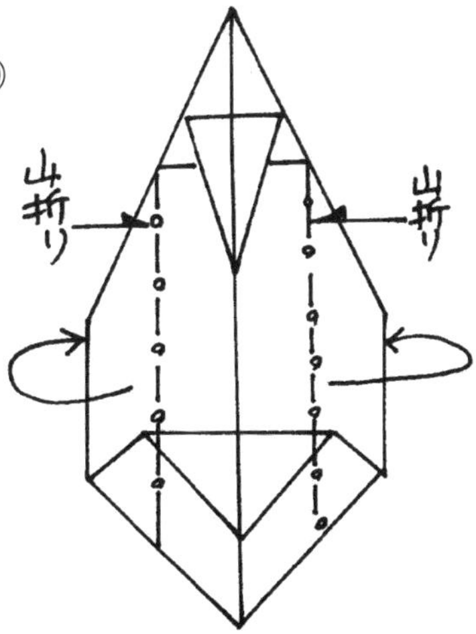

左右を山折りする

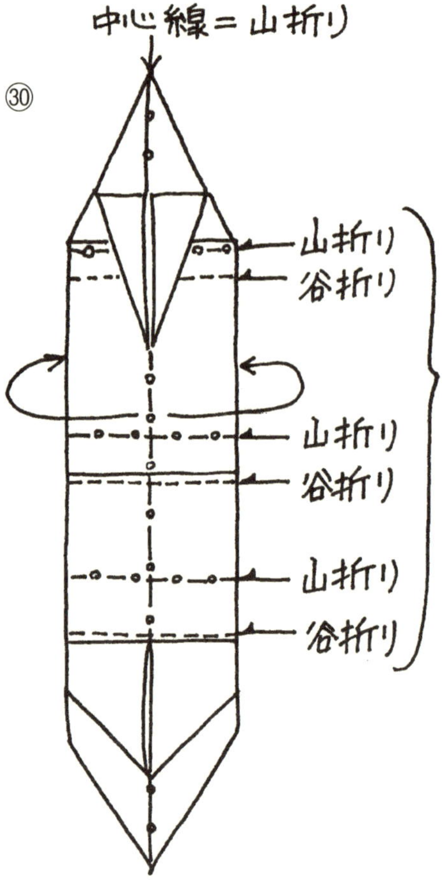

中心線＝山折り
㉚
山折り
谷折り
山折り
谷折り
山折り
谷折り
すべてを折り終えたら全体を中心線で半分に山折りする

㉛
上から2/3まで切り込みを入れる
㉚を折りたたむとこの図になる
次に時計回りに270度回転させる

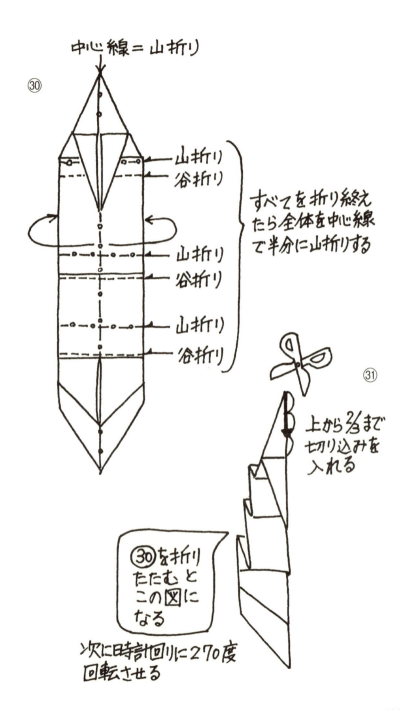

㉜

○印の部分（両端）を持って
左右斜め上に引き上げる

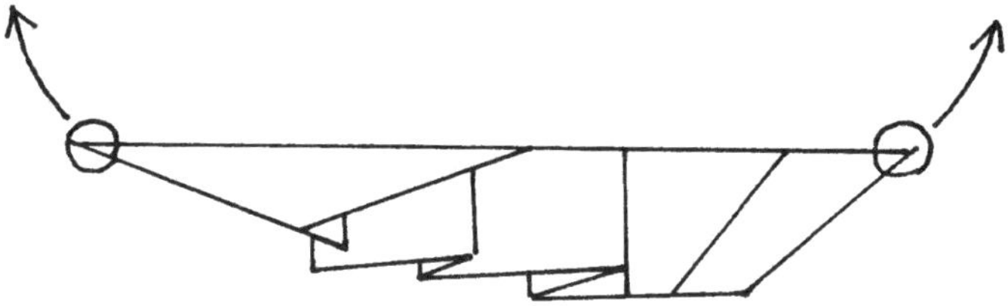

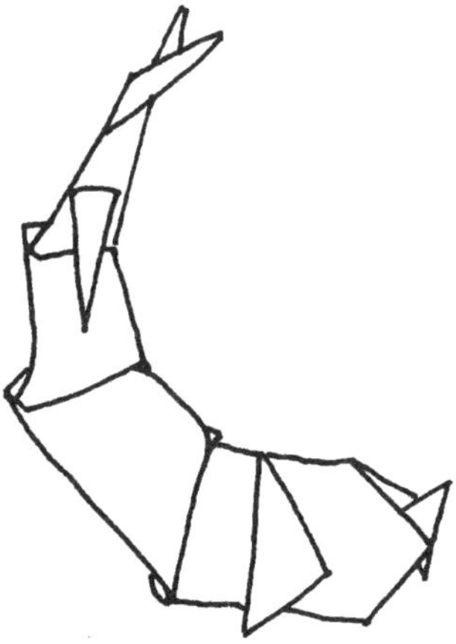

完成図

㉝

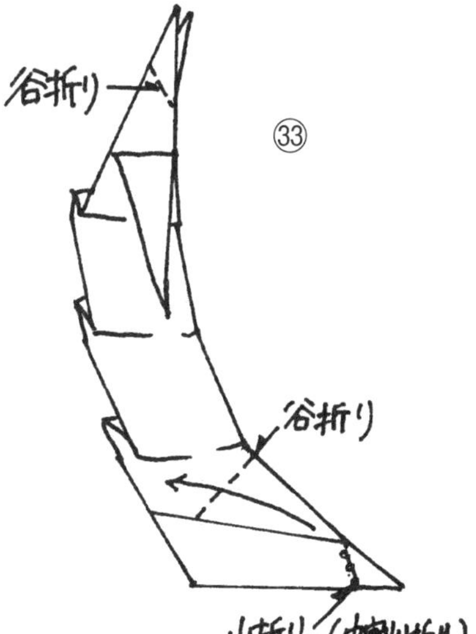

中割り折りをする
最後に先端部分を
上に引き上げる

巳の折り方

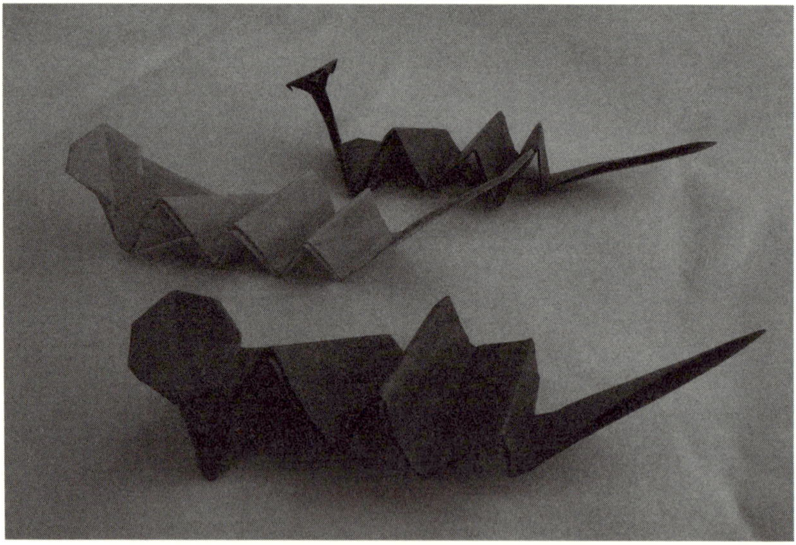

巳の完成写真

①

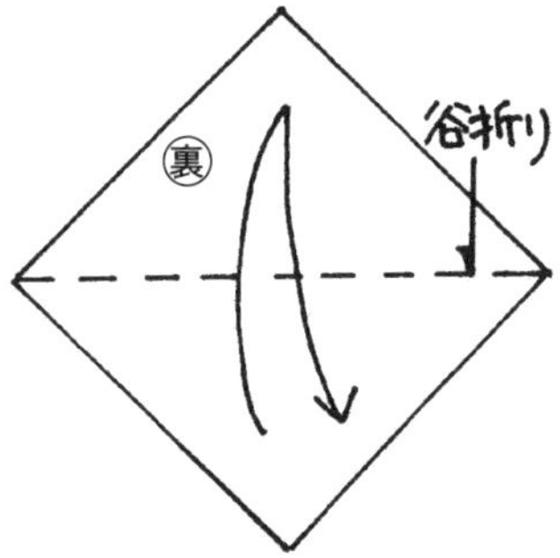

下から上に折り上げ
折り目をつけてもどす

②

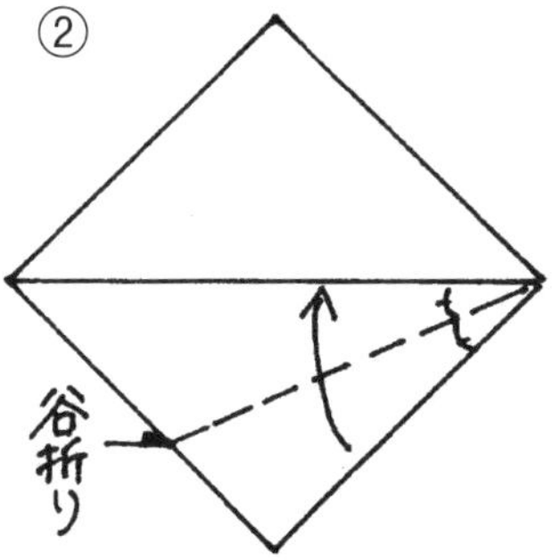

下から上に折り上げる
次に時計回りに
180度回転する

③

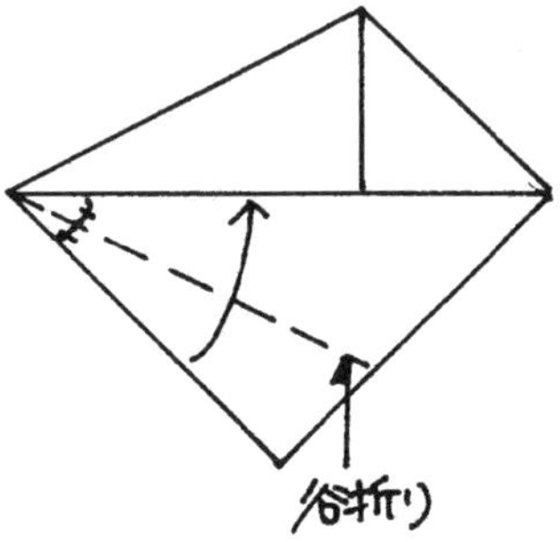

下から上に折り上げる

④

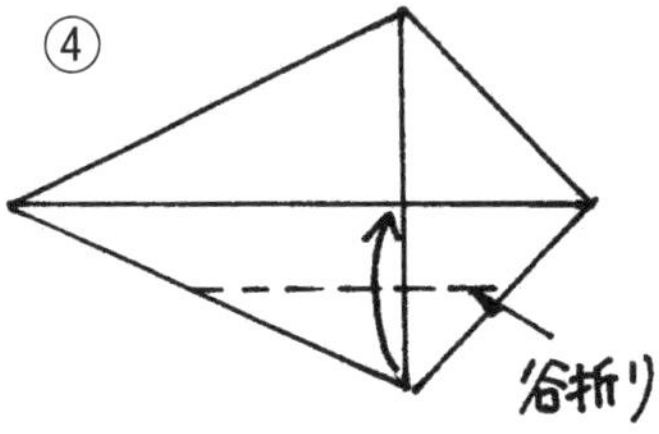

下から上に折り上げる
次に時計回りに180度
回転する

⑤

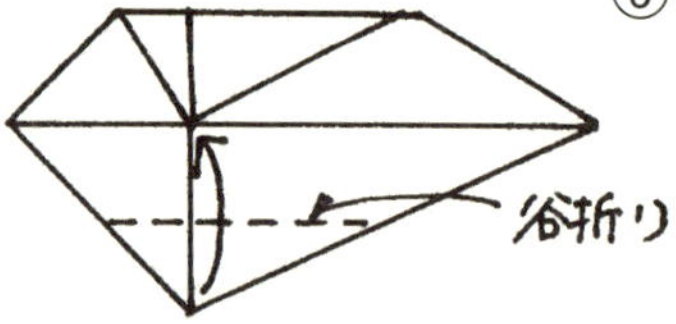

下から上に折り上げる
次に時計回りに90度
回転する

⑥

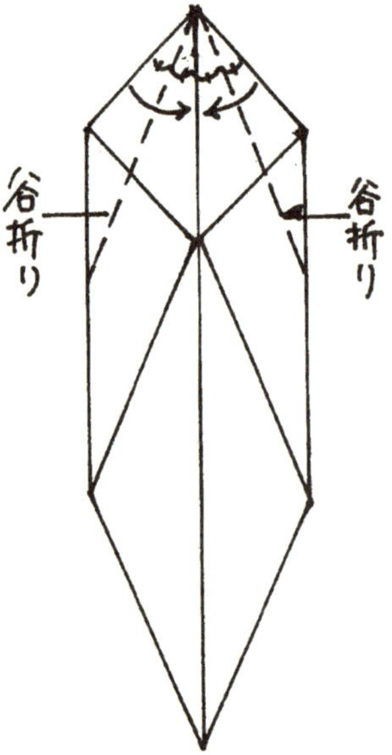

左右の順で中心に
向けて折る

⑦

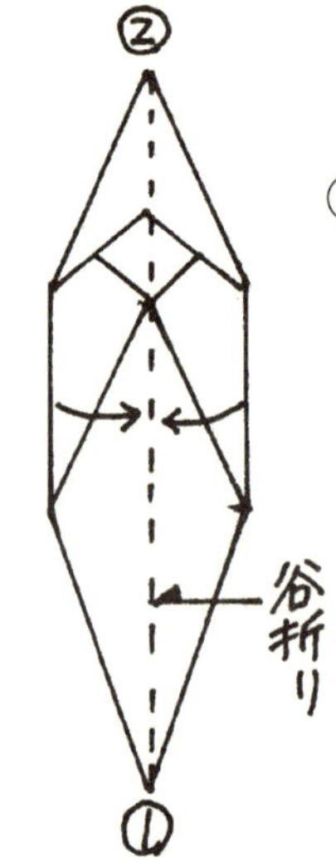

中心で半分に
谷折りする

⑧

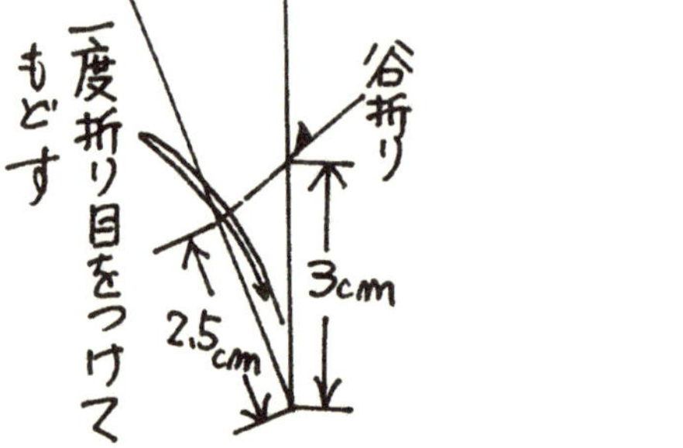
⑦図の①の
部分を折る

⑨

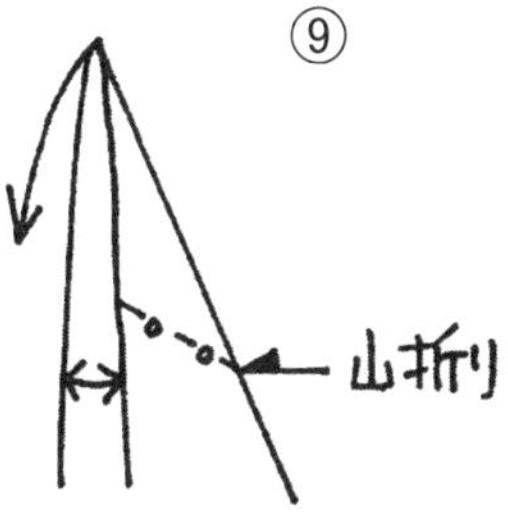

左右に開き先端を下に
折り下げながら折り目は
山折りにする

⑩

頭の部分なので、中まで
折り込まない
中心線に対して垂直
にする

⑪

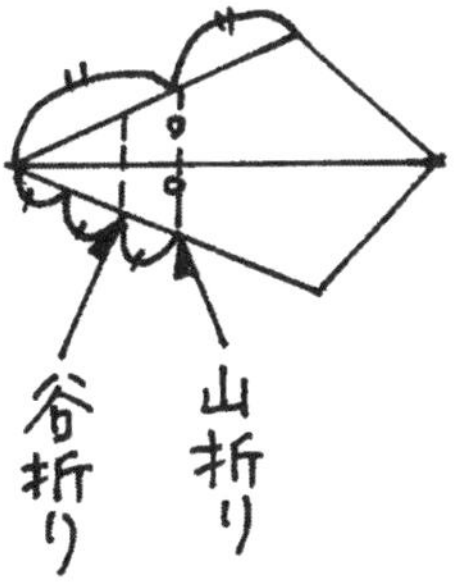

頭部の拡大図

⑫

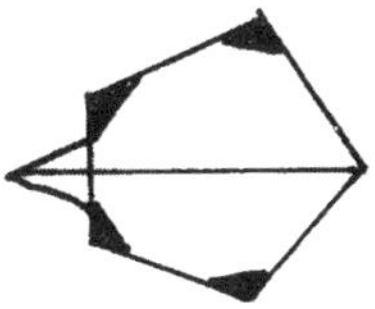

■の部分を裏側に
折り込む

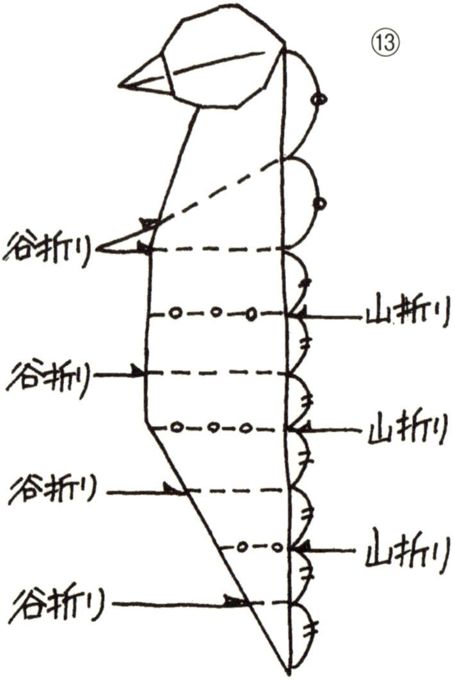
⑬
谷折り
山折り
谷折り
山折り
谷折り
山折り
谷折り

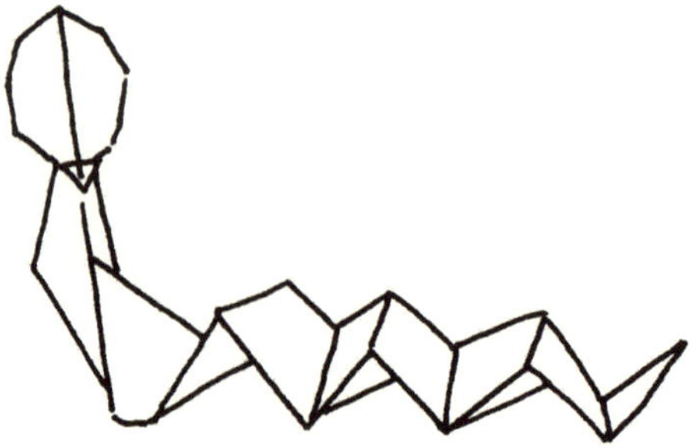

完成図

午の折り方

午の完成写真

①

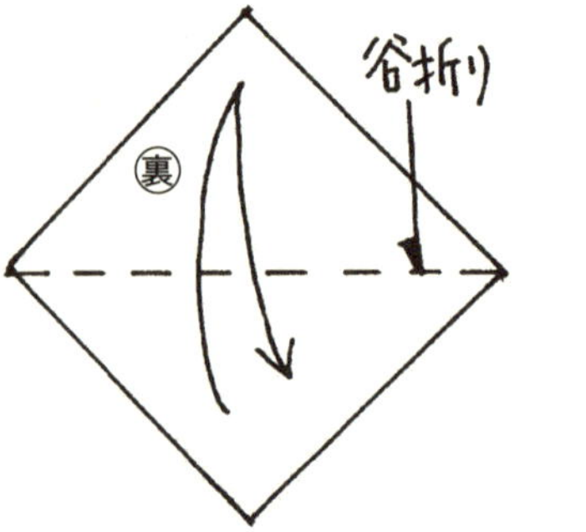

下から上に折り上げて
折り目をつけてもどす

②

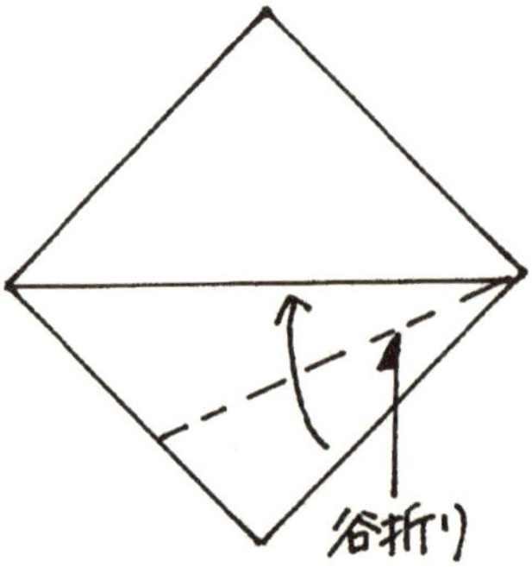

下から上に折り上げる
次に時計回りに180度
回転する

③

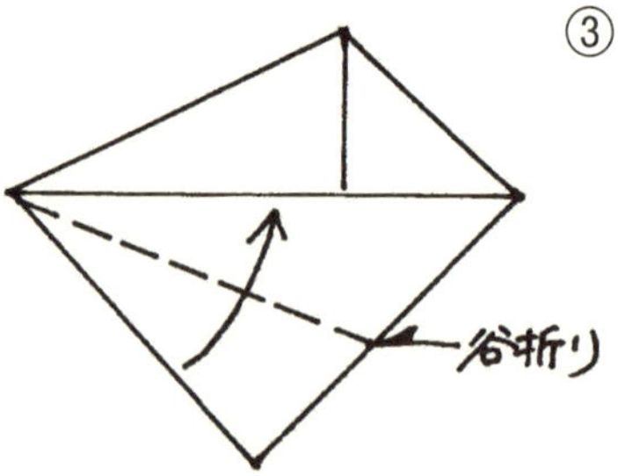

下から上に折り上げる

④

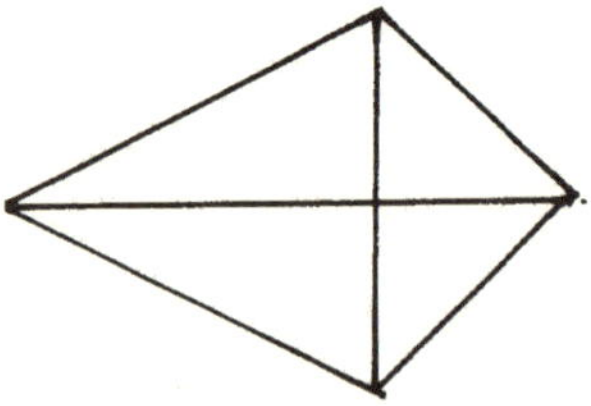

この図になる

次に時計回りに90度
回転する

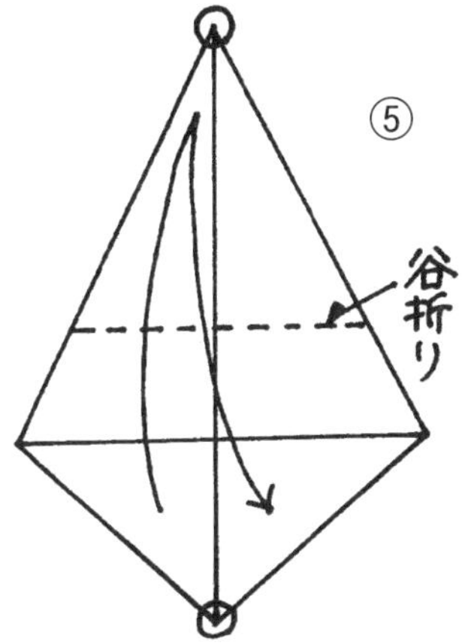

下から上に折り上げて
折り目をつけてもどす
（○印を合わせて折る）

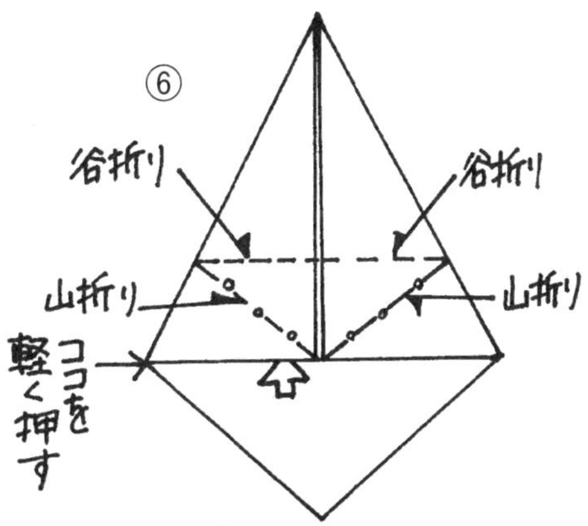

左の角を軽く押すと
⇧の部分が浮くので
そのまま開いて折る

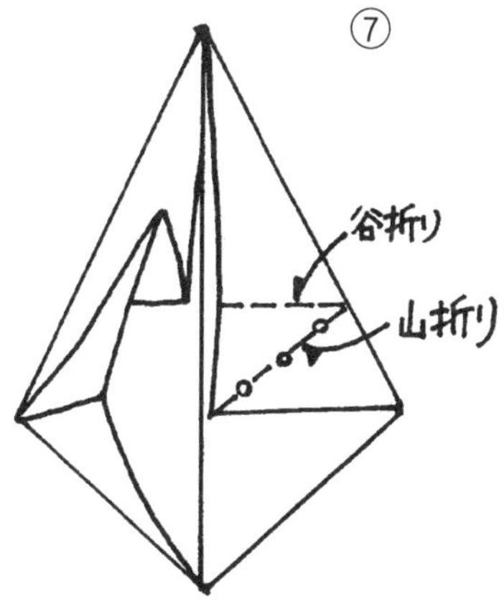

折り方図

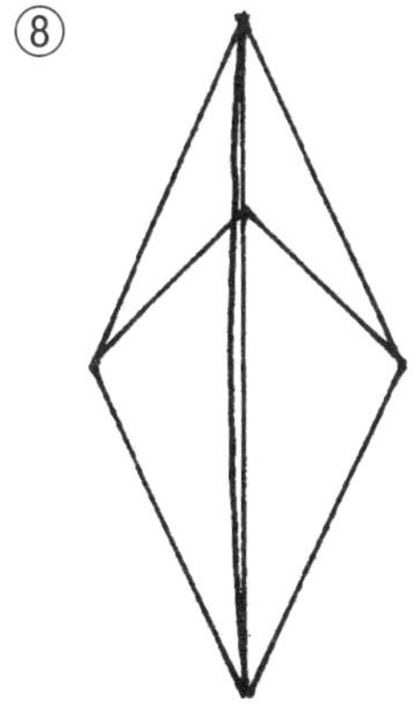

左右ともに折り上げると
この図になる

⑨

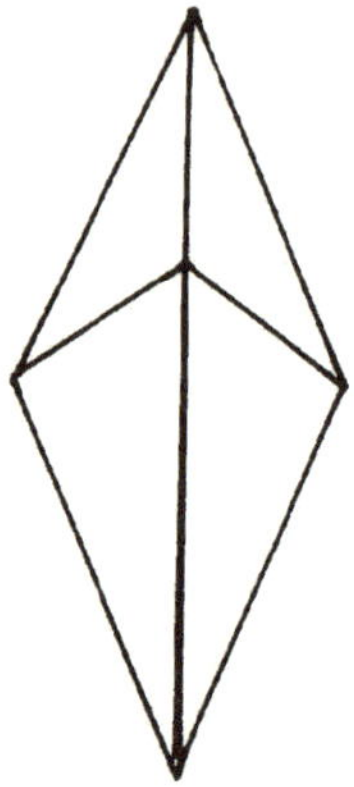

この状態を時計回りに
180度回転させて、次に
左から右に裏返す

⑩

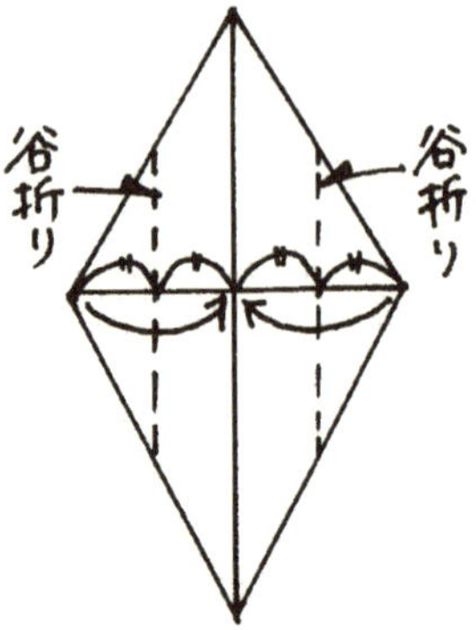

左右の順で折る
次に左から右へ裏返す

⑪

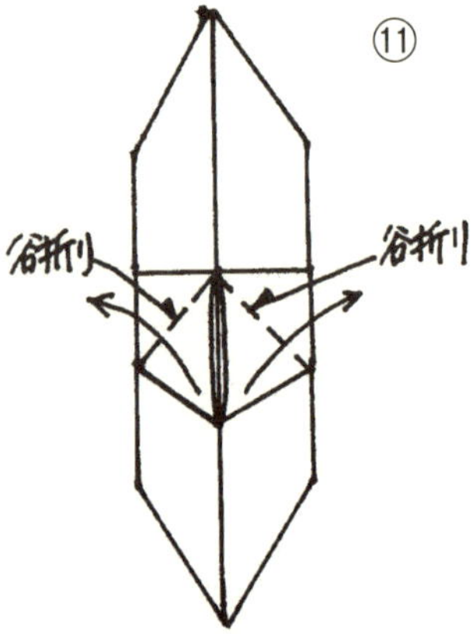

この図になる

三角の部分を左右斜めに
折り上げる

⑫

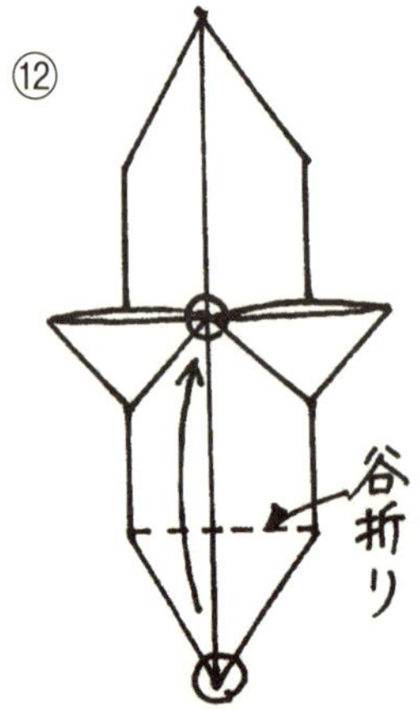

下から上に折り上げる
（○印を合わせる）

⑬

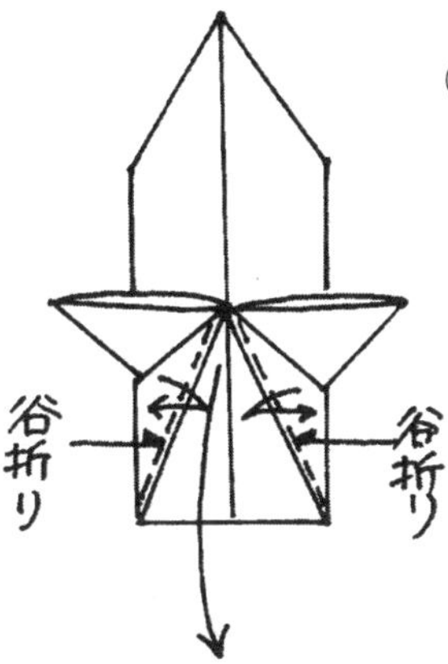

この図になる
次に左右の三角の折り
線をしっかりとつける
最後に⑫で折り上げた
三角部分を下にもどす

⑭

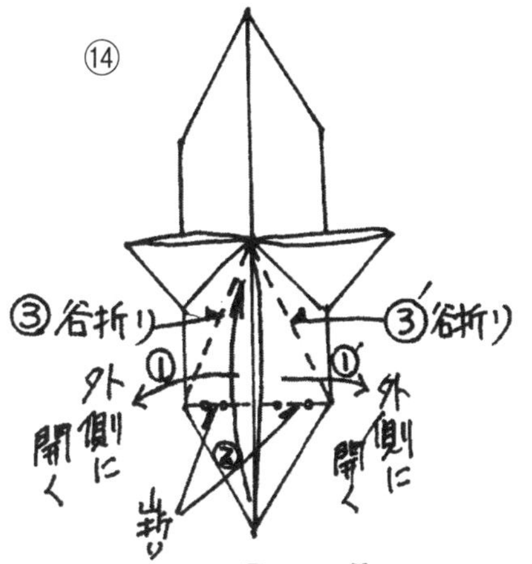

この図になる
次に①①'の左右を外側に
開いて、②の三角部分を
下から上に折り上げながら、
③③'の谷折りをする

⑮

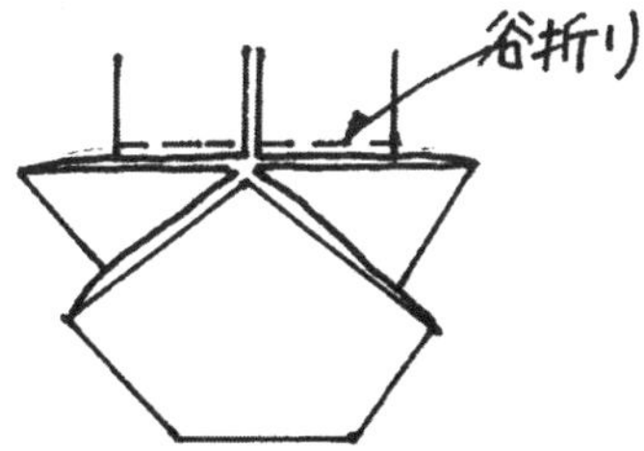

この図になる
次に下から上に折り上げる

⑯

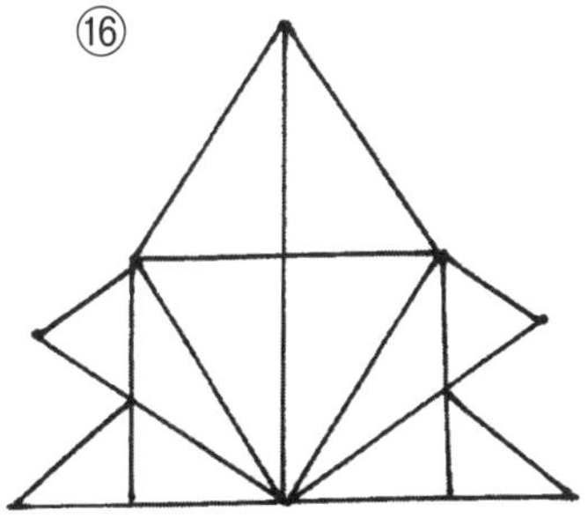

この図になる
次に時計回りで180度回転する

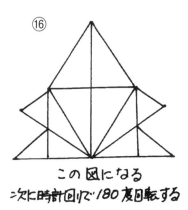

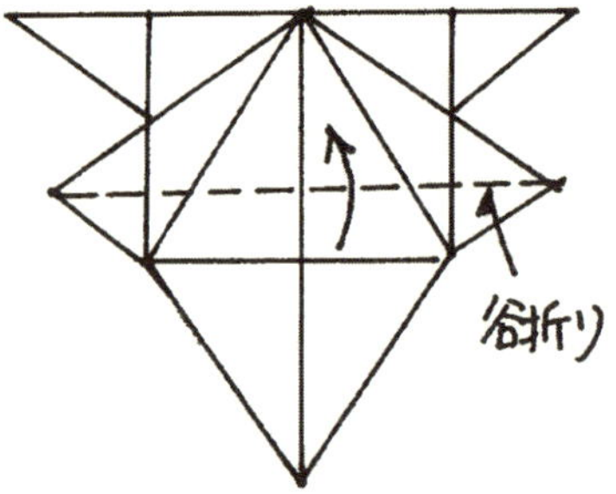

この図になる
次に上の1枚を下から上に
折り上げる
時計回りに180度回転
する

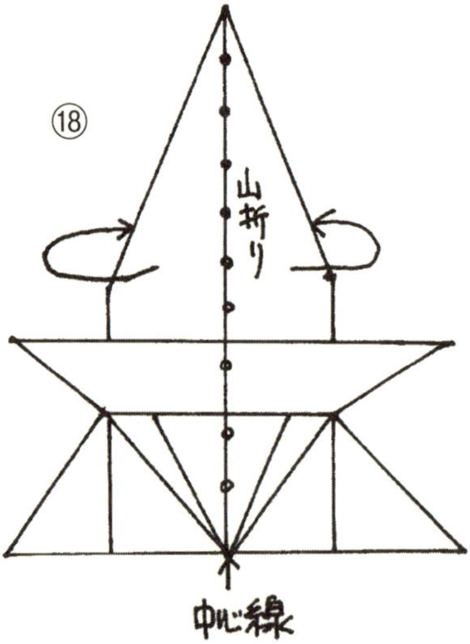

この図になる。
次に中心線で山折りする
(半分に折る)

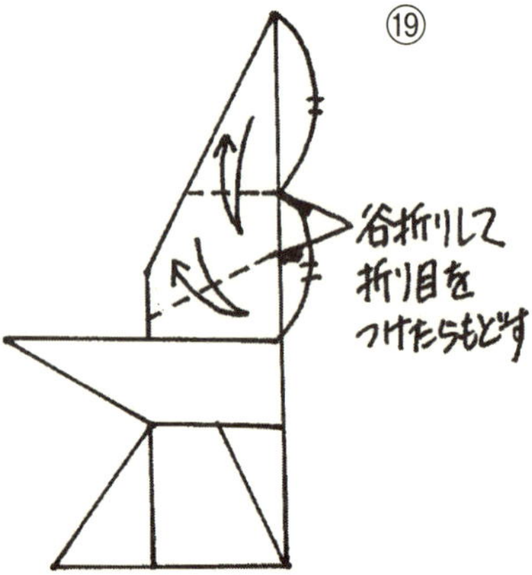

この図になる
折り目をつけたら一度
⑱図の状態に戻す

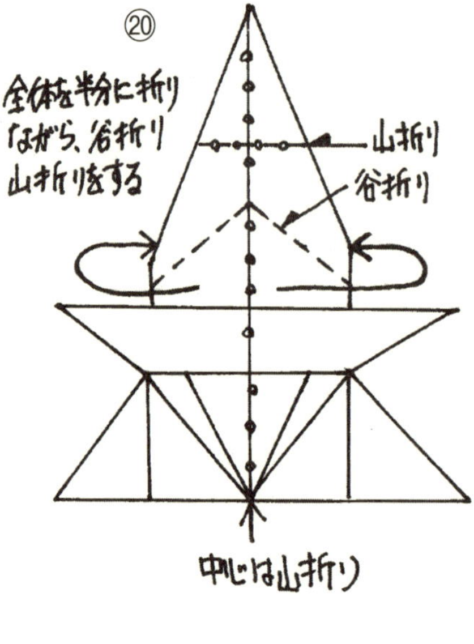

㉑

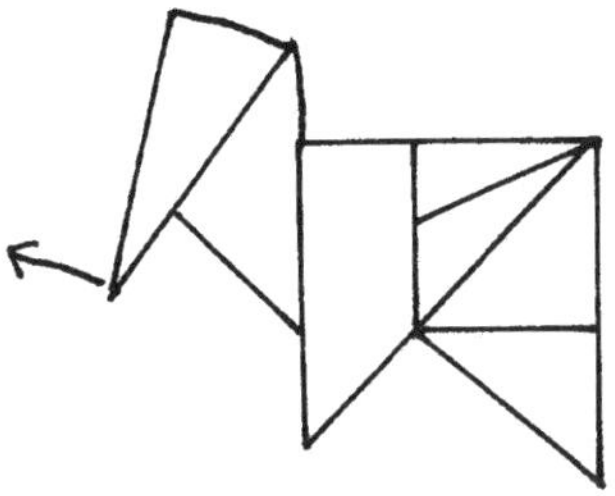

頭部分を少し斜め上に
引き上げ形をととのえる

㉒

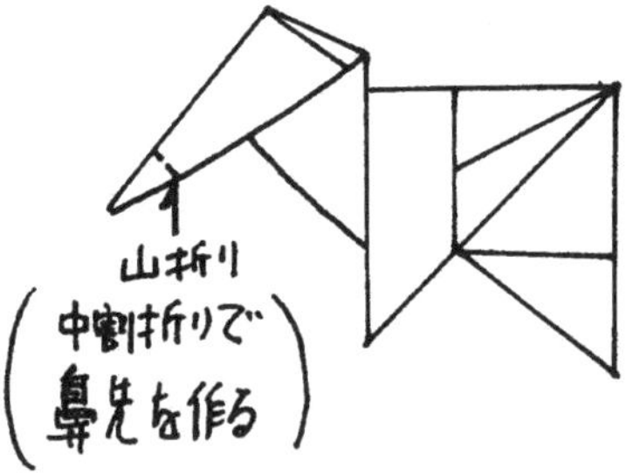

㉓

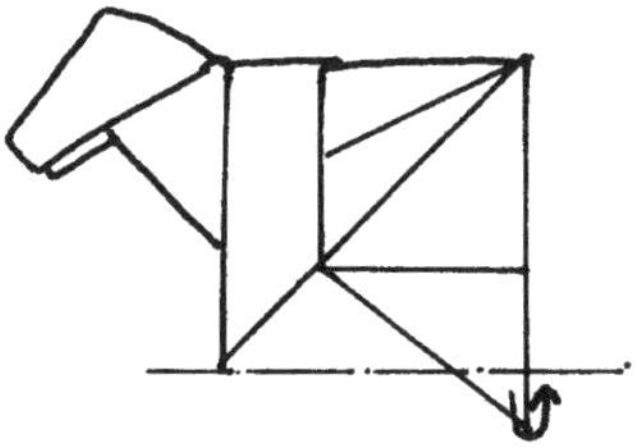

前足の長さに合わ
せて、後足の先端を
内側に折って長さを
調整する（バランスを取る）

㉔

耳としっぽのパーツを
作る

㉕

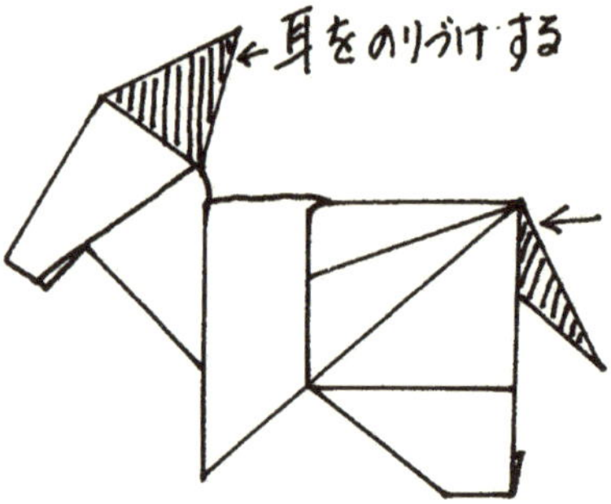

本体に耳としっぽのパーツを
のりづけする

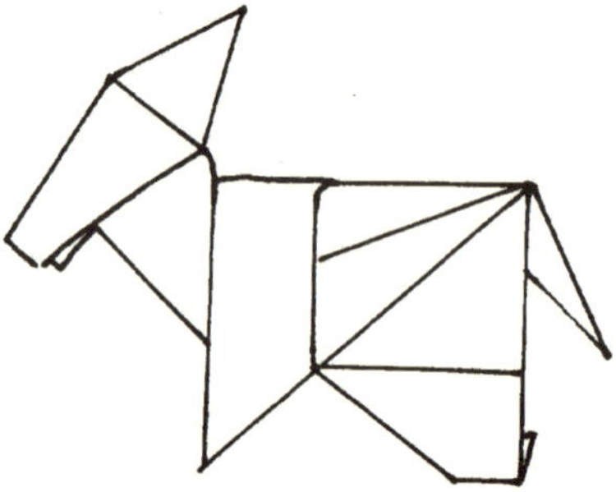

完成図

未の折り方

未の完成写真

基本形　ダイヤ折り①～⑰を折る（62頁参照）

⑱

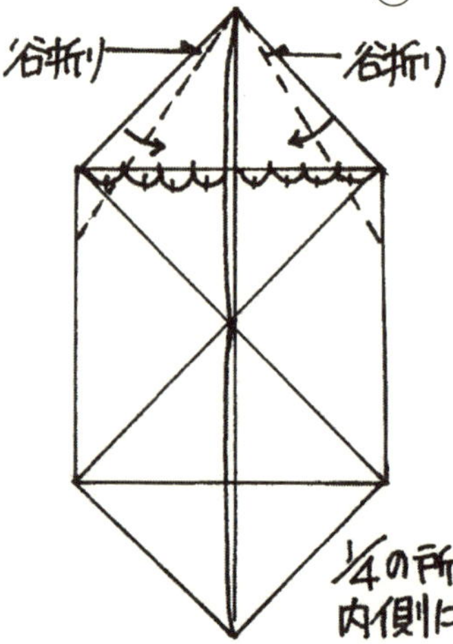

1/4の所で内側に折る

⑲

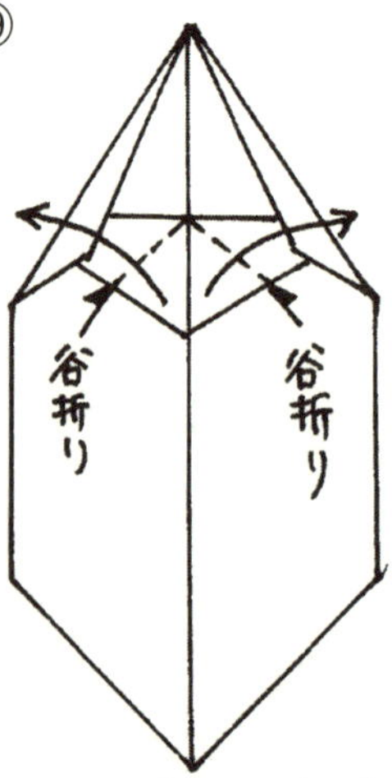

三角の部分を左右斜め上に折り上げる

⑳

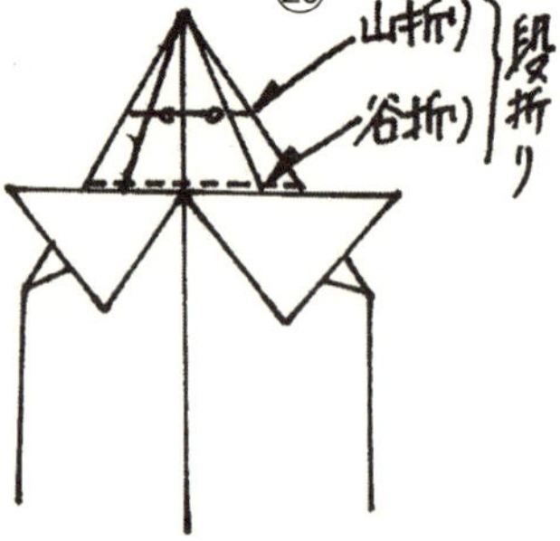

上の三角の部分を段折りする

㉑

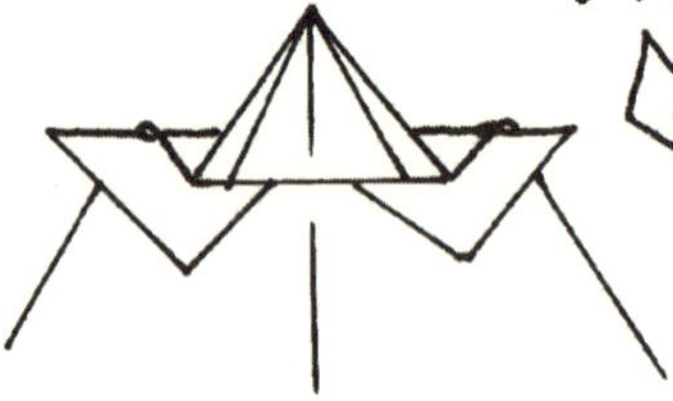

この図になる
次に時計回りに180度回転する

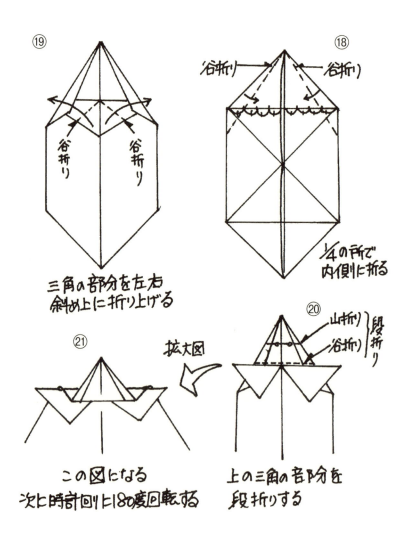

㉒

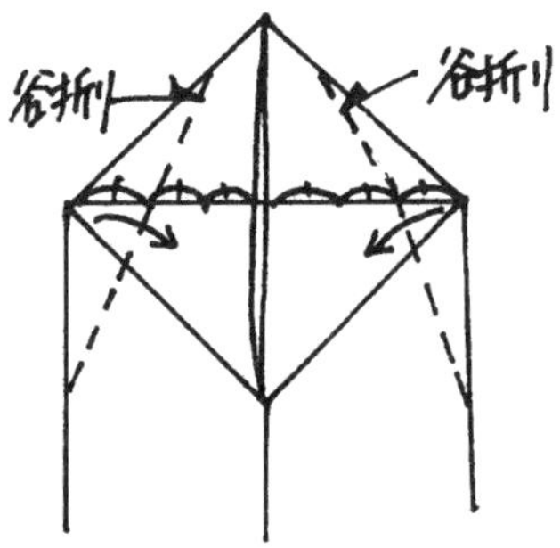

左右を内側に
谷折りする

㉓

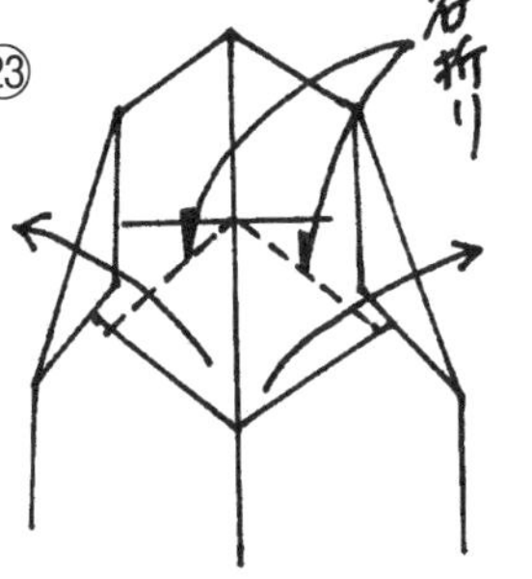

下の三角を左右それぞれ
斜め上に折り上げる

㉔

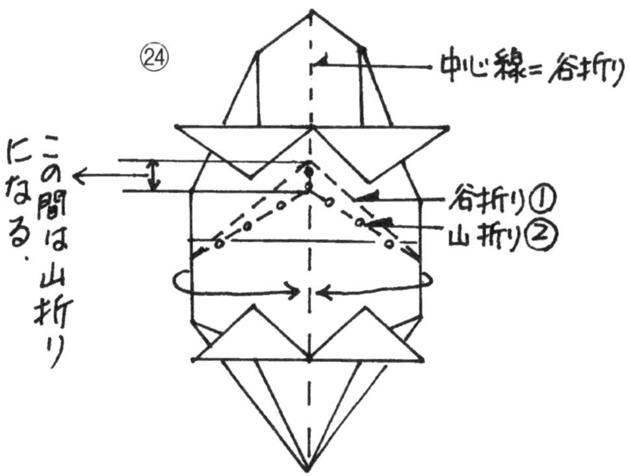

先に①と②の折り目をしっかりつける
次に中心線で半分に折りながら①と
②を同時に折る

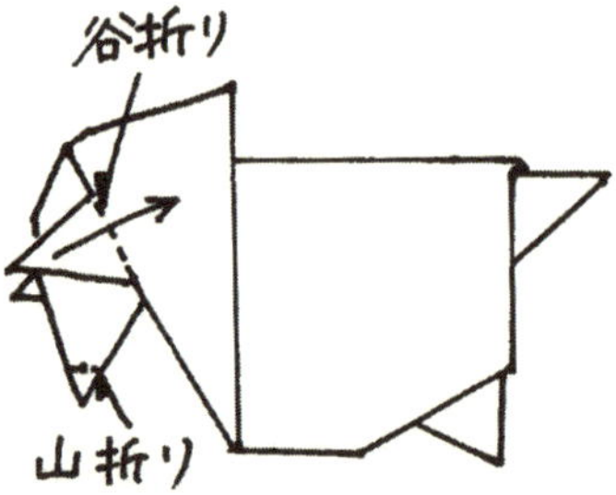

㉕

⇨の所を開いて
折り線で中割り
折りをする

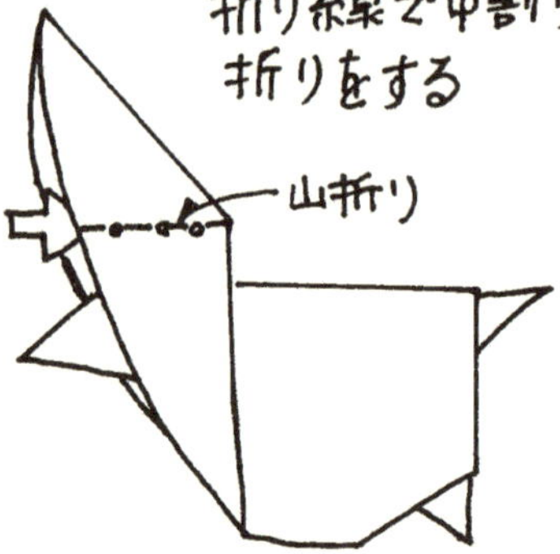

左右両方の耳を後ろに
谷折りする
最後に鼻を山折りして
内側に折り込む

完成図

申の折り方

申の完成写真

はじめに色紙１枚の½を用意します

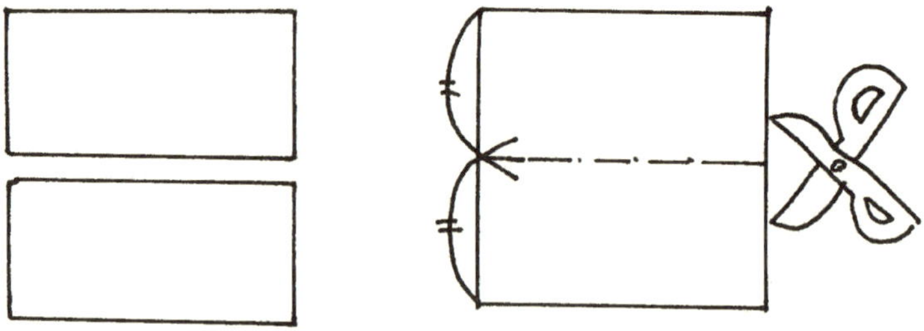

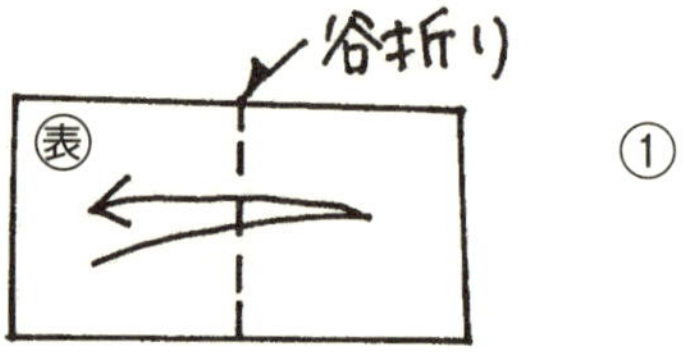

左から右へ谷折りする
折り目をつけたらもと
にもどす

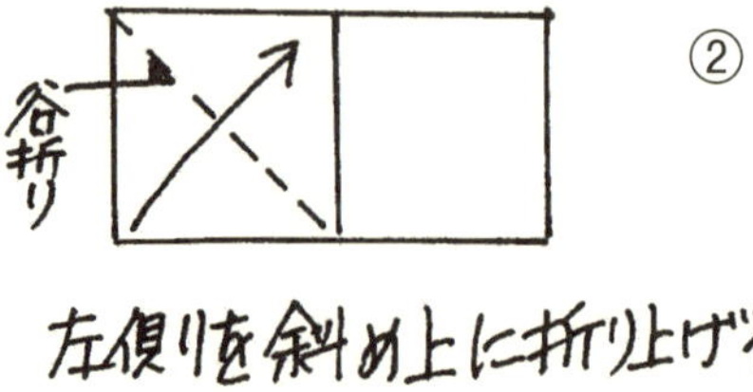

左側を斜め上に折り上げる
次に左から右へ裏返す

③

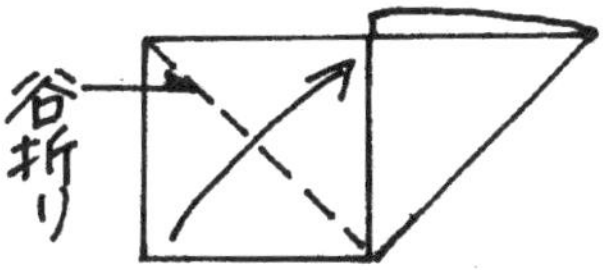

左から右斜め上に
折り上げる

④

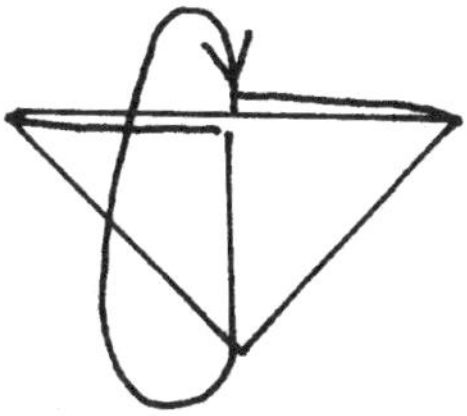

この図になる
下から上に裏返す

⑤

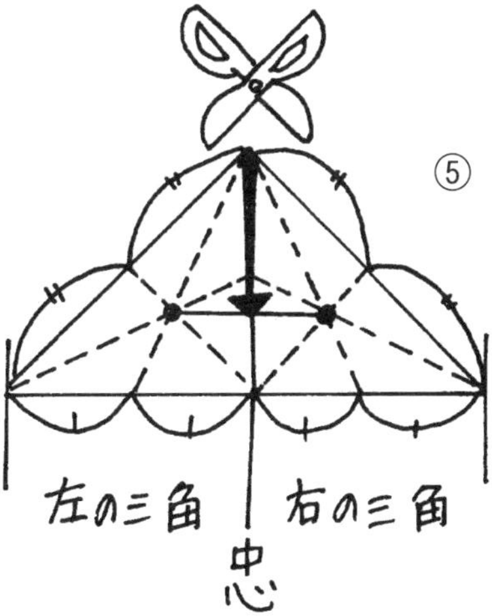

●印を結んだ線の
中心点まで切り込
みを入れる

⑥

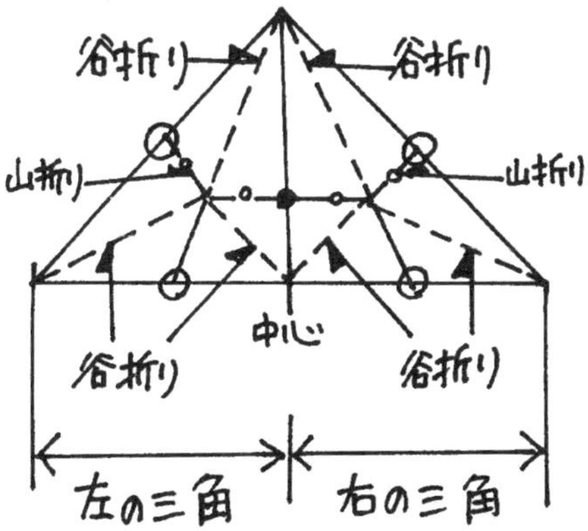

左右の三角ともに○印が
●印と重なる様に下の角
と上の角を合わせて折る

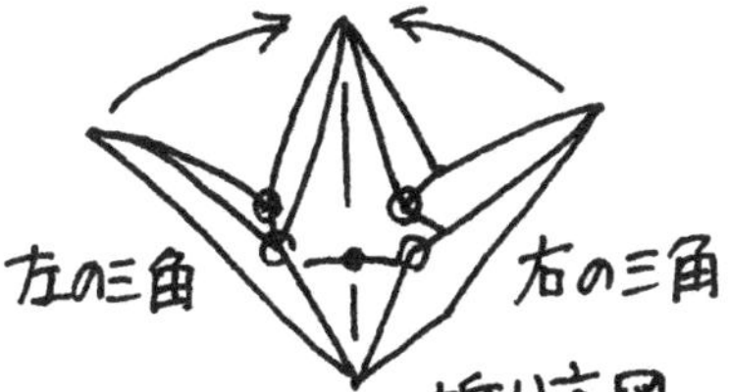

折り方図

⑦

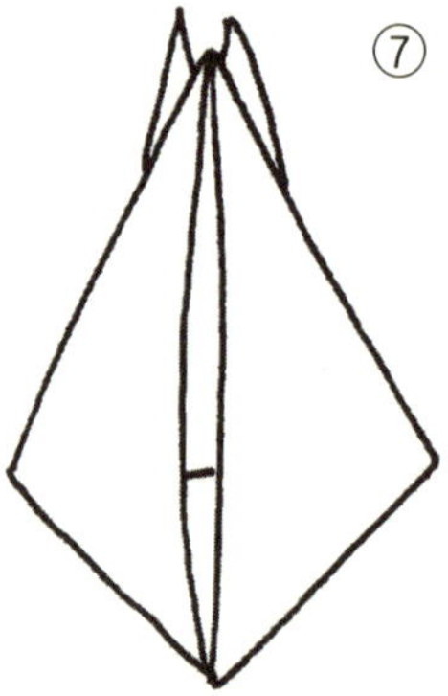

この図になる

⑧

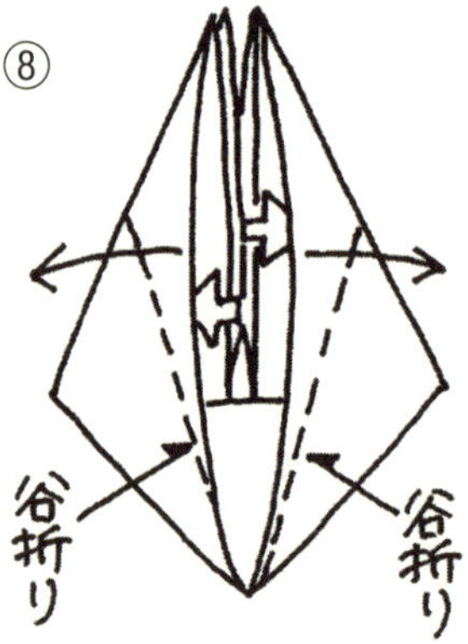

左右の上1枚を斜めに折り開く

⑨

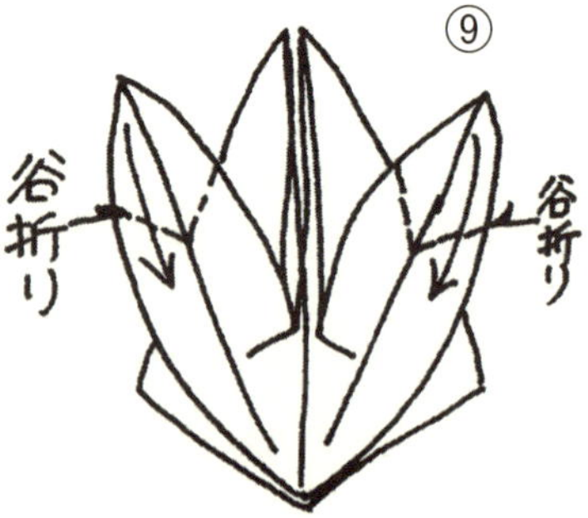

この図になる

次に左右の上の角を下に折る

⑩

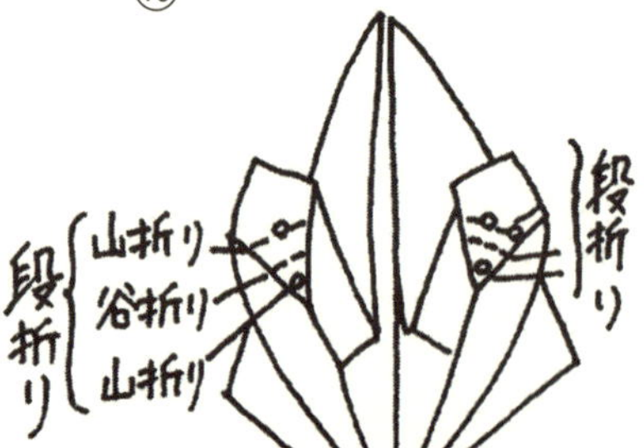

左右の申の顔を段折りで作る

⑪

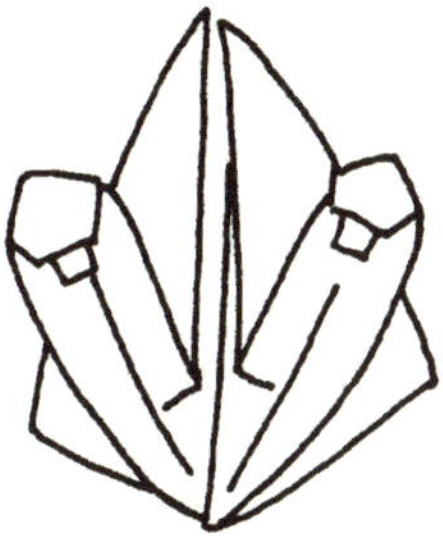

この図になったら
左から右へ裏返す

⑫

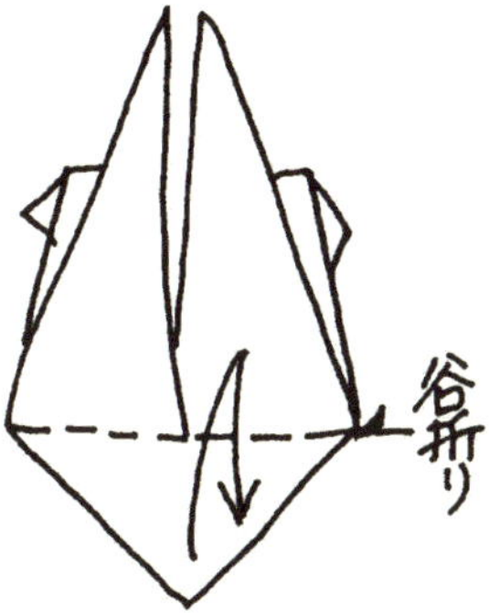

下の三角の部分を
下から上に折り上
げ、折り目をつけ
たらもどす

⑬

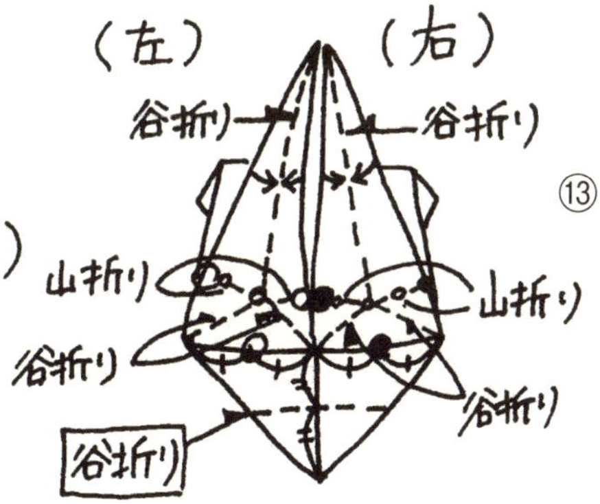

初めに中心線の谷折りを
しながら ○印は ○印、
●印は ●印を合わせたら
左右に折り倒す
最後に 谷折り をする

⑭

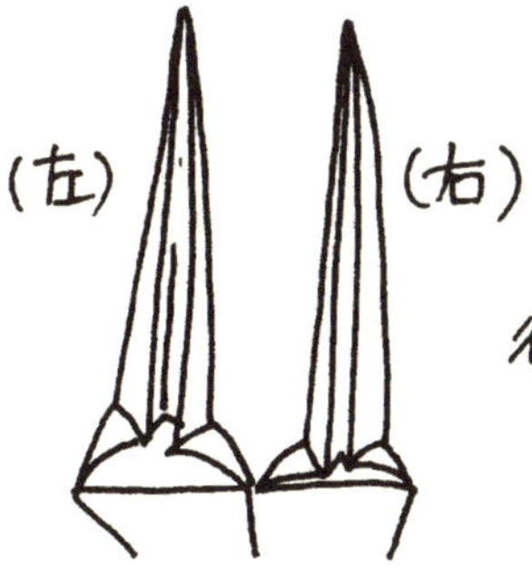

折り方の図

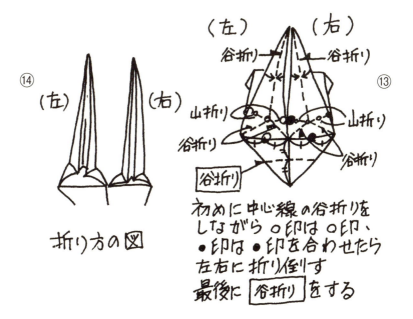

⑮

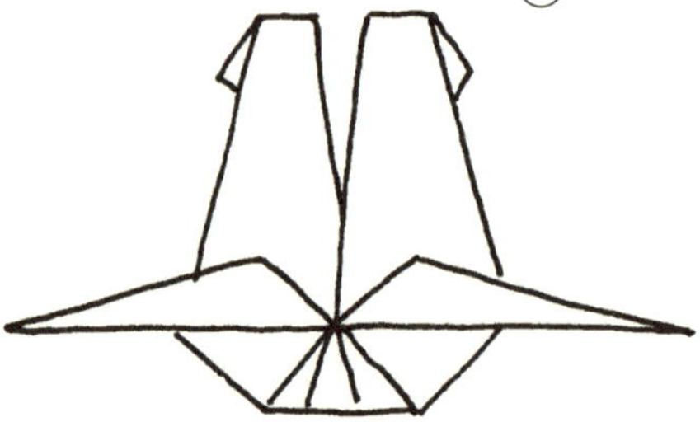

この図になる

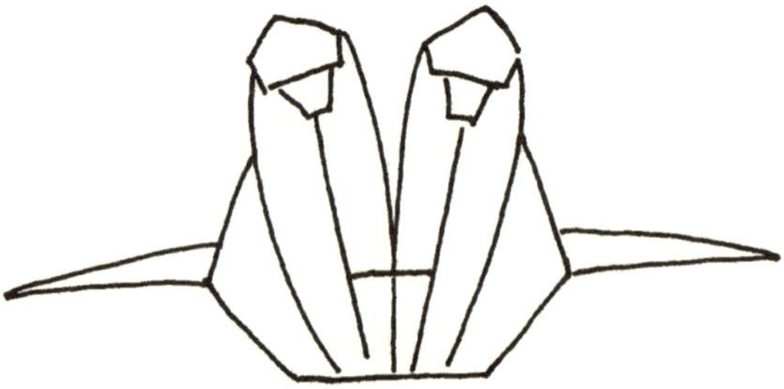

完成図

酉の折り方

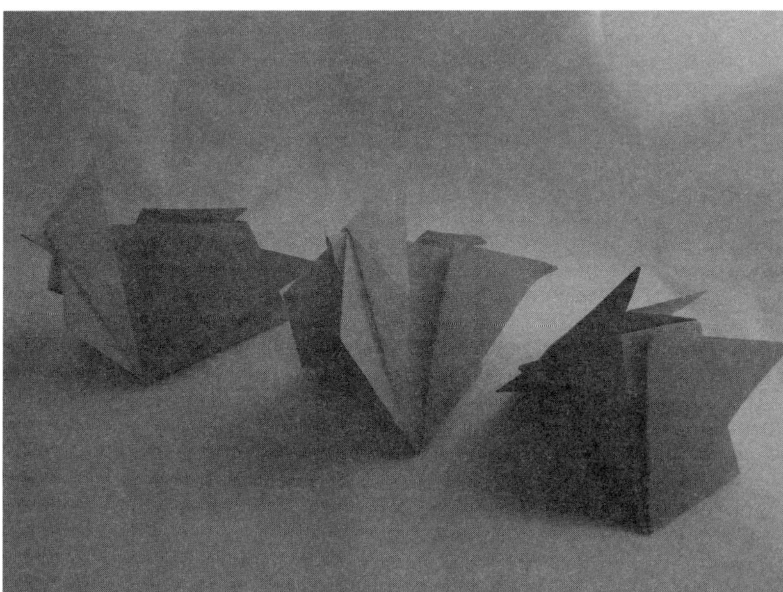

酉の完成写真

①

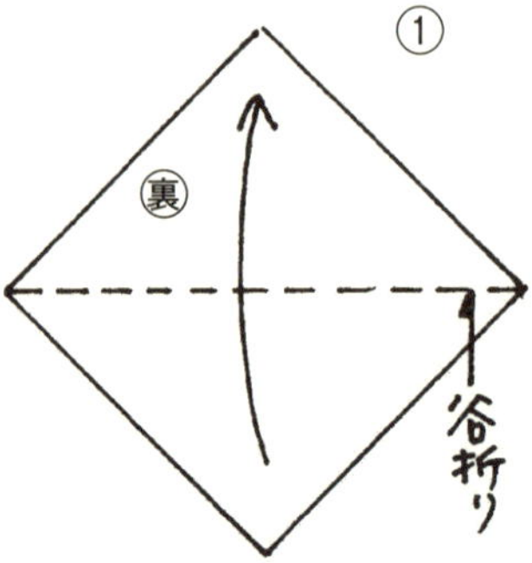

下から上に折り
上げる

②

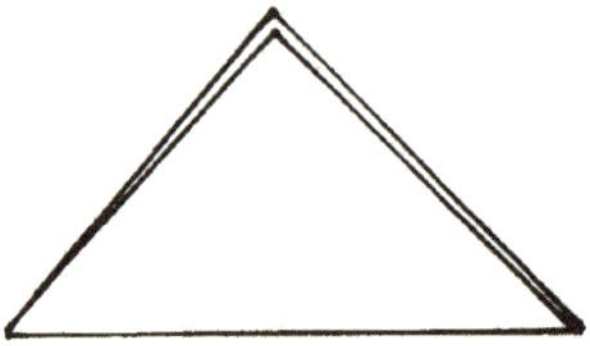

時計回りに90度回転する

③

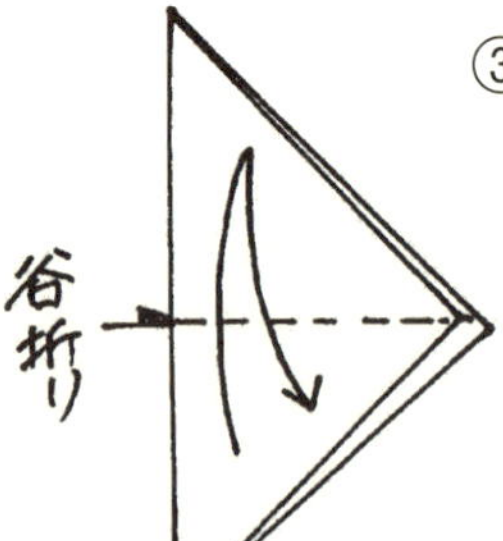

下から上に折り上げて
折り目をつけてもどす
次に時計回りに270度
回転する

④

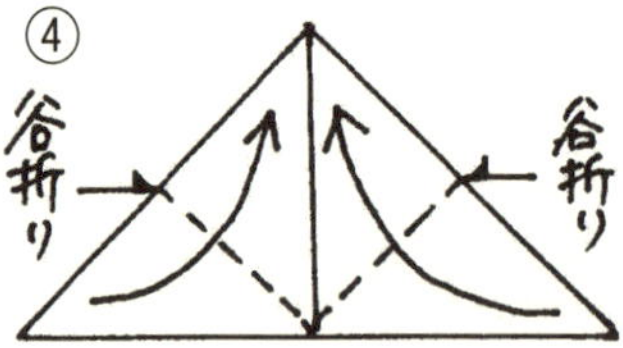

左右の順で折り上げる

⑤

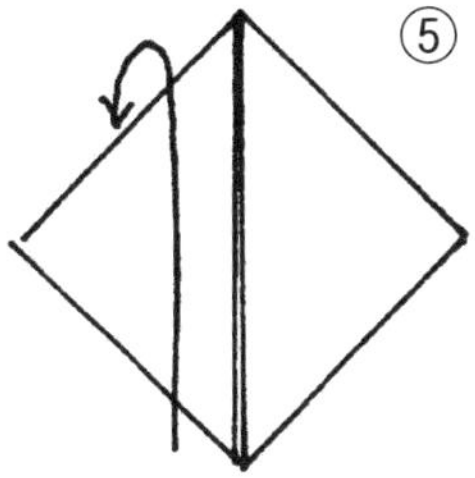

この図になる
次に下から上に裏返す

⑥

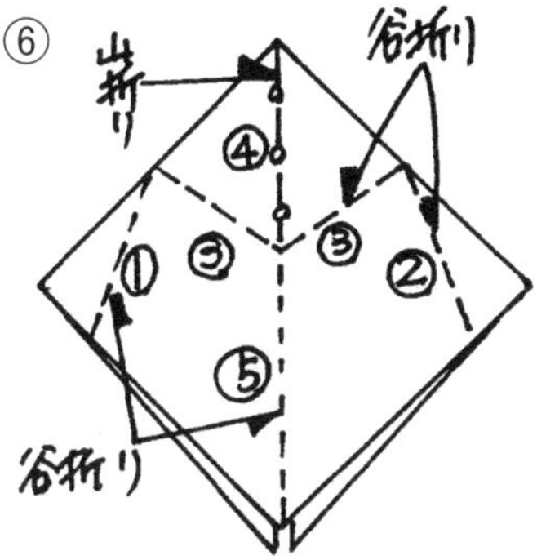

①②③④⑤の順で
折る

⑦

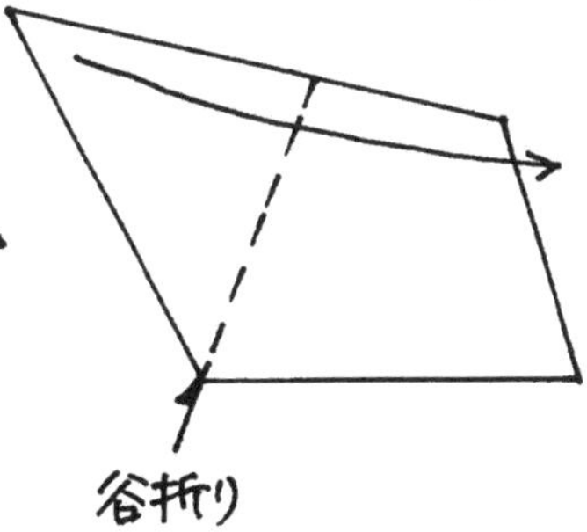

この図になる
次に上の紙1枚を左から
右に折る・裏側も同
様に折る

⑧

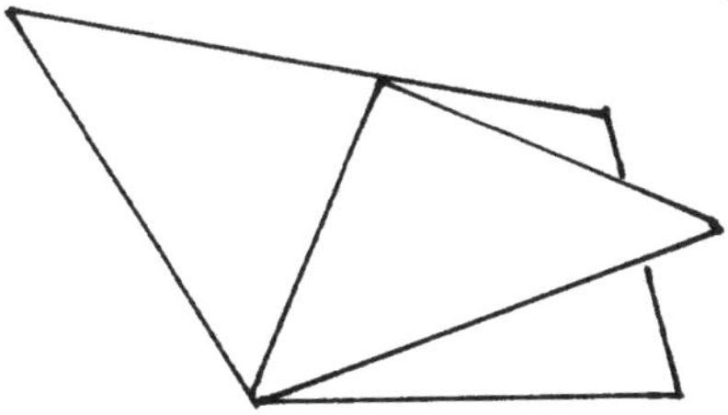

この図になる

次に、この折りを
手順⑥までほどく

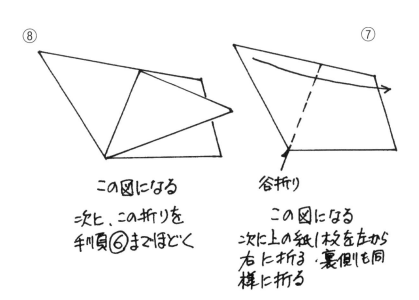

⑨

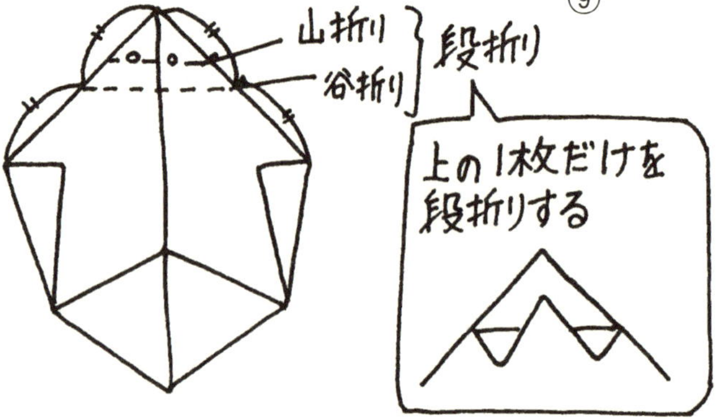
山折り
谷折り
段折り
上の1枚だけを
段折りする

⑩

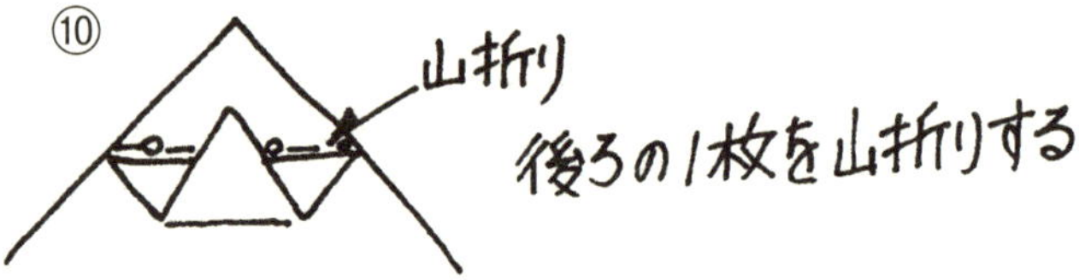
山折り
後ろの1枚を山折りする

⑪

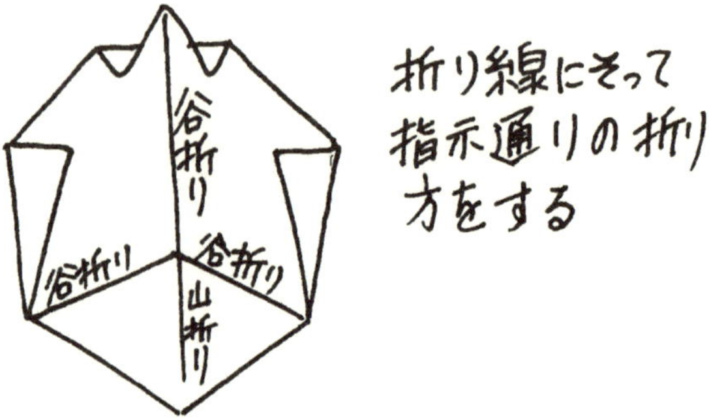
谷折り
谷折り
谷折り
山折り
折り線にそって
指示通りの折り
方をする

⑫

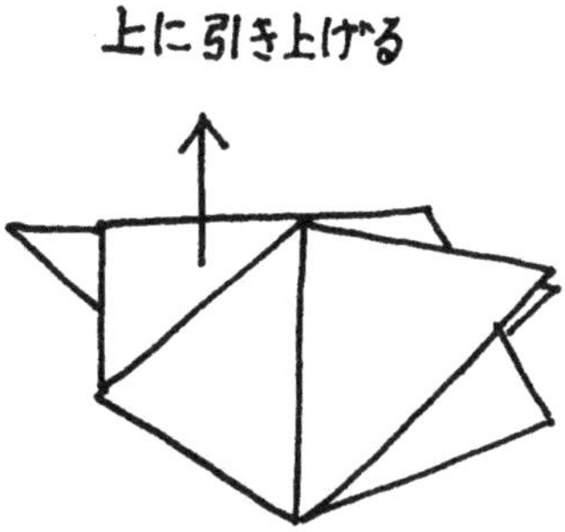

⑪の指示通り折ったのち、
手順⑦ ⑧ を行い羽根をつくる
この図になったら上1枚を上に
引き上げる

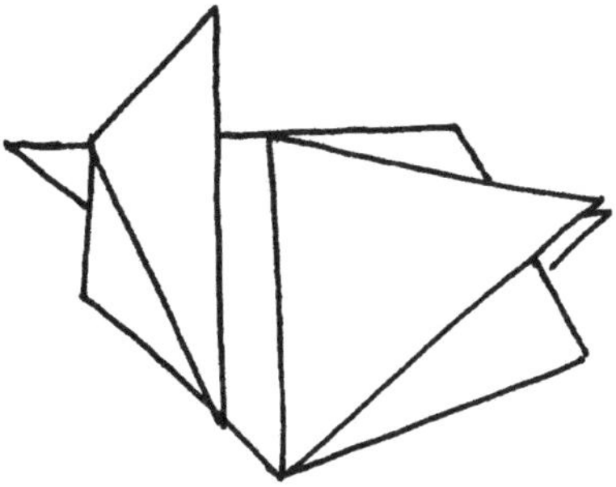

完成図

戌の折り方

戌の完成写真

基本形　ダイヤ折り①～⑰を折る（62頁参照）

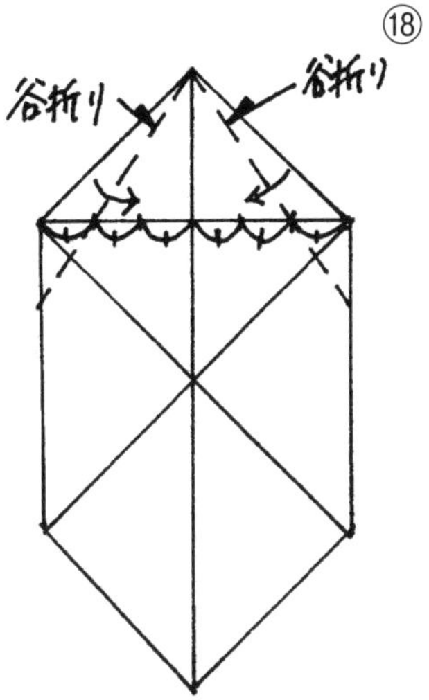

1/3の所で谷折りする

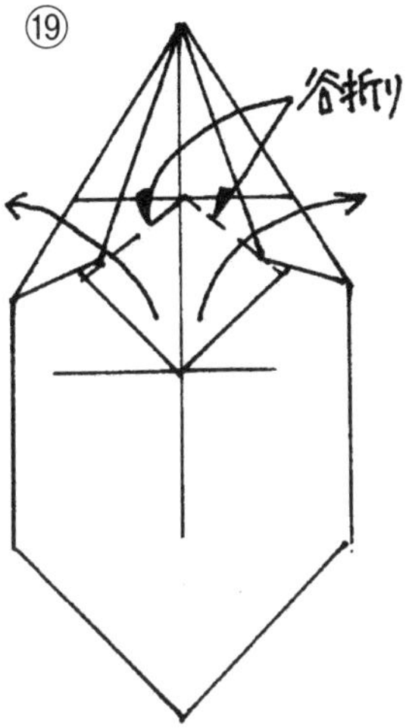

三角の部分を斜め上に
折り上げる

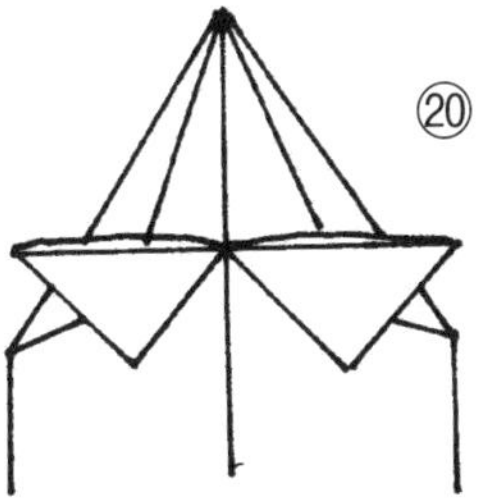

この図になる
次に時計回りに180度
回転する

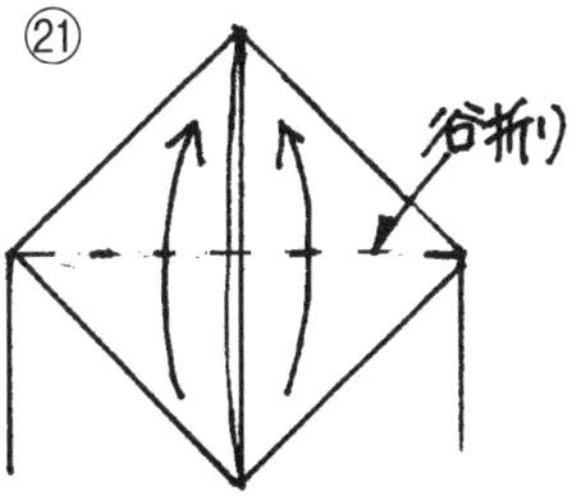

下から上に折り上げ
三角部分を重ねる

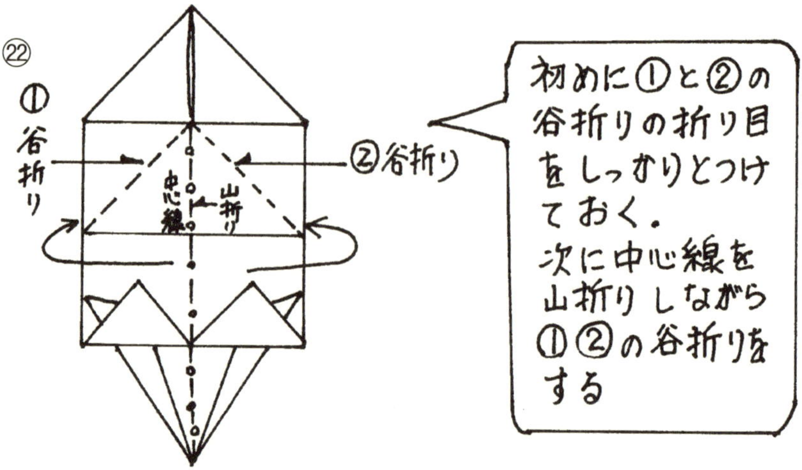

谷折り①を折る為には一度㉒図の状態にもどす

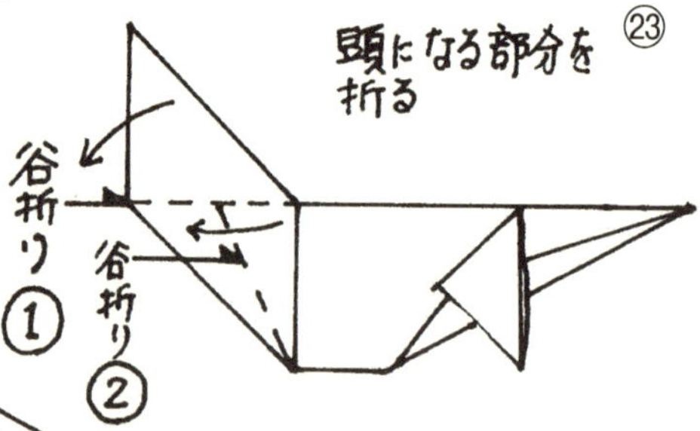

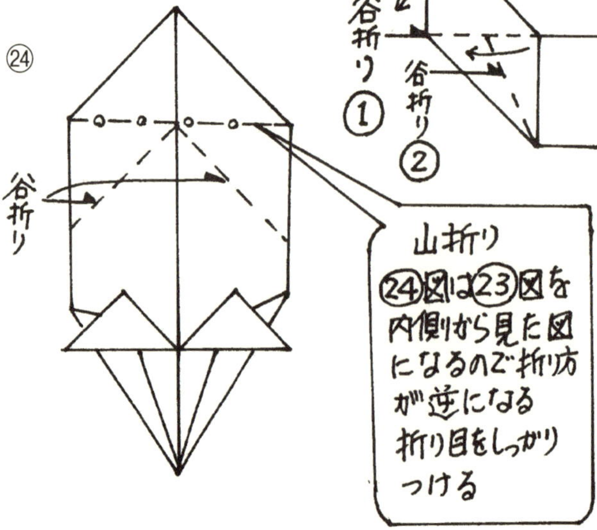

㉕

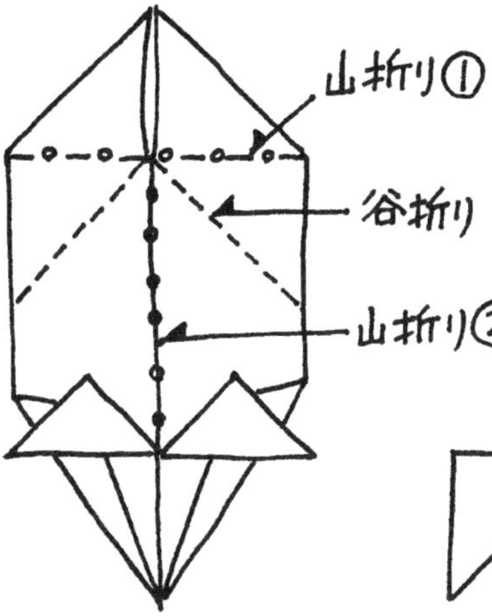

初めに山折り①をしっかり折る
次に谷折りをしながら山折り②を折る

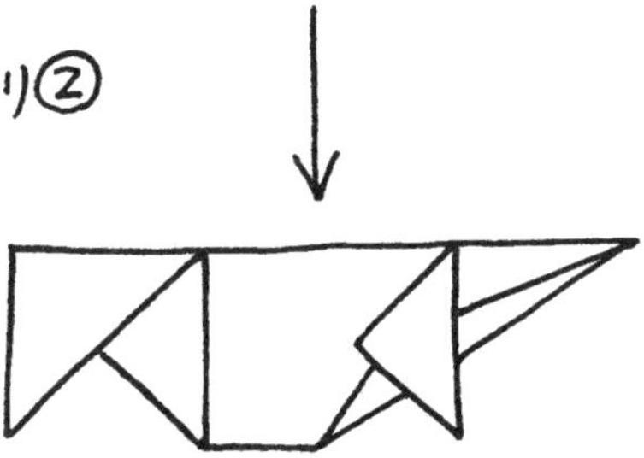

この図になる

㉖

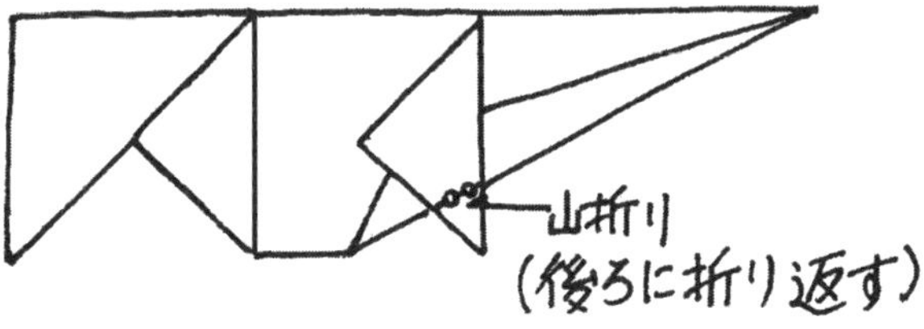

しっぽを折る時は一度後ろの折りを開く

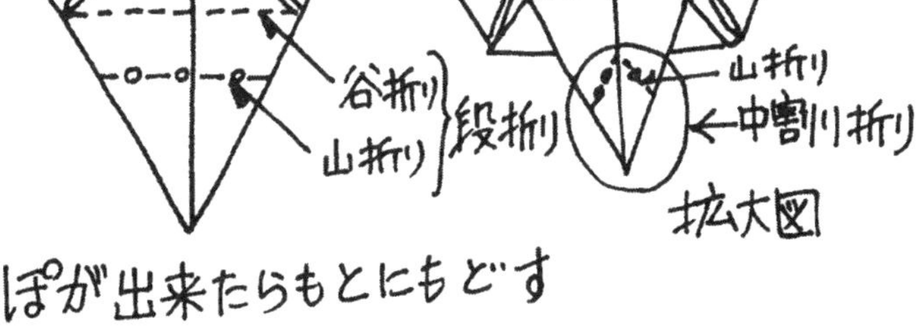

しっぽが出来たらもとにもどす

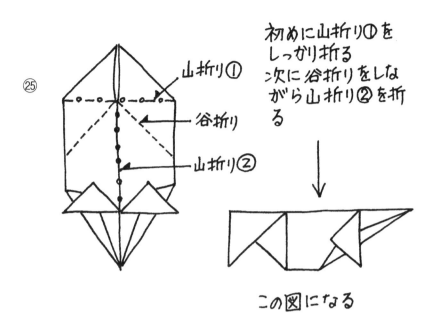

頭

㉗

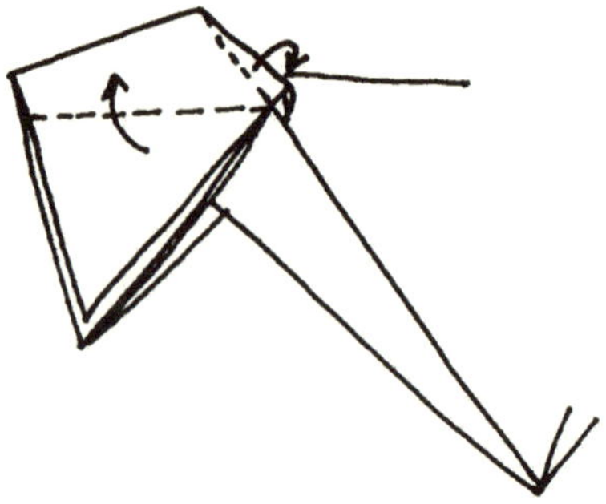

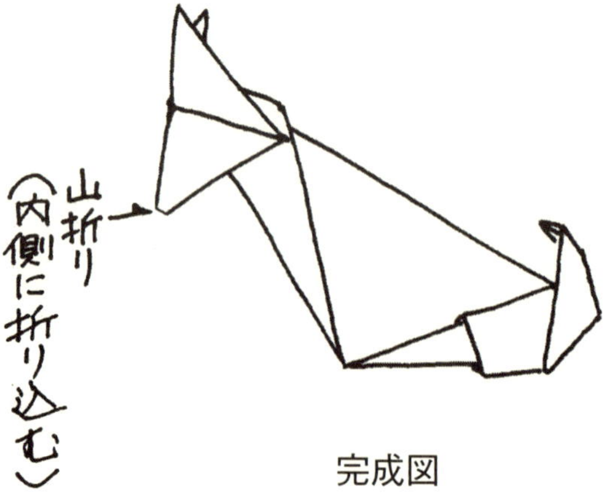

完成図

亥の折り方

亥の完成写真

①

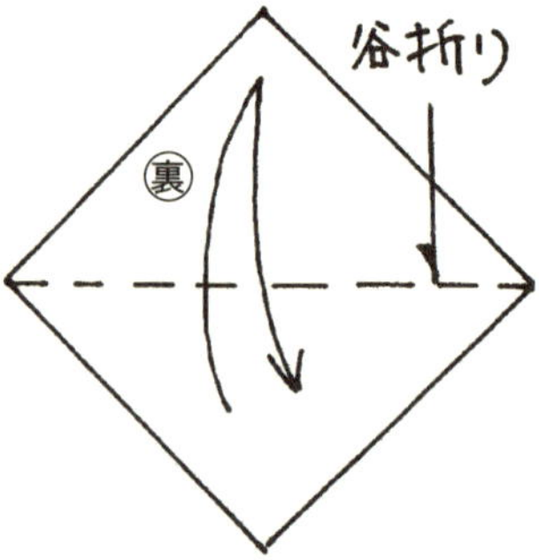

下から上に折り上げて
折り目をつけてもどす

②

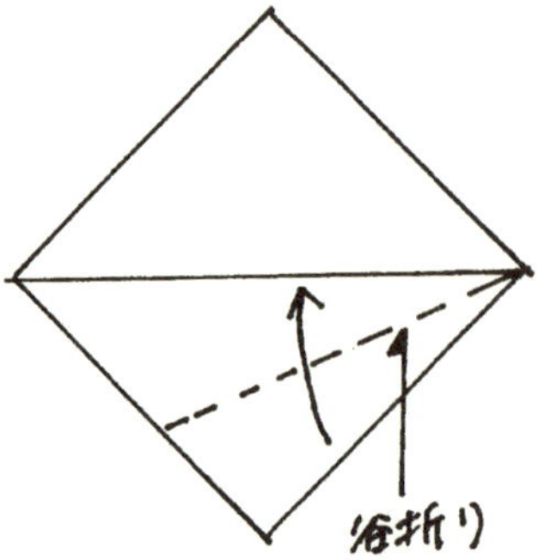

下から上に折り上げる
次に時計回りに180度
回転する

③

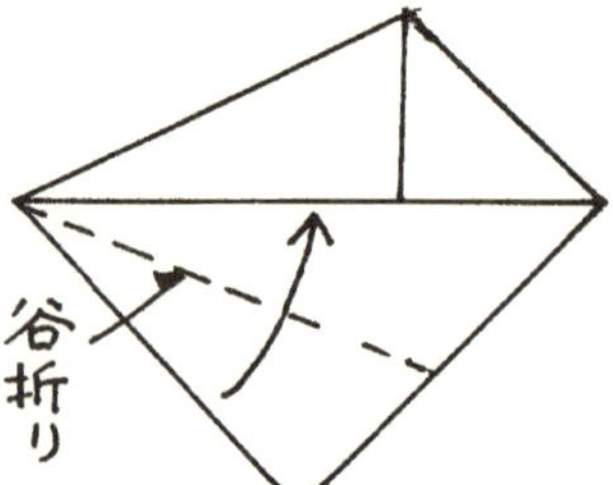

下から上に折り上げる

④

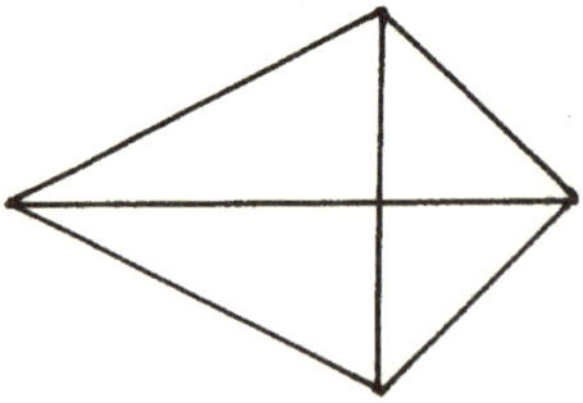

この図になる

次に時計回りに90度
回転する

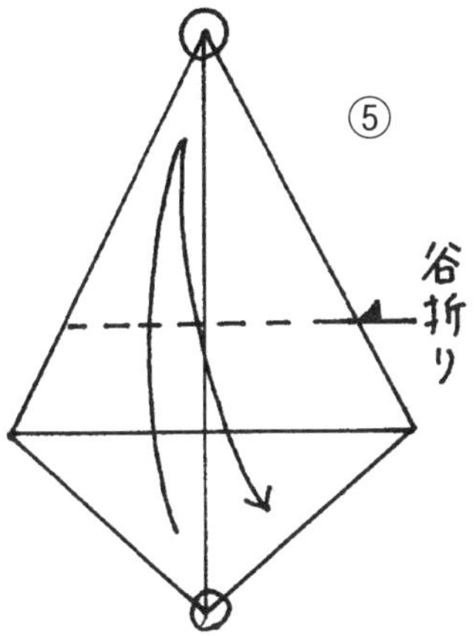

下から上に折り上げる
（○印と○印を合わせる）
次に折り目をつけて、
もどす

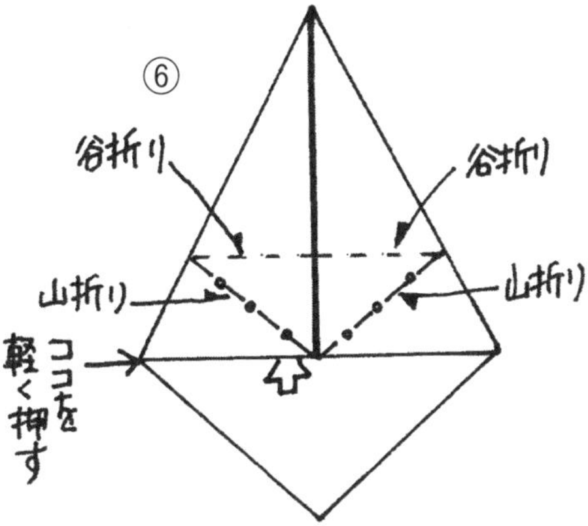

左の角を軽く押すと
⇧の部分が浮くので
そのまま開いて折る

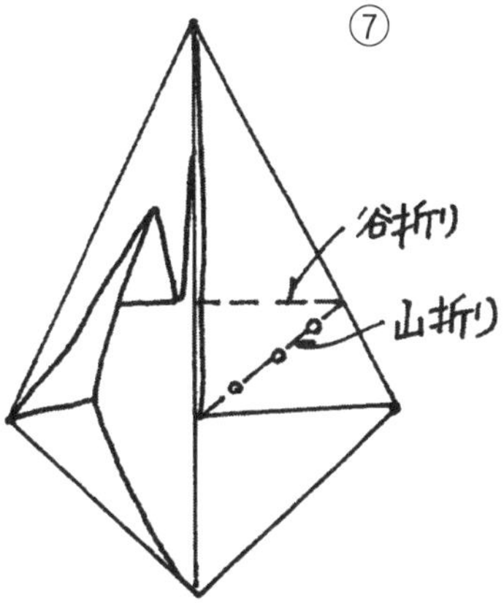

折り方図

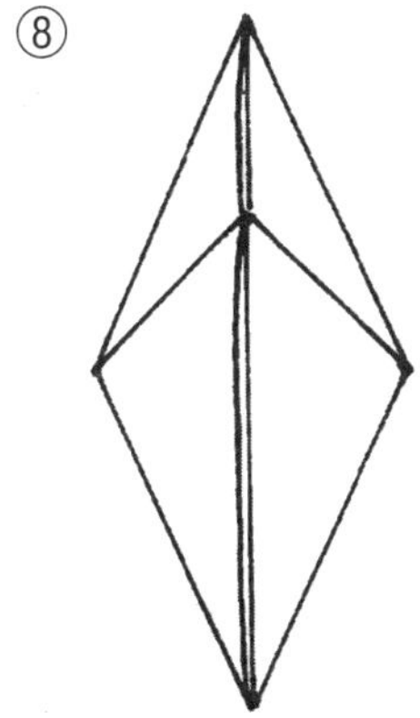

左右ともに折り上げると
この図になる

⑨

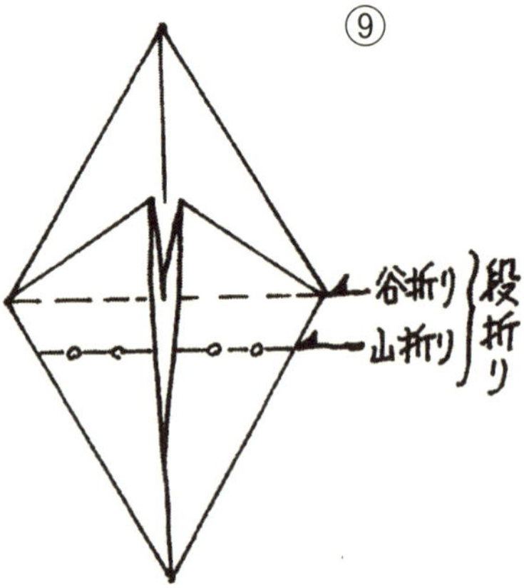

⑩

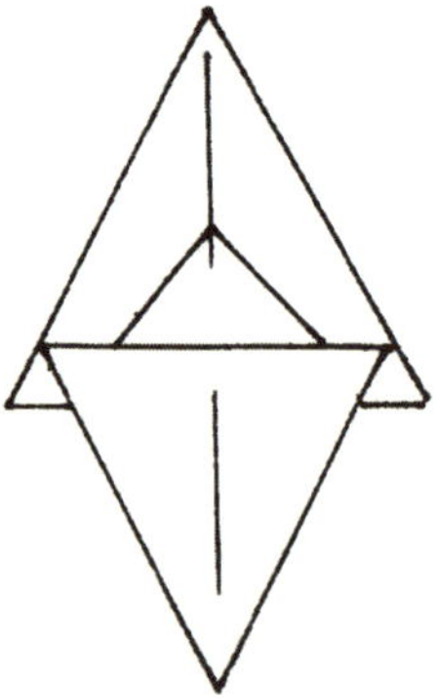

この図になる
次に時計回りに180度
回転する

⑪

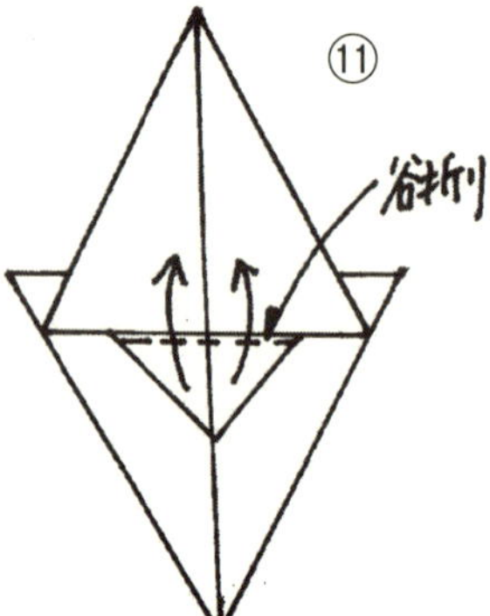

この図になる
下から上に折り上げる

⑫

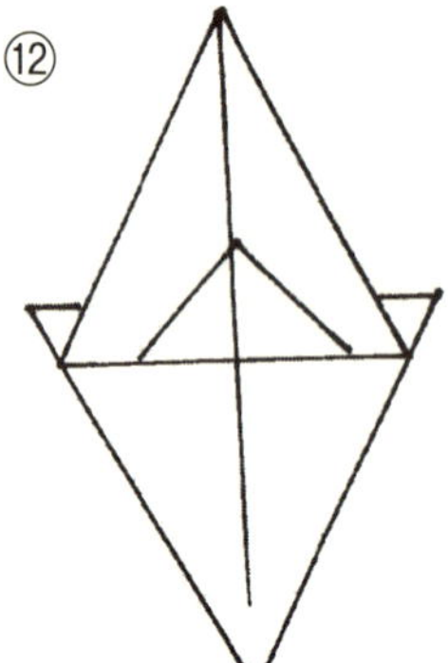

この図になる
次に時計回りに180度
回転させる

⑬

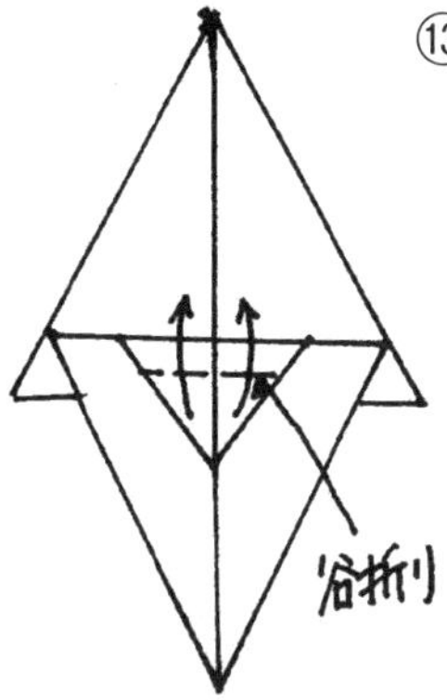

この図になる
下の三角を、下から上に
折り上げる

⑭

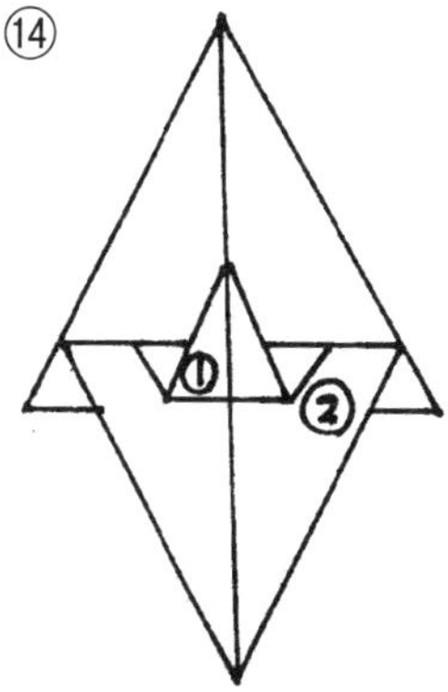

この図になる
①と②の前後を
入れかえる

⑮

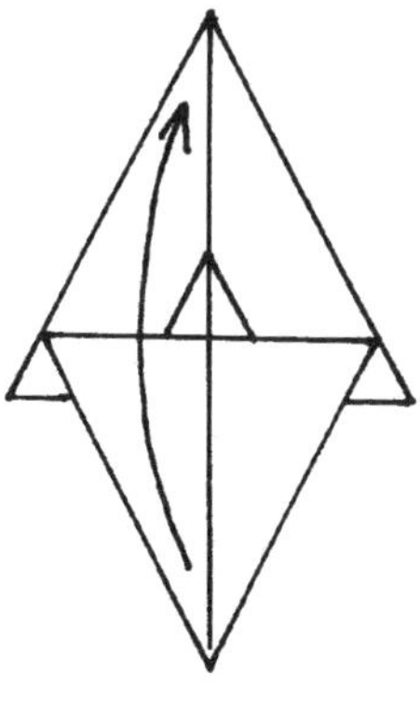

この図になる
下から上に折り上げる

⑯

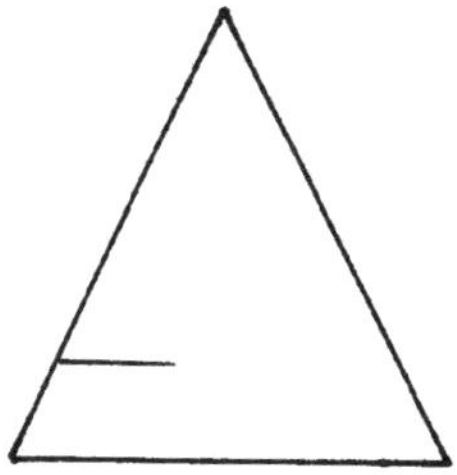

この図になる
次に時計回りに180度
回転する

⑰

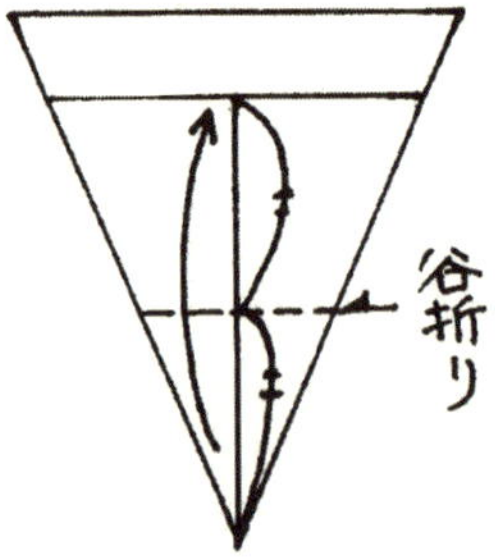

この図になる
上の1枚を下から上に折り上げる
次に時計回りに180度回転する

⑱

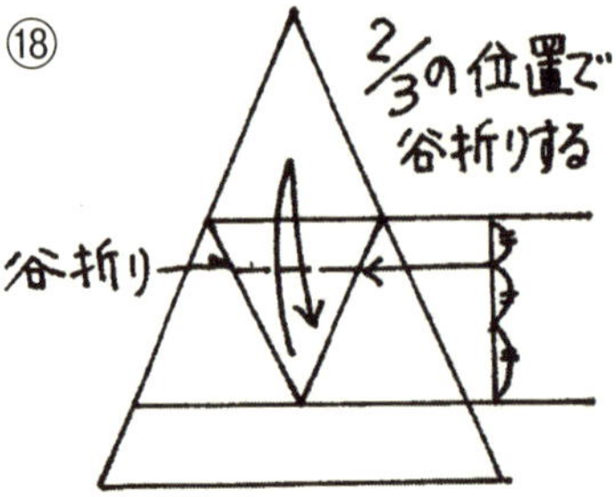

この図になる

下から2/3で折り上げて折り目をつけたらもどす

⑲

切り込み部分の拡大図

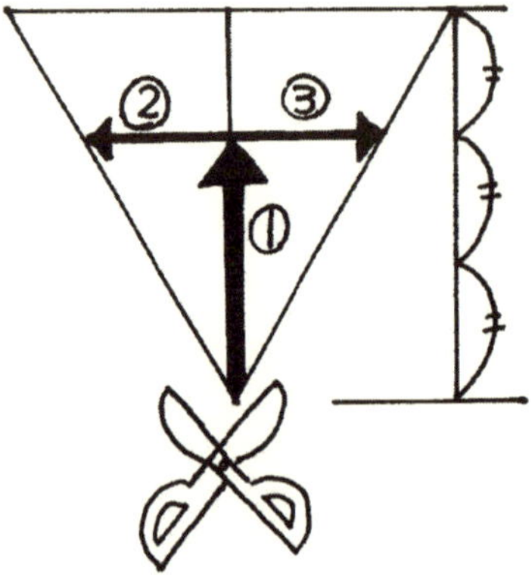

①は裏まで全部切る
②と③は上1枚だけに切り込みを入れる

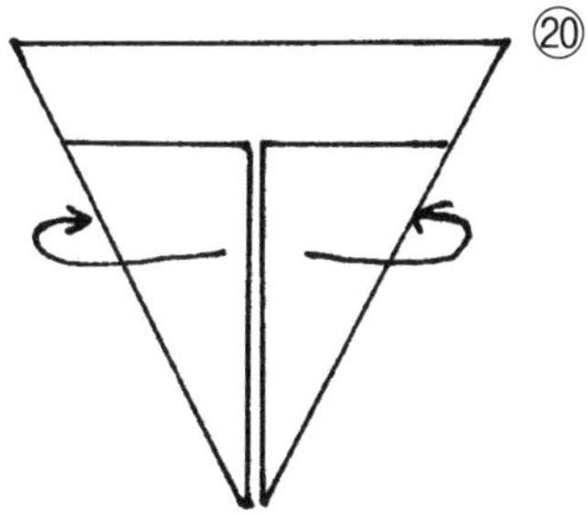

この図になる

切り込みを入れた部分を左右に開いて後ろに折り返す（裏が表になる）

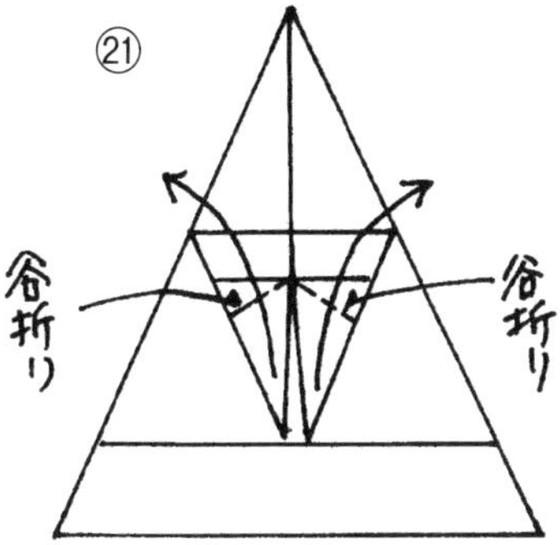

全体図

左右の三角を斜め上に折り上げる

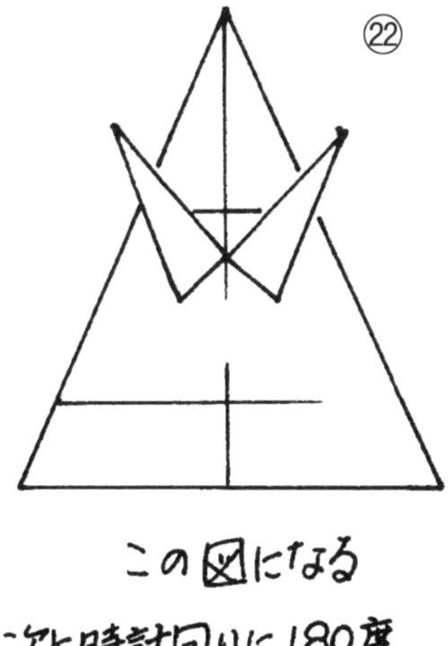

この図になる

次に時計回りに180度回転する

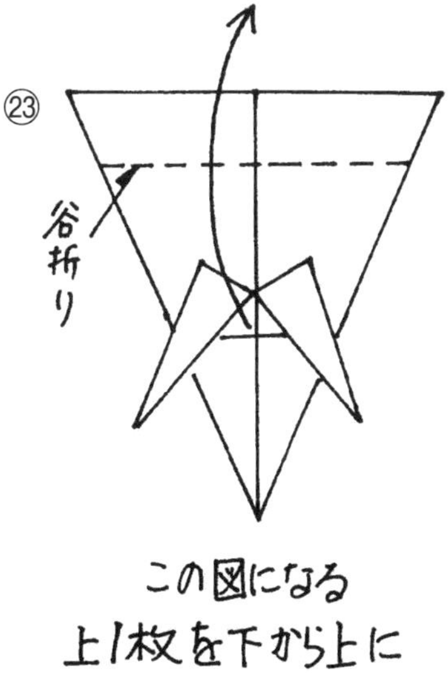

この図になる

上1枚を下から上に折り上げる

㉔

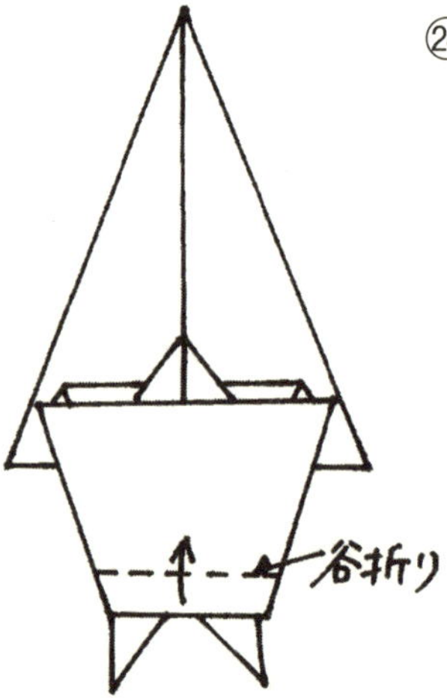

㉓図を時計回りに180度回転させ、下から上に折り上げる
次に時計回りに180度回転する

㉕

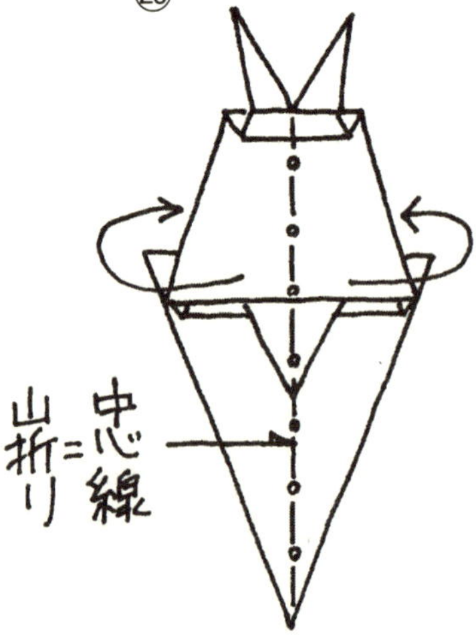

この図になる
次に中心線で半分に折る
時計回りに270度回転する

㉖

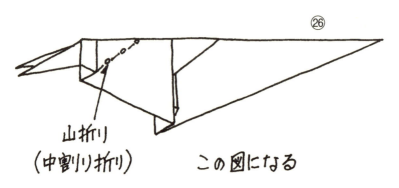

この図になる

㉗

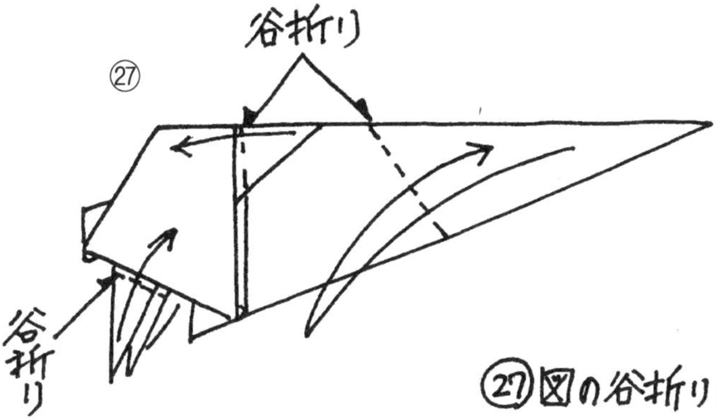
谷折り
谷折り

㉘

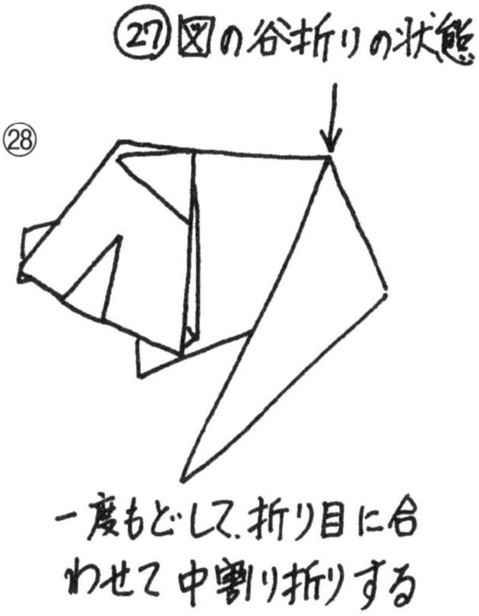
㉗図の谷折りの状態
一度もどして、折り目に合
わせて 中割り折りする

㉙

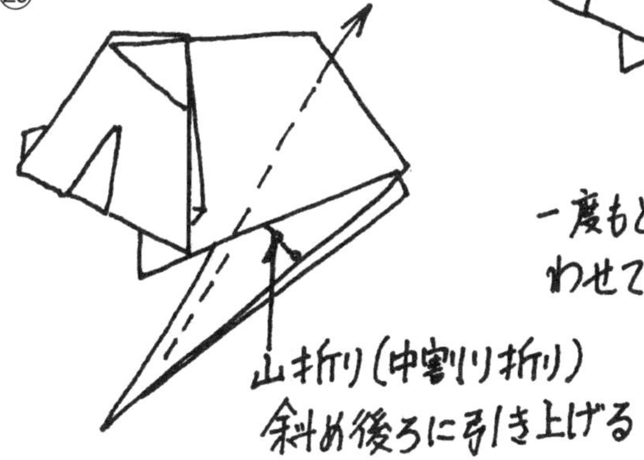
山折り（中割り折り）
斜め後ろに引き上げる

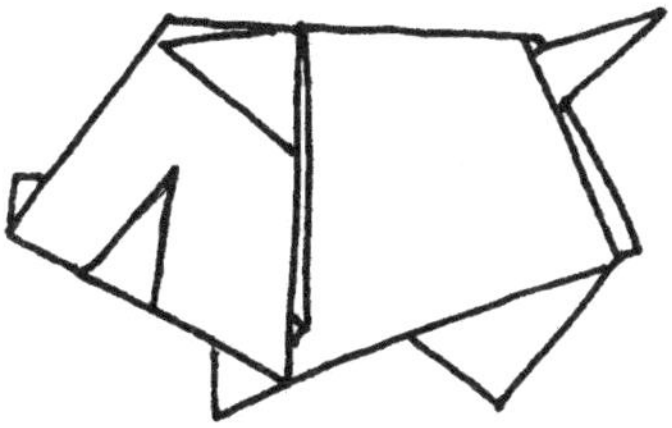

完成図

船の折り方（大）

船（大）の完成写真

はじめに折り紙の表を上にしておく

①

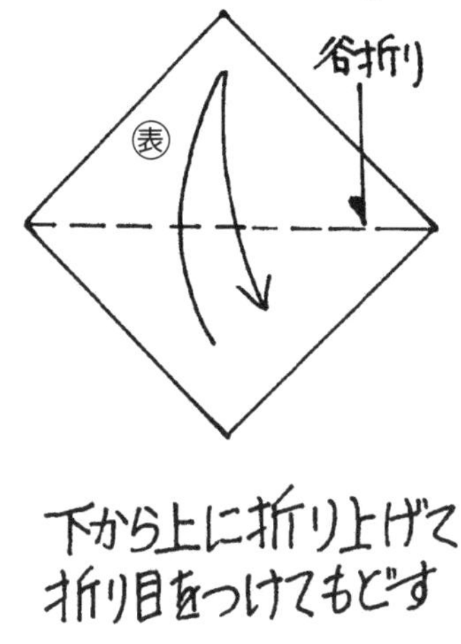

②

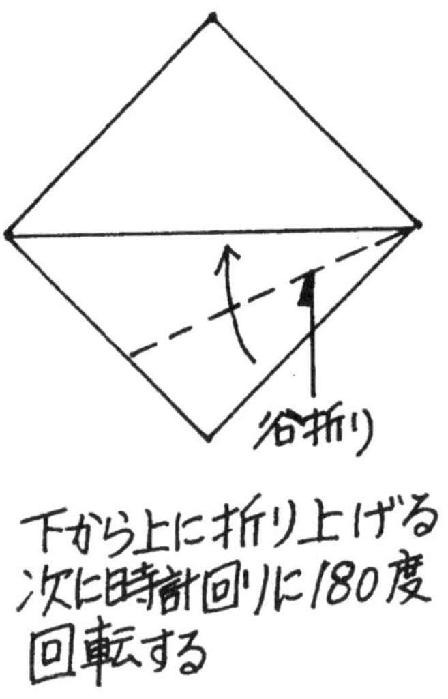

③

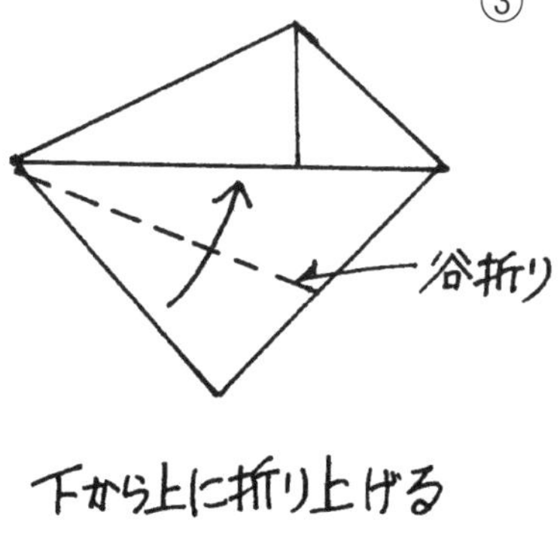

④

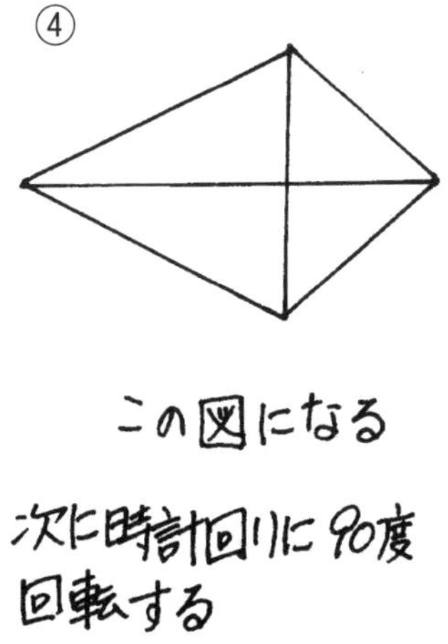

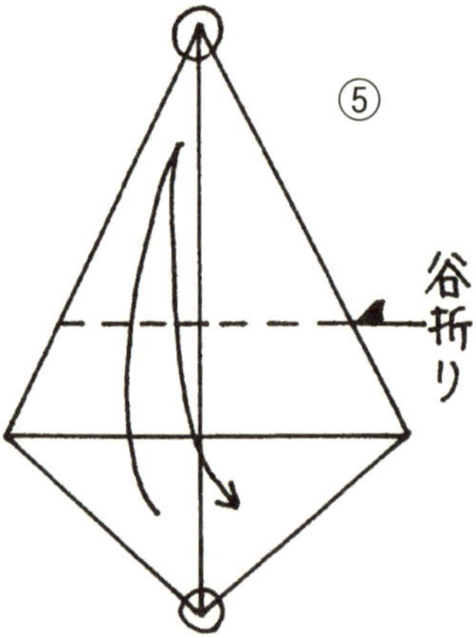

下から上に折り上げる
（○印と○印を合わせる）
次に折り目をつけてもどす

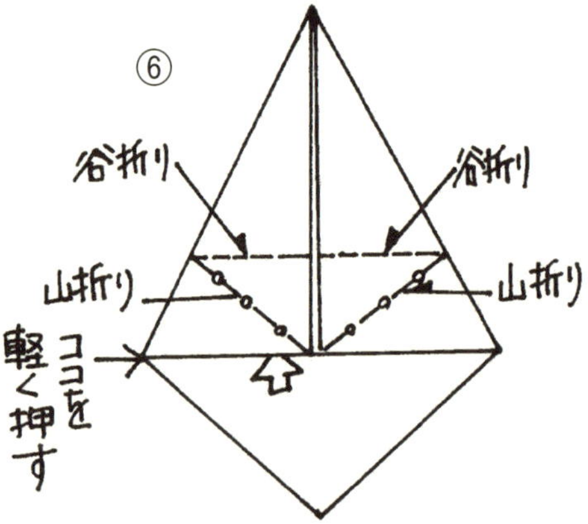

左の角を軽く押すと
⇧の部分が浮くので
そのまま開いて折る

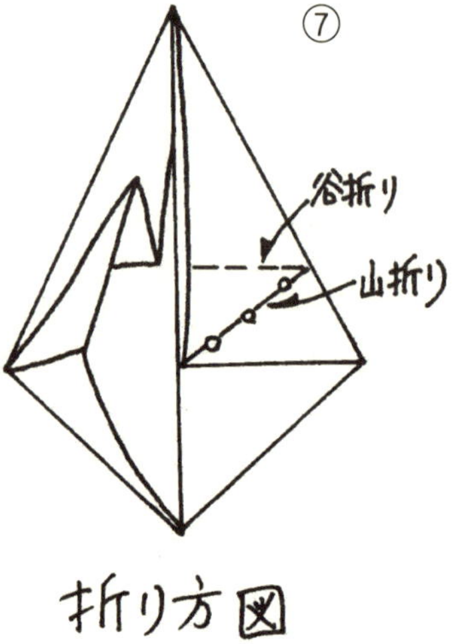

折り方図

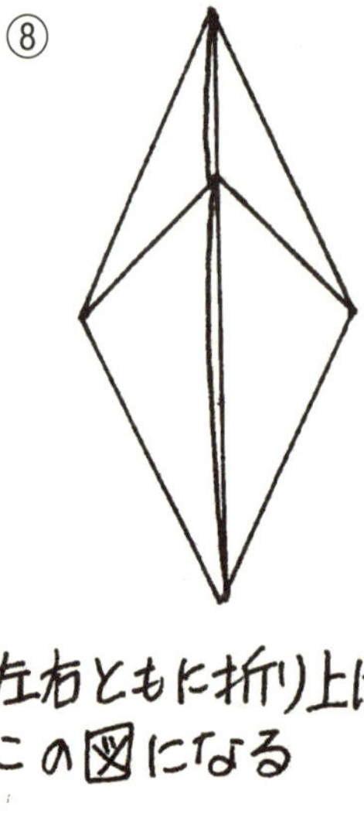

左右ともに折り上げると
この図になる

⑨

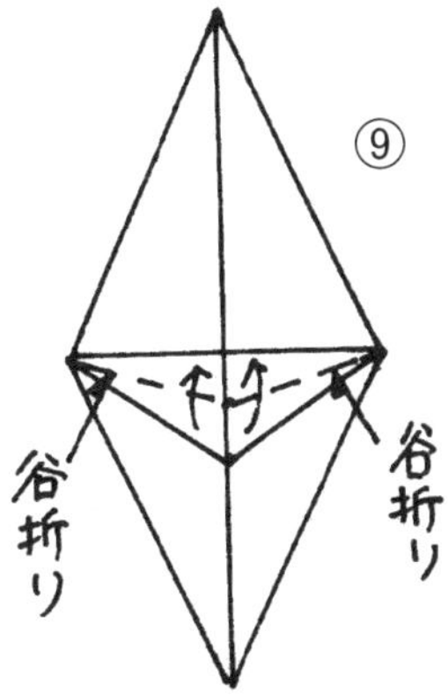

⑧を時計回りに180度
回転させ、中央の
三角の部分を折り上げる

⑩

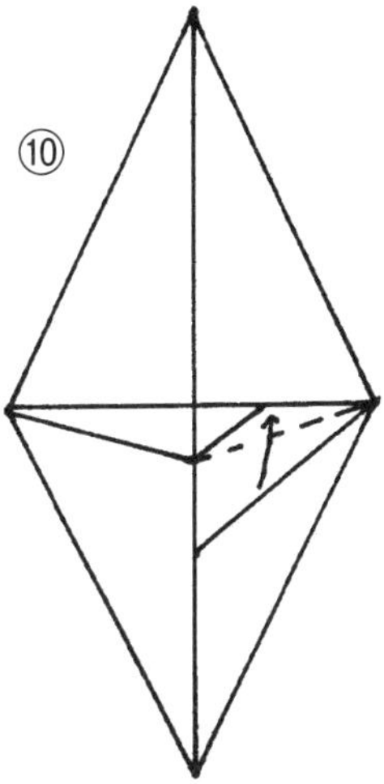

先に左側を折り上げ
た図 次に右も折り上
げる

⑪

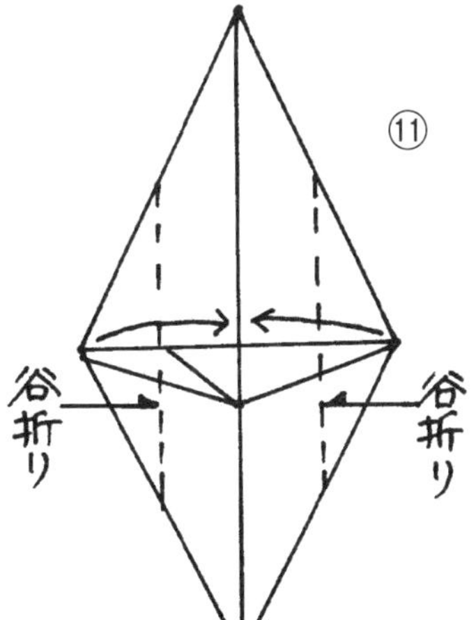

この図になる
次に左右を中心に合わせて
谷折りする

⑫

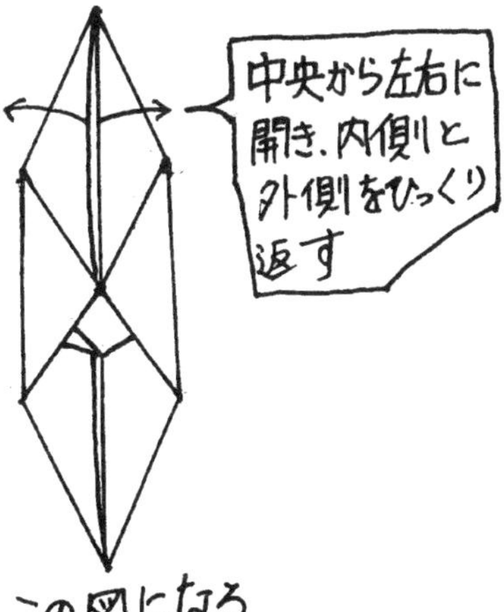

この図になる

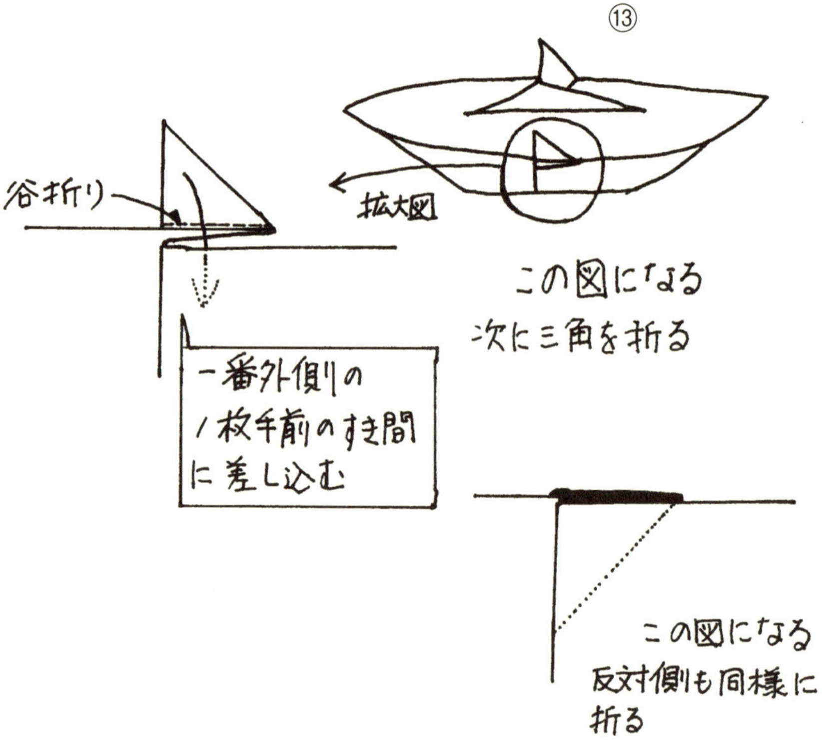
⑬
谷折り
拡大図
この図になる
次に三角を折る
一番外側の
1枚手前のすき間
に差し込む
この図になる
反対側も同様に
折る

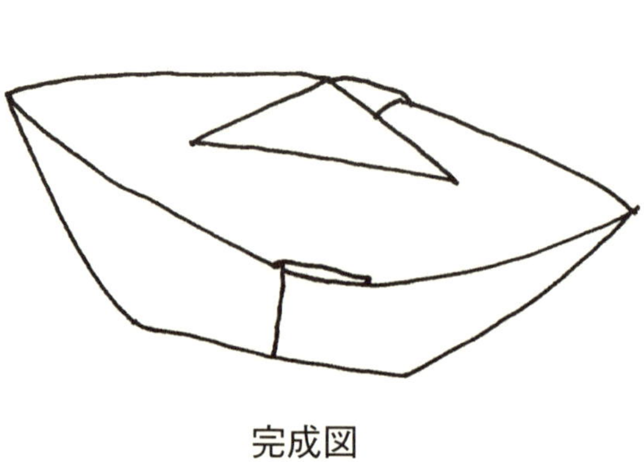

完成図

船の折り方（小）

船（小）の完成写真

ダイヤ折りは通常裏面を上にして折りますが、船(小)の場合は表面を上にして折りはじめます。

基本形　ダイヤ折り①～⑰を折る (62頁参照)

⑱

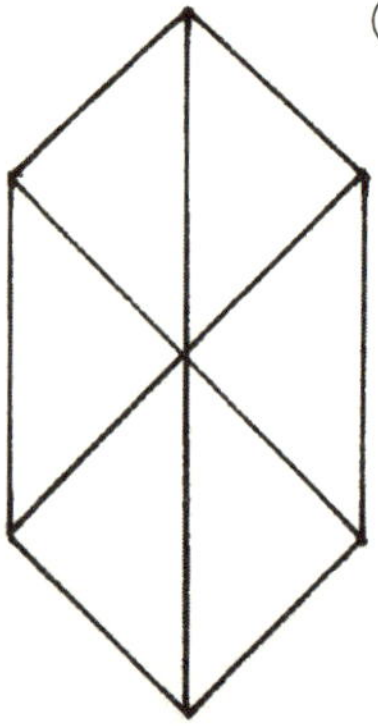

この状態を左から右へ裏返す

⑲

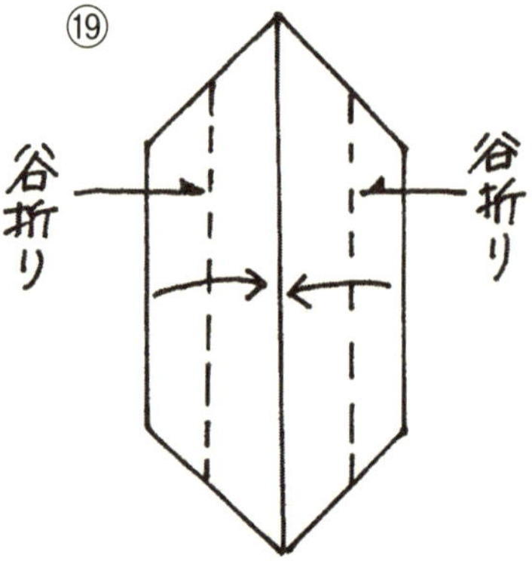

左・右の順で中心に向かって折る

⑳

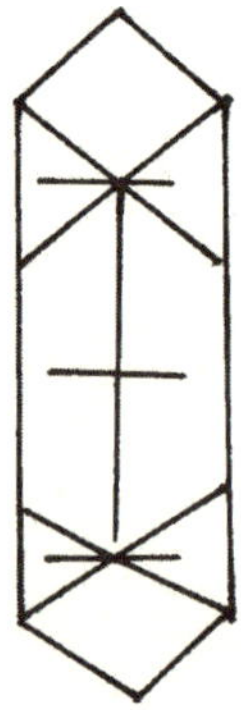

この図になる
次に左から右に裏返す

㉑

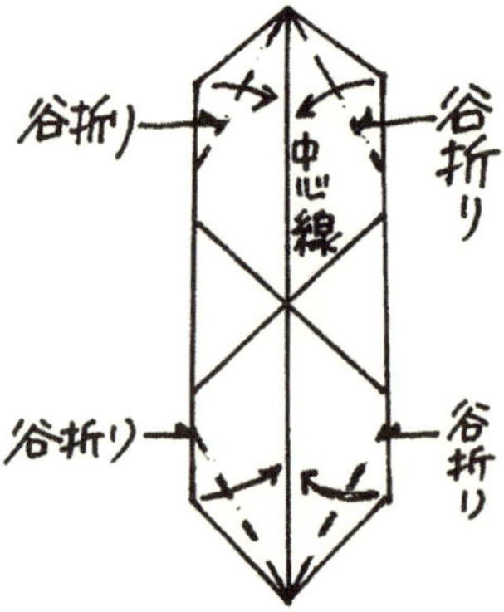

この図になる
次に四隅を中心に合わせて折る

㉒

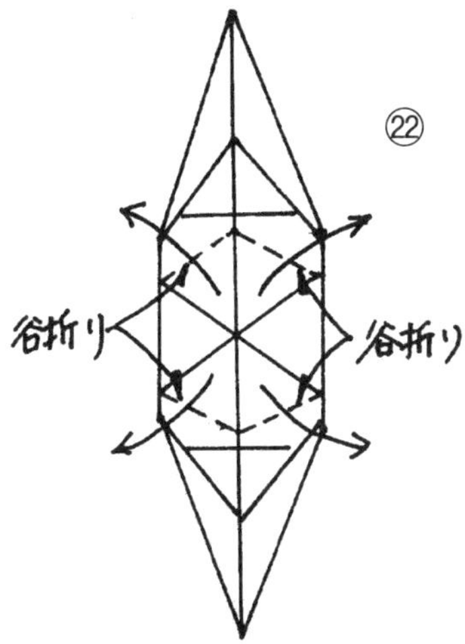

この図になる
次に中央から四隅斜め
上に折る

㉓

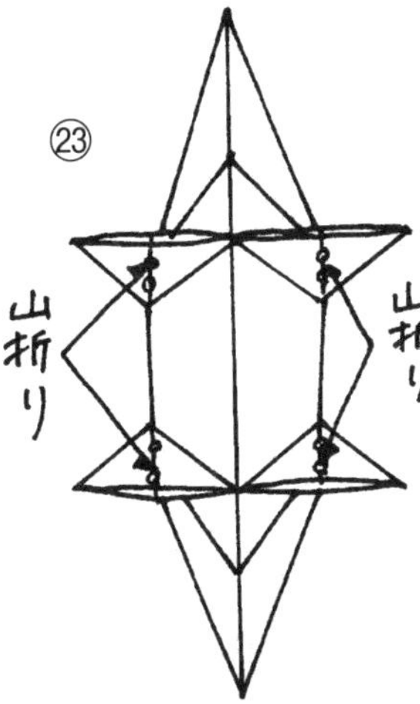

この図になる
次に三角の部分を山折り
して裏側に折る

㉔

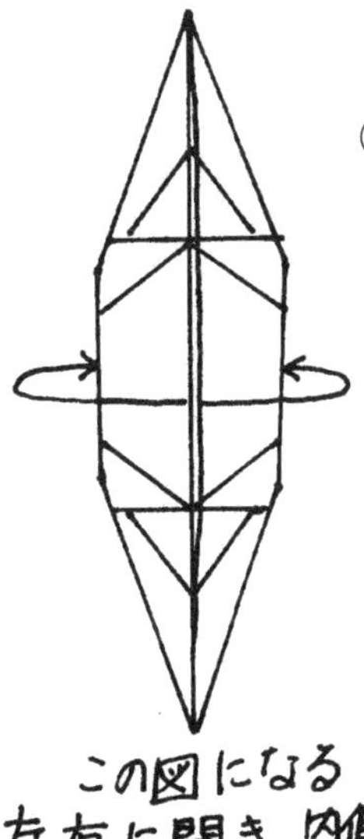

この図になる
左右に開き、内側と
外側をひっくり返す

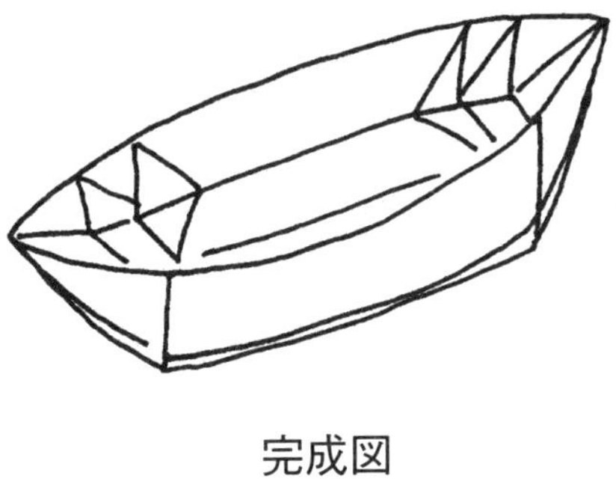

完成図

除災符の折り方

除災符完成写真

半紙１枚を用意する

①

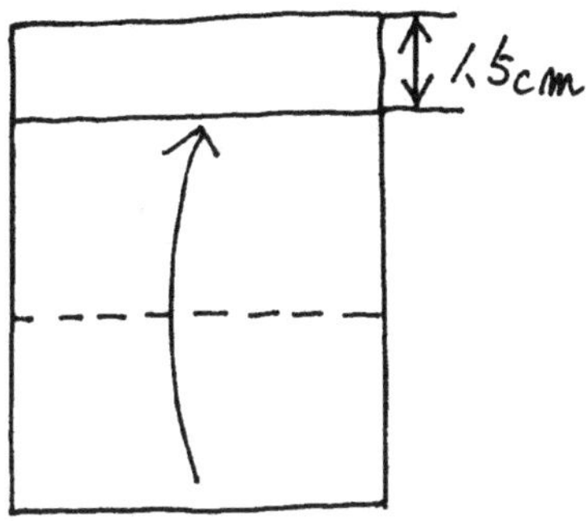

紙のざらついた面を表
にしておく
次に上1.5cm残して
下から上に折り上げる

②

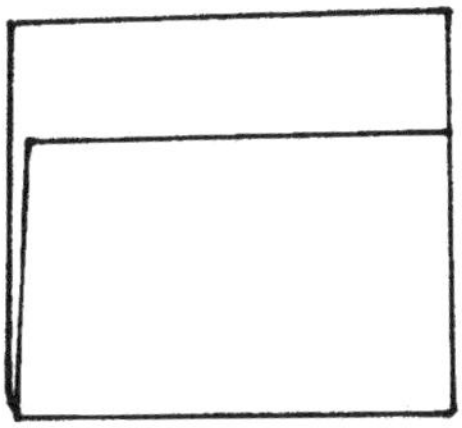

この図になる

次に時計回りに
180度回転する

③

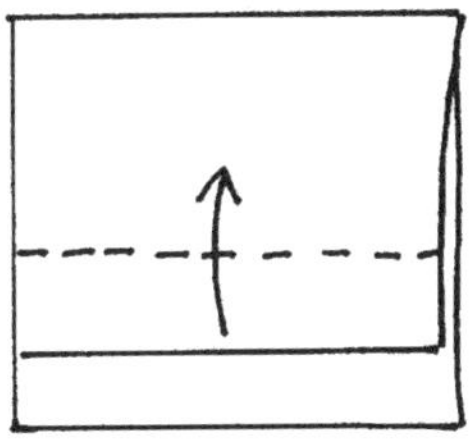

最初の1.5cmよりやや広め
に下から上に折り上げる
次に時計回りに180度
回転させる

④

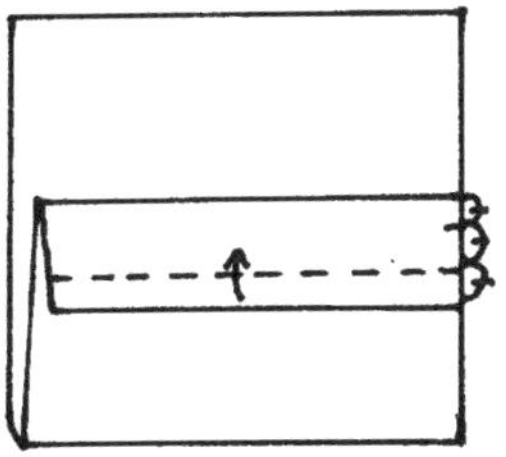

折った幅の下から
1/3を上に折り上げる

⑤

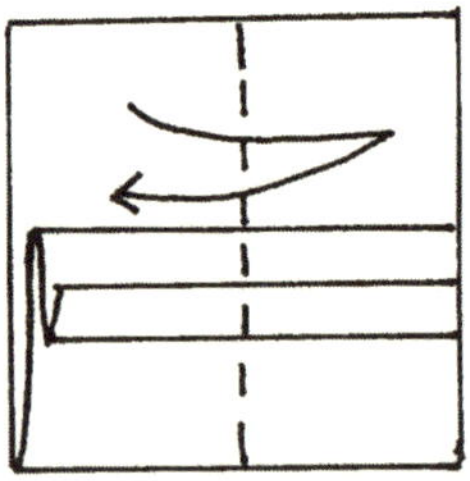

中心線を付ける為
一度左から右へ半
分に折ってもどす

⑥

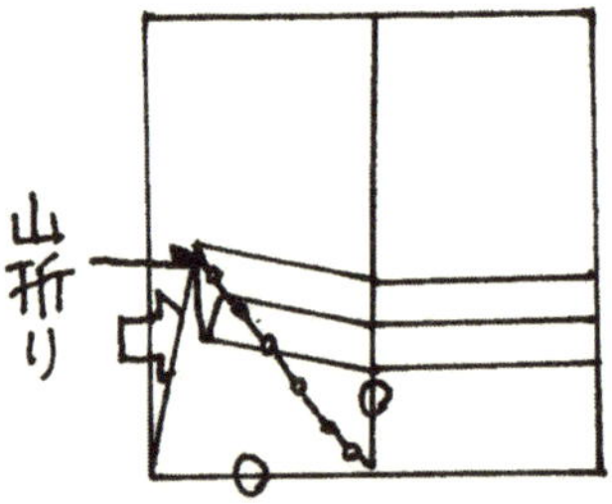

⇨から開いて山折り
しながら○印と○印
を合わせて折る

⑦

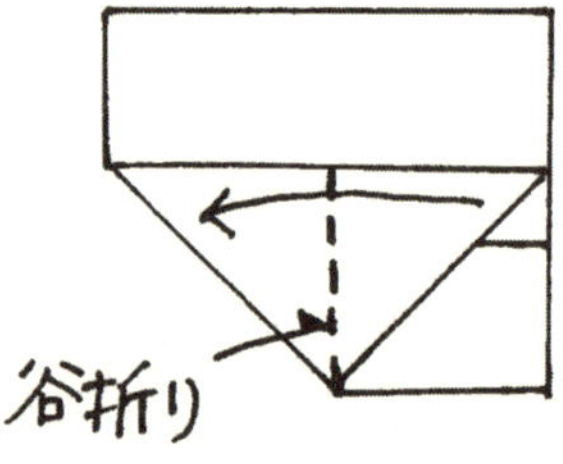

三角に折った部分を
左に返す

⑧

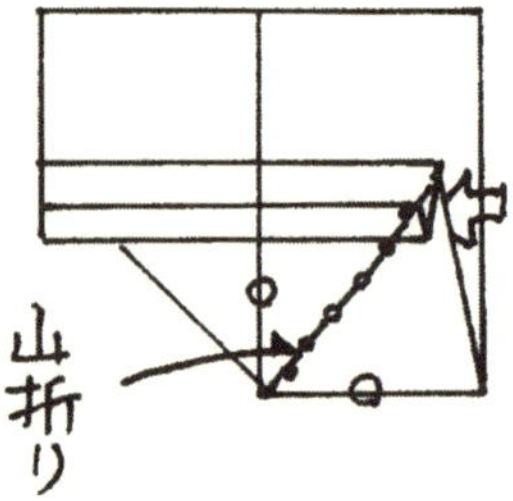

⇨から開いて
山折りしながら
○印と○印を合
わせて折る

⑨

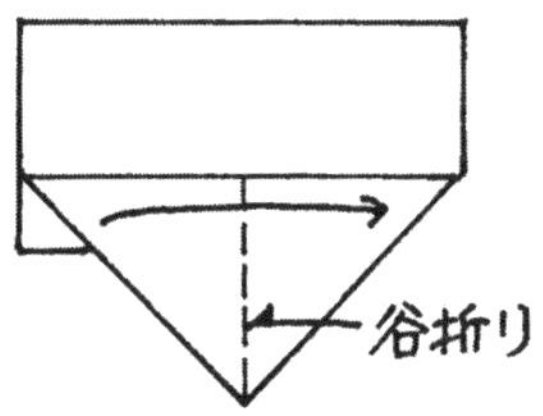

左から右へ上1枚を
もどす

⑩

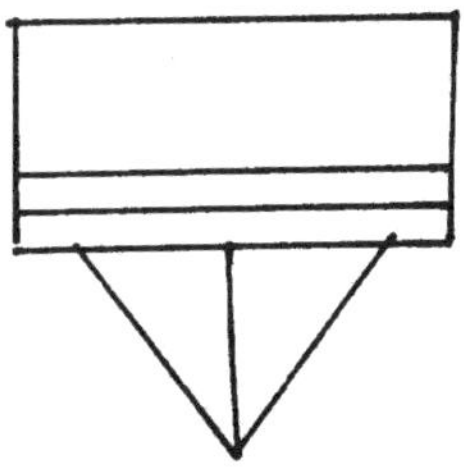

左から右へ裏返す

⑪

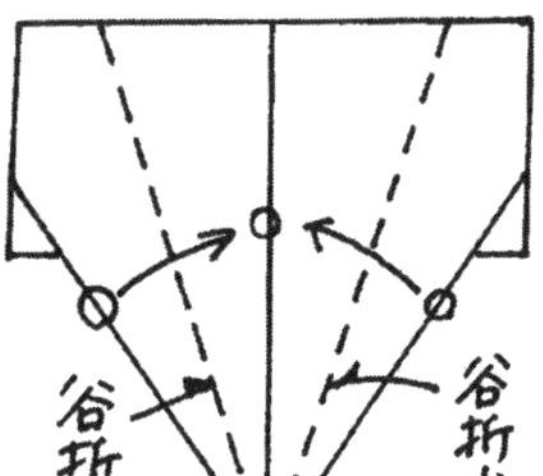

上1枚を左・右の順で
○印を中心の○印と
合わせるように折る

⑫

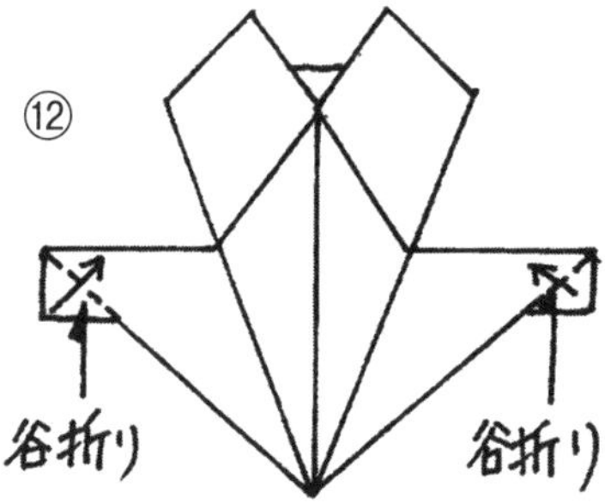

この図になる

次に左右の両端の
角の三角の部分を、
斜め上に折り上げる

⑬

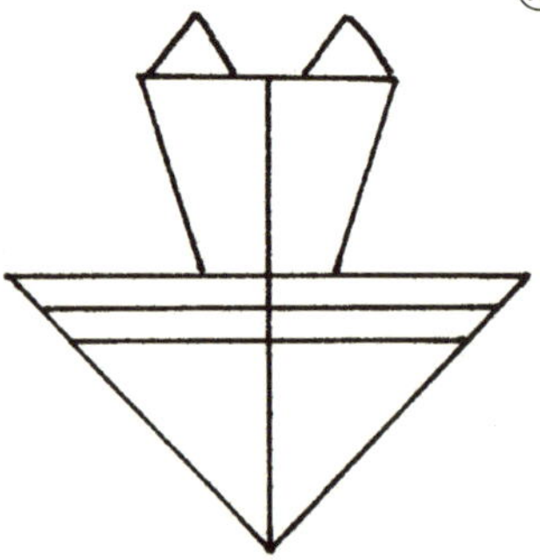

⑫を左から右へ裏返すと
この図になる

⑭

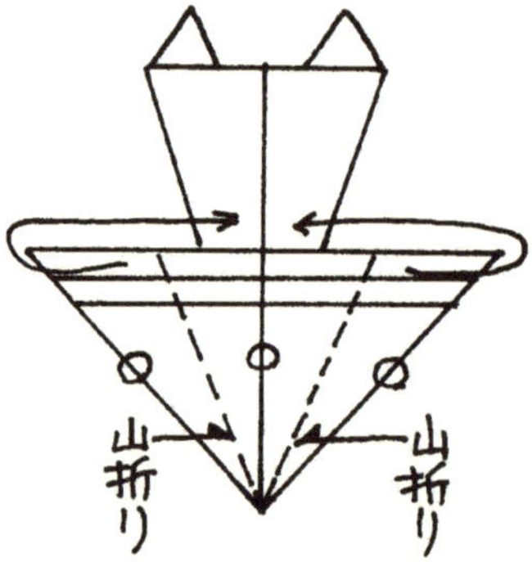

左側から順に
○印と○印を
合わせるように
山折りする

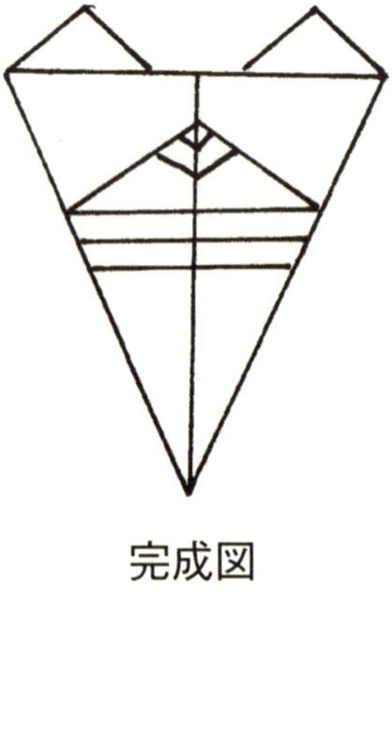

完成図

清め包みの折り方

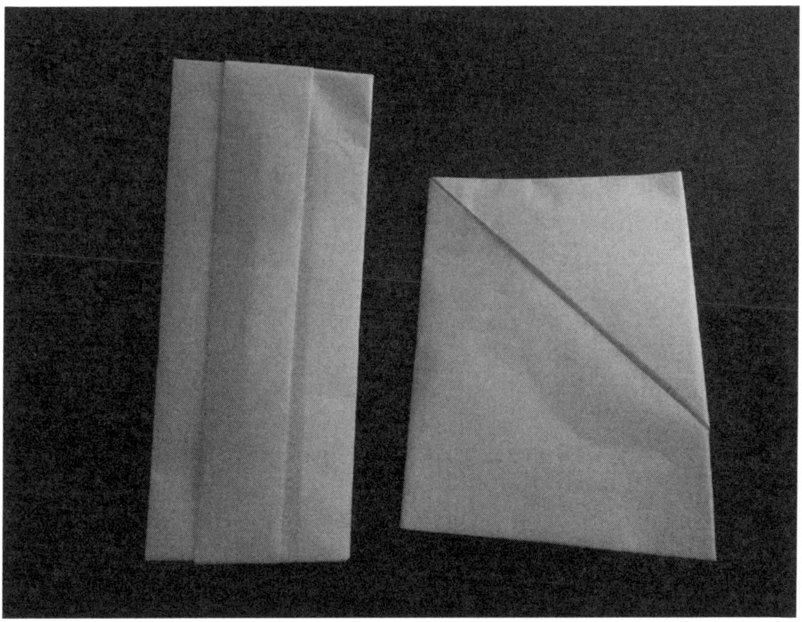

清め包み完成写真

清め包みの折り方 ①

半紙１枚を用意する

①

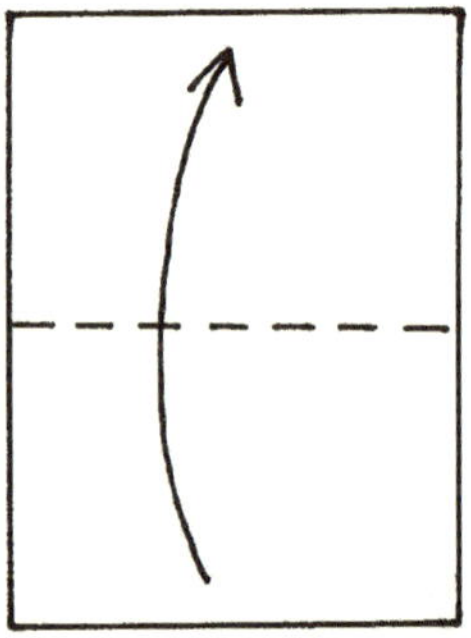

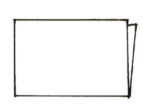

紙のざらついた面を表にしておく
次に下から上に折り上げる

②

③

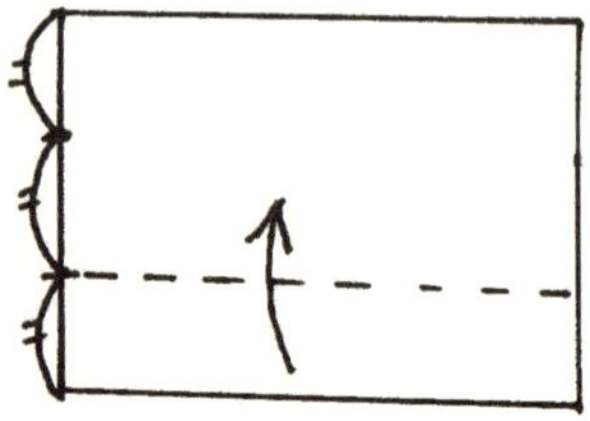

下から1/3を上に
折り上げる

④

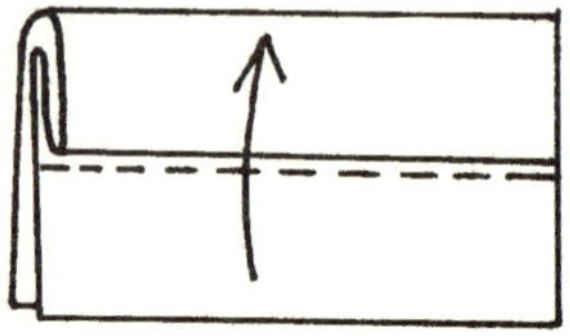

③を時計回りに180度
回転させる
次に残りを下から上に折り
上げる

⑤

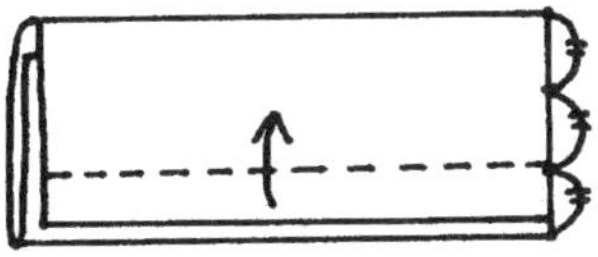

④を時計回りに180度
回転する
次に上の紙だけ下から
1/3を折り上げる

⑥

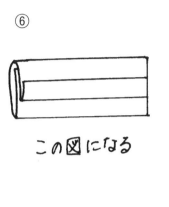

この図になる

⑦

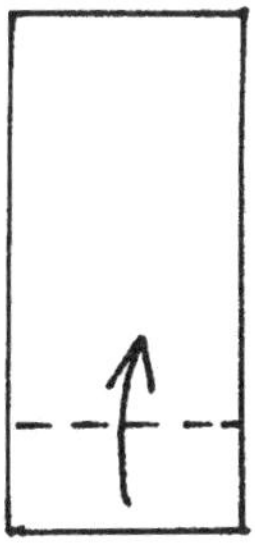

⑥を時計回りに90度
回転させる
次に左から右に裏返す
次に下から上に折り上
げる

⑧

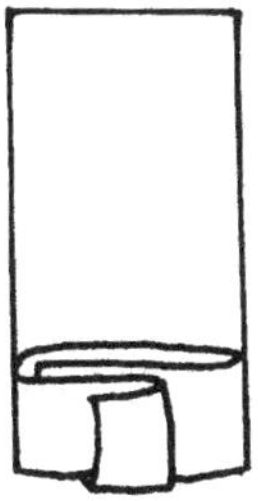

この図になる
次に時計回りに180度
回転させる

⑨

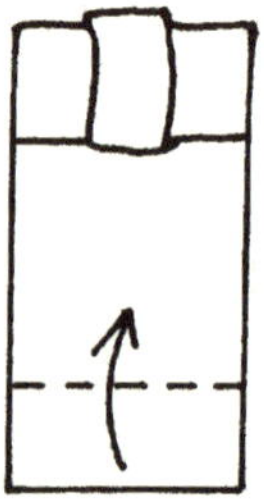

下から上に折り上げる

⑩

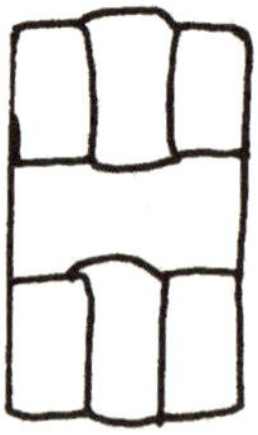

この図になる

⑩を左から右へ裏返す

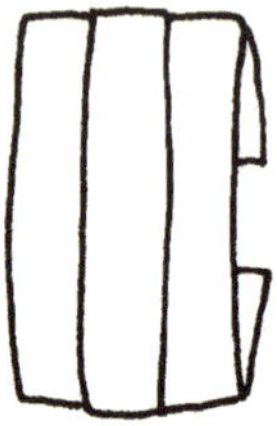

完成図

※包む物が小さくて
裏の折りが重なる場合
は、下が上に重なる
様にする

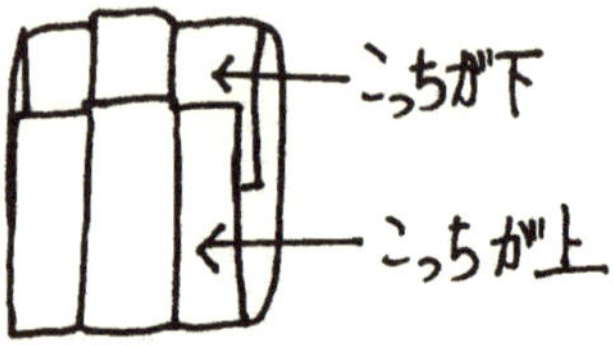

裏から見た図

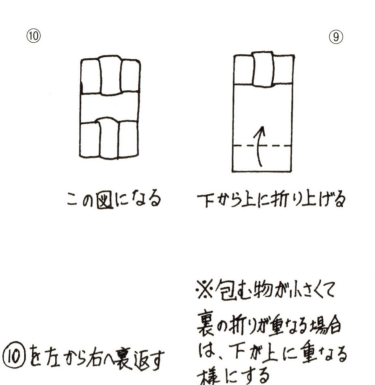

清め包みの折り方 ②

①

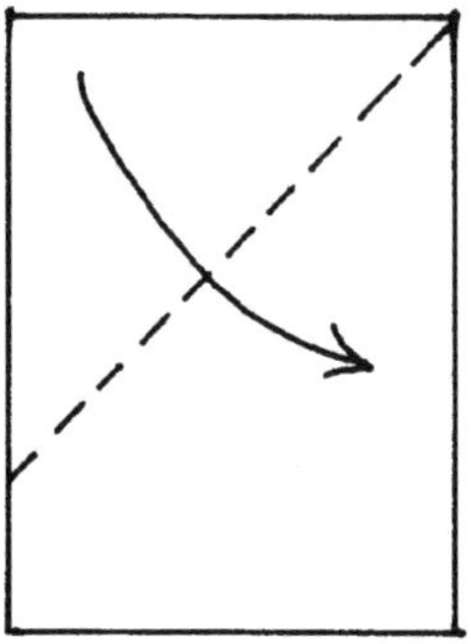

紙のざらついた面を表に
しておく
次に左から右斜め下に折る

②

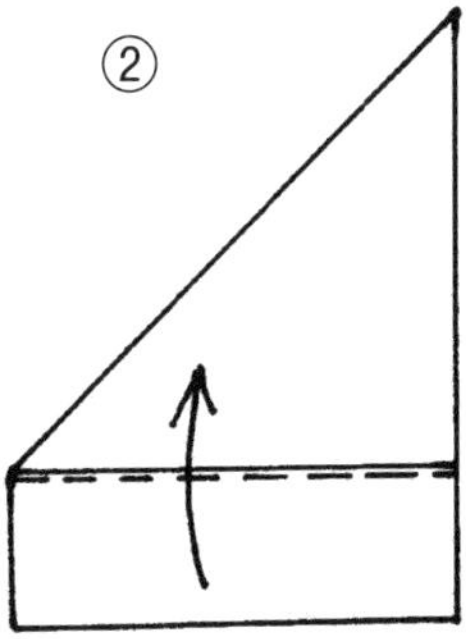

下から上に折り上げる

③

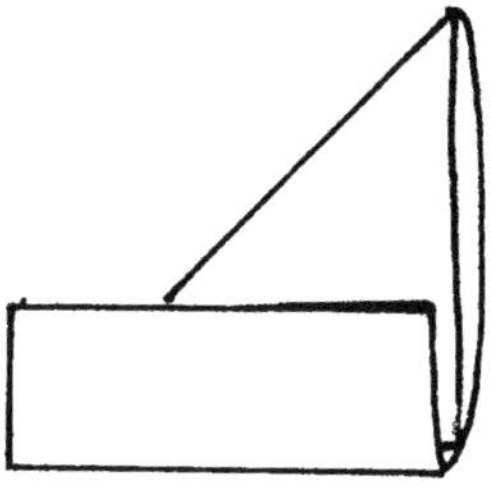

この図になる

④

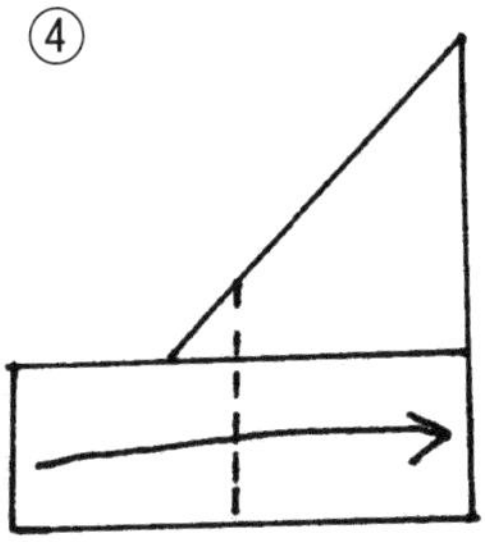

左から右へ折る

⑤

この図になる

⑥

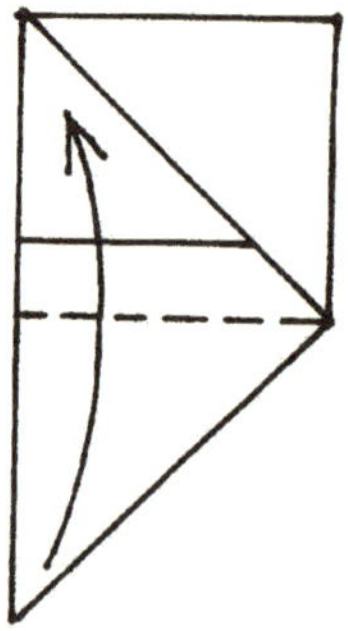

⑤を時計回りに180度
回転させる
次に下から上に折り上げる

⑦

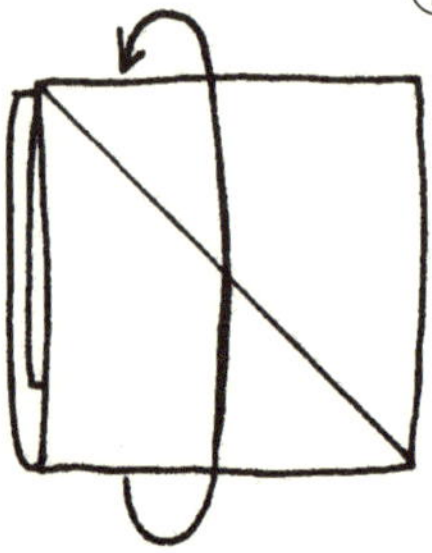

この図になる
次に下から上に
裏返す

⑧

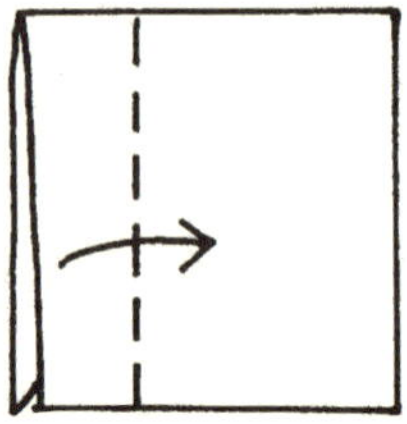

左から右へ折る

⑨

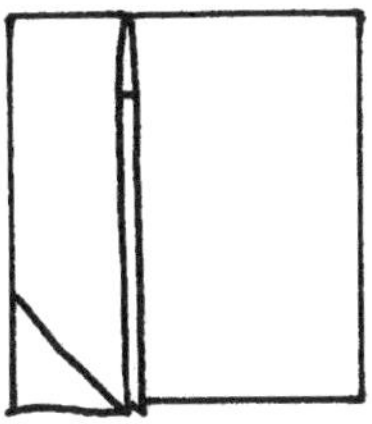

この図になる

⑩

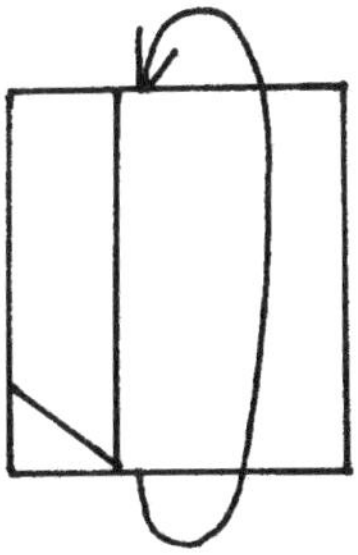

下から上に裏返す

⑪

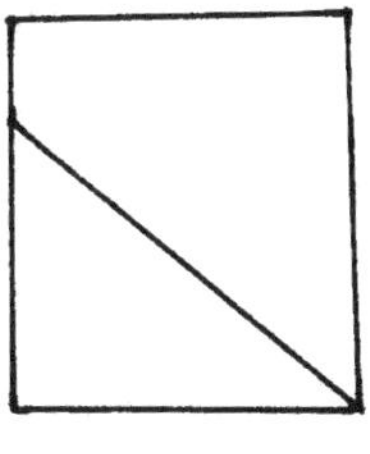

この図になったら
時計回りに180度
回転させる

⑫

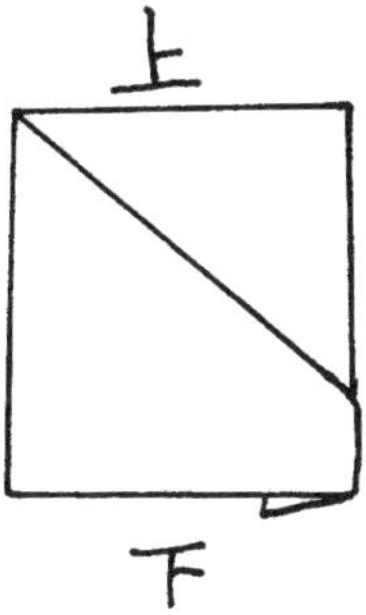

完成図

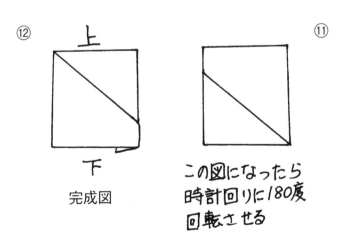

参考文献

『神道の常識がわかる小事典』三橋健（ＰＨＰ研究所）
『神道の由来がわかる小事典』三橋健（ＰＨＰ研究所）
『図解神道としきたり事典』茂木貞純（ＰＨＰ研究所）
『稲荷大神　イチから知りたい日本の神様』中村陽（戎光祥出版）
『神典形象』松浦彦操（大東出版社）
『福福おりがみ』小林一夫（ＰＨＰ研究所）

プロフィール

石嶋 辰朗（いしじま たつろう）

東京都豊島区出身。國學院大学卒。神道研究家。占術家。
現在、神道・民俗学に関する講座を企業にて開催中。
本や雑誌等で、神社・仏閣について監修を手掛ける。
個人鑑定では、手相・九星術・四柱推命・断易・方位術
などを使う。
Ｈ Ｐ：『辰朗の手相・東洋占術』http://www.tatsuro-uranai.com/

掛野 美嶺（かけの みれい）

現在、全日本運命学会会員。
紫微斗数、奇門遁甲、四柱推命、断易、四盤掛けを、東洋占術の大家・東海林秀樹先生より指導を受け、西洋占星術を照葉桜子先生の元で学ぶ。現在、関東を中心に占術の鑑定を行う。また、折り紙・折符・霊符・呪符の研究者でもあり、生徒の育成に努めている。
ブログ：http://ameblo.jp/mirei-uranai03/

東海林 秀樹（しょうじ ひでき）

昭和32年(1957)生まれ。
東京赤坂に於いて料理屋を営む母のもとに生まれる。
家業を手伝いながら、人の運命の不思議さに引かれ、運命学の研究に入る。
阿部泰山先生高弟、故伊藤泰苑に推命学の手ほどきを受け、九星気学を岸本邦裕先生、気学傾斜鑑定法を富久純光先生の指導を受け、九星日盤鑑定法を活用する。さらにその他の占術を研鑽しながら、台湾と日本の間を幾度となく往来し、貴重な資料を渉猟。

著書『紫微斗数占法要義』『吉象万年暦』『孔明神卦（共著）』『九星日盤鑑定 四盤掛け秘法』など多数。現在、占い艦艇及び個人教授「占星堂」を営む。

現住所 〒156－0044
東京都世田谷区赤堤5－24－9（電話 03－5300－7073 携帯 080－4467－3173）
Ｈ Ｐ：「三毛猫占術学院」mikeneko-uranai.com

照葉 桜子（てるは さくらこ）

子供の頃よりタロットの色と絵柄に魅せられ、生きる経験を通して実践的なタロットを学ぶ。学生時代に西洋占星術の大家であられた、故・二代目潮島郁幸先生に師事。人の気持ちや本質など精神的な占術を得意とし、運命学の研究、教授に努める。現在は東海林秀樹先生の元で、さらなる技術の習得に励む。また、占術情報誌『旅猫倶楽部』を発行するなどプロデュース業も担う。
Ｈ Ｐ：『三毛猫占術学園』http://www.mikeneko-uranai.com/
ブログ：『東海林秀樹の福猫占術講座』http://fukuneko2.exblog.jp/
『黒猫開運講座』 http://kaiunneko2.exblog.jp/
『占術セミナータロット相談室』http://sanrueru.exblog.jp/
Eメール：tarotosoudansitu@nifty.com
携帯番号：090-1339-3737

運勢転換秘法

折り紙祈願法

―神仏の不思議な感応―

２０１６年7月21日　初刷発行

定　価――本体２、４００円＋税

共　著――石嶋　辰朗
掛野　美嶺

発行者――斎藤　勝己

発行所――株式会社東洋書院
〒１６０－０００３　東京都新宿区本塩町21
電　話　０３－３３５３－７５７９
ＦＡＸ　０３－３３５８－７４５８
http://www.toyoshoin.com

印刷所――シナノ印刷株式会社

製本所――株式会社難波製本

ISBN978-4-88594-498-7